21世纪高职高专规划教材·市场营销系列

省级精品课程配套教材

推销技巧与商务谈判

主　编　崔　平

副主编　柏景岚　郁小芳

主　审　赵泓达

中国人民大学出版社

·北京·

图书在版编目（CIP）数据

推销技巧与商务谈判/崔平主编. —北京：中国人民大学出版社，2014.9
21世纪高职高专规划教材·市场营销系列
ISBN 978-7-300-19942-9

Ⅰ.①推… Ⅱ.①崔… Ⅲ.①推销-高等职业教育-教材 ②商务谈判-高等职业教育-教材
Ⅳ.①F713.3 ②F715.4

中国版本图书馆CIP数据核字（2014）第214050号

21世纪高职高专规划教材·市场营销系列
省级精品课程配套教材
推销技巧与商务谈判
主　编　崔　平
副主编　柏景岚　郁小芳
主　审　赵泓达
Tuixiao Jiqiao yu Shangwu Tanpan

出版发行	中国人民大学出版社		
社　　址	北京中关村大街31号	**邮政编码**	100080
电　　话	010－62511242（总编室）		010－62511770（质管部）
	010－82501766（邮购部）		010－62514148（门市部）
	010－62515195（发行公司）		010－62515275（盗版举报）
网　　址	http：//www.crup.com.cn		
	http：//www.ttrnet.com（人大教研网）		
经　　销	新华书店		
印　　刷	北京七色印务有限公司		
规　　格	185 mm×260 mm　16开本	**版　　次**	2015年1月第1版
印　　张	16.75	**印　　次**	2018年1月第4次印刷
字　　数	341 000	**定　　价**	32.00元

前　言

本教材是根据教育部教高〔2007〕1号文件的精神，为全面推进高等职业教育“质量工程”的实施，将教学改革的成果和教学实践的积累体现到教材建设和教学资源整合的实际工作中去，依据教育部最新制定的《高职高专教育市场营销专业培养方案》，引入人力资源与社会保障部营销师岗位证书的考核内容，吸收澳大利亚TAFE的Direct Marketing、Promotion Marketing等课程的内容标准，由江苏省省级精品课程“推销技巧与商务谈判”课程组组织编写。

本教材的教学目标如下：

能力培养的目标为：具备收集、筛选、整合市场资料的能力；具备寻找有效顾客的初步能力；具备独立进行推销、谈判的初步能力；具备独立处理各种推销难题、解决推销异议的初步能力；具备促成交易的能力；具备起草并签订合同的能力；具备维系良好客户关系的初步能力；具备货款回笼的能力；具备知识迁移、职业拓展的能力。

知识教学的目标为：掌握现代推销的基本理论，明确推销员的职责与任务；掌握典型推销公式的程序及适用范围；掌握推销谈判的程序，熟悉推销谈判的策略与技巧；掌握顾客异议的处理方法和推销成交的常用方法；掌握售后服务工作内容；初步掌握推销的关系管理、推销的人员管理。

职业素养的目标为：培养从事营销岗位的职业兴趣，树立远大的职业理想；规范从事营销岗位的职业礼仪，提升综合职业道德；强化从事营销岗位的职业技能；加强从事营销岗位的职业意识，塑造爱岗敬业的职业精神。

本教材在编写过程中以推销活动过程为导向、以职业能力培养为本位，具体内容包括：项目一推销工作认知，主要培养应用AIDA模式的能力；项目二推销准备，主要培养制定推销计划的能力，学习产品知识的能力，收集、分析资料的能力，灵活应用各种礼仪的能力；项目三客户开发，主要培养独立收集资料、搜寻判断潜在客户的能力，审查并判断客户资格的能力；项目四客户约见与拜访，主要培养应用约见方法的能力，运用技巧成功接近客户的能力；项目五推销洽谈，主要培养制定洽谈方案的能力、组合谈判人员的能力、掌控全局的能力，临场分析、应变能力，在谈判中熟练运用各种谈判策略的能力，灵活运用各种谈判技巧的能力，判断顾客异议的类型和性质的能力，分析顾客异议产生根源的能力，灵活使用策略成功处理各种不同类型的顾客异议的能力；项目六推销成交，主要培养敏锐的观察能力，有效识别各种成交信号、把握成交机会的能力，灵活地根据具体情境选择成交方法促成成交的能力，综合使用多种成交方法的能力，拟定合同内容的初步能力，避免合同签订误区的能力，具备识别合同签订中的陷阱的能力，起草和签订销售合同的能力；项目七售后服务与管理，主要培养做好成交后对顾客的售后服务能力，催缴货款的能力，与顾客建立长期、稳定、良好关系的能力；项目八推销管理，主要培养推销控制的初步能力，管理推销人员的能力，有效管理推销关系的能力。每一项目结束后，通过"想一想"、"做一做"、"测一测"检验学生的学习效果，其中"测一测"的题目主要来自历年营销师考试试题。

本教材的项目一、二由无锡职业技术学院崔平编写；项目三、四由无锡职业技术学院崔平、无锡机床股份有限公司刘金垓编写；项目五、六由无锡职业技术学院郁小芳编写；项目七由无锡职业技术学院柏景岚编写；项目八由无锡职业技术学院柏景岚、无锡市机电五金行业协会会长陆奕龙编写。由崔平教授对全书进行统稿。

本书为高等职业教育市场营销类专业的规划教材，也可作为企业推销人员的岗位培训教材和成人自学参考用书。

本书由中国市场学会副秘书长、营销教育办公室主任赵泓达博士任主审，他对本书提出了许多宝贵意见。在编写过程中，编者参考了诸多同类教材和有关专家的论著，并得到了无锡职业技术学院和中国人民大学出版社的大力支持和帮助，在此一并表示感谢。

由于编者水平有限，教材中错误之处在所难免，敬请广大读者批评指正。

编　者

2014 年 10 月

目 录

项目一

推销工作认识

【建议学时】

6 学时

【学习目标】

知识目标

- 掌握推销的基本内涵，推销与营销、促销、传销的区别
- 掌握 AIDA、DIPADA、IDEPA、FABE 几种模式的程序、适用范围和注意事项

能力目标

- 具备熟练应用 AIDA 模式的能力
- 提升认知、分析、辨别事物的能力

素质目标

- 有助于启发学生对推销员职业素养的感性认知和理性思考
- 有助于学生形成诚信、公平的职业素养

【营销师考点】

- FABE 法则

【案例导入】

黄新宇即将完成市场营销专业的大学学业，他成功应聘上了某家机电产品公司的推销员岗位。在向父母和朋友询问时，却遭到了他们的反对。父母认为“推销员工作不值一提，他们不过是一些只会施展高压手腕的骗子”。朋友则说：“现在是网络时代，网上交易越来越多，还要推销员干吗?”你觉得黄新宇的父母和朋友的看法是否正确？请帮助黄新宇分析一下如何才能做好这份工作。

任务一
掌握推销基础理论

在市场经济越来越完善的今天，推销已是人们十分熟悉的一个名词，也是人们常常产生歧义的一个名词。推销活动作为一种社会经济现象已经为人们所熟知，但社会上一些人对推销的种种误解，影响了对推销技术的研究。在市场竞争日益激烈的今天，营销直接决定着企业的兴衰存亡；而作为营销的最前线的活动——推销，在企业管理中的地位越来越突出，企业要依靠推销员占领和控制市场。

一、推销的概念

关于推销的定义，人们从不同的角度有不同的理解。有的人认为推销是一门应用性学科，它具有科学性，有自己完整的理论，推销活动是以一定的程序与公式为依据的，必须充分运用社会学、心理学、经济学、管理学等学科的原理，是一项涉及企业生产经营全过程的工程；有的人认为推销仅仅是一种社会职业，不能称为一门学科；还有人认为推销是一门营销的艺术；等等。归纳分析对推销的各种表述，根据推销的作用和地位，我们对推销的定义作如下界定：所谓推销是指企业派出推销员亲自向目标顾客对产品进行介绍、推广、宣传与销售，与消费者或用户直接洽谈交易的促销方式。

现代推销的核心概念是“多赢”，主要是指推销过程在满足企业的需求和推销员的需求的同时，还要满足顾客多方面的需求。围绕这一核心概念，就需要对顾客的需求与需求规律进行研究，并要求推销员做好千方百计地满足其需求的心理准备，通过向顾客介绍能满足其需求的产品的使用价值与差别优势，令顾客相信与接受产品。

（1）推销的基础是满足顾客的需求。寻找与确定顾客已经客观存在而又没有被满足的需求是推销的前提与基础。因此，现代推销学要求推销员了解与掌握顾客需求的产生规律。

（2）推销要满足顾客的主要需求。顾客总是存在各种各样的需求，但由于各种条件的约束，许多需求并未受到人们的重视。对顾客而言，只有极少数需求是重要的，只有满足顾客的主要需求，推销才可能获得成功。

（3）推销必须满足主要购买决策人的需求。在决策过程中，许多人影响着组织或个人的购买决策。推销只有满足对是否购买有主要决策权的关键部门或关键人物的需求才可能取得成功。

（4）推销还要满足顾客的潜在需求。推销除了满足顾客存在的现实需求外，还必须满足顾客的潜在需求。顾客因种种原因尚未认识到需求的例子是很多的，推销员必须不断地发现这种没有被顾客认识的需求，引导顾客消费。这种成功的例子有很多，例如：日本的索尼公司通过对人们崇拜歌星现象的研究，发现人们内心普遍存在明星情结，因此开发了卡拉 OK，获得了巨大成功。

二、推销的内容

推销的内容是什么？许多人会说："当然是推销产品。"作为一个推销员，如果你也这样认为的话，那么你推销成功的概率不会太高。

（一）推销自己

推销员要取得推销的成功，首先要推销自己，使顾客相信你能给他带来好处，你是一个可信的人。如果无法让顾客相信你，你就不具备进行产品推销的资格。

（二）推销产品的价值

产品，是指能提供给市场，用于满足人们某种欲望和需求的任何事物，包括实物、服务、场所、组织、思想、主意等。现代市场营销理论认为，产品整体概念包含核心产品、有形产品和附加产品三个层次。核心产品，是指消费者购买某种产品时所追求的利益，是顾客真正要买的东西，因而在产品整体概念中也是最基本、最主要的部分。有形产品，是核心产品借以实现的形式，即向市场提供的实体和服务的形象。附加产品，是指顾客购买有形产品时所获得的全部附加服务和利益，包括提供信贷、免费送货、保证、安装、售后服务等。因此，推销员不应该单纯地向顾客推销产品，而应借助于所推销的产品，想方设法地唤起并刺激顾客，使他为满足其现在或将来的需求产生购买欲望，商品推销本身则处于次要地位。在产品刚投入市场或面对新开发的市场时，最重要的是推销产品的使用价值，使人们认识产品和了解产品。例如：人们购买洗衣机时，并不是要购买一种"机器"，而是希望减轻家务劳动。随着产品普及度的提高，产品的使用价值被人们逐步认识，就像洗衣机，人们都知道它的使用价值是能代替人清洗衣物、减轻家务劳动的负担。此时，必须了解竞争对手的产品特点，掌握自己所推销产品的优点，由此找出所推销产品的差别优势。在市场经济快速发展的今天，对绝大部分产品而言，在推销产品使用价值的同时，推销员应重点推销产品的差别优势。

（三）推销需求的满足

在全球经济一体化的今天，若想产品有销路，最主要的是它必须满足人们主要的或基本的需求。一般来说，所有的人都有着相同的基本需求和愿望，例如：致富的愿望、让他人羡慕的愿望、取得成功的愿望等。任何一个人都会为使自己的生活变得更有意义、更丰富多彩而努力奋斗。这些基本需求影响着人们的言行，也影响着人们的购买行为。任何一种产品，只要它能满足人们的某些需求，就会受到欢迎。推销员应该把产品的使用价值与顾客的基本需求有机地结合起来。推销成功的程度取决于产品能让顾客需求得到满足的程度。例如：现在大城市的人购买洗衣机的时候更多考虑的是品牌，而品牌是人们身份、地位的象征。

三、推销的主要手段

现代推销学认为，推销的主要手段是说服，即推销员运用各种手段说服顾客，使顾客相信你所推销的正是他需要的，购买你所推销的产品能很好地满足他的需求。

（一）衡量推销业绩的标准是“多赢”，“多赢”是推销员所追求的最高目标

传统的推销往往以一方的胜利、另一方的失败而告终，推销员常常采用欺骗的手段取得成功，这种情况给推销员的职业声誉带来负面影响，甚至不少人形成了“上门推销无好货”的认识，严重影响了推销的继续开展。现代推销强调需求的满足，这里所讲的需求既包括顾客的需求，也包括销售者的需求，推销活动的结果应该是令参与推销的各方面的需求都得到尽可能大的满足。在某一个具体的推销活动结束以后，推销活动的各参与者都应感到比较满意，存在继续合作的意愿。

（二）推销必须遵循商品交换的基本原则

商品交换的基本原则是：平等互利、协商一致、等价有偿。推销员必须在平等、互利的基础上让顾客了解与认识产品，理解与承认产品的使用价值以及可得到的利益，从而让顾客自愿、愉快地购买产品。

（三）推销的主要手段是说服

据 2013 年商务部公布的资料表明，除石油等不可再生能源外，我国目前市场上绝大部分的商品处于供过于求的状态，没有产品处于供不应求的状态，同时，新的、更好的产品层出不穷，竞争十分激烈。因此，推销员在推销过程中不仅要让顾客认识到产品的价值与使用价值能满足顾客的需求，而且必须通过说服使顾客相信：你所推销的产品更能使顾客的需求得到满足。只有相信了推销员的推销，并在对产品的购买与消费过程中证实了推销员的推销，顾客才会真正认识到自己的需求被更好地满足了，并由此认识到推销员的诚意，才会与推销员建立良好的人际关系，为下次推销及保持长期的合作奠定基础。

在市场激烈竞争的今天，在充满错综复杂的关系与利益冲突中，说服顾客接受与购买

自己的产品并不是一件容易的事。这就要求：一方面，推销员的说服必须有科学的依据，推销员必须提前做好充分准备，提供确实可靠、令人信服的证据；另一方面，推销员必须结合具体的时间、地点、对象及特点灵活应变，才可能把客观存在的需求变为推销成功的可能。所以，说服本身就是科学与艺术的结合，推销是科学性的说理与艺术性的感染力相统一的过程。

推销过程是一个满足双方需求的过程，但推销活动的主体在参与推销活动的过程中均从各自的立场与利益出发。推销方总是希望以最高的价格、尽可能小的风险把产品卖给顾客，而顾客却希望以最低的价格、尽可能优惠的条件买到自己需要的产品，从而使推销过程不可避免地存在着矛盾、冲突。而解决问题的方法只能是推销员先抛开自己的立场，尽力寻找双方利益的互惠点，然后通过说服的手段，使对方也抛开自己的立场，接受这个利益的互惠点。因此，推销员必须研究与探讨如何说服顾客。

四、推销与营销、促销、传销的区别与联系

美国市场营销协会（AMA）将市场营销定义为：市场营销是关于构思、货物和服务的设计、定价、促销和分销的规划与实施的过程，目的是创造能实现个人和组织目标的交换。当前较为大家所接受的定义是："市场营销是与市场有关的人类活动，它以满足人类各种需求和欲望为目的，通过市场变潜在交换为现实交换的活动。"市场营销组合主要包括产品、定价、渠道和促销。而促销主要包括广告、人员推销、营业推广和公共关系。因此，推销是一种促销方式，是营销的一个组成部分。

在我国颁布的《禁止传销条例》中，将传销界定为：本条例所称传销，是指组织者或者经营者发展人员，通过对被发展人员以其直接或者间接发展的人员数量或者销售业绩为依据计算和给付报酬，或者要求被发展人员以交纳一定费用为条件取得加入资格等方式牟取非法利益，扰乱经济秩序，影响社会稳定的行为。该条例规定，以下几种行为属于传销行为：

（1）组织者或者经营者通过发展人员，要求被发展人员发展其他人员加入，对发展的人员以其直接或者间接滚动发展的人员数量为依据计算和给付报酬（包括物质奖励和其他经济利益，下同），牟取非法利益的；

（2）组织者或者经营者通过发展人员，要求被发展人员交纳费用或者以认购商品等方式变相交纳费用，取得加入或者发展其他人员加入的资格，牟取非法利益的；

（3）组织者或者经营者通过发展人员，要求被发展人员发展其他人员加入，形成上下线关系，并以下线的销售业绩为依据计算和给付上线报酬，牟取非法利益的。

因此，推销与传销的区别在于：

（1）是否以销售产品为公司营运的基础。推销以销售产品作为公司收益的来源，而传销则以拉人头牟利或借销售伪劣或质次价高的产品变相拉人牟利。

(2) 有没有高额入门费。推销员无须交纳任何高额入门费，也不会被强制认购货品。而在传销中，参加者通过交纳高额入门费或被要求先认购一定数量的产品以变相交纳高额入门费作为参与的条件，鼓励不择手段地拉人加入以赚取利润，其公司的利润也是以入门费为主，实际上是一种变相融资行为。

(3) 是否设立店铺经营。推销员都直接与公司签订合同，其从业行为直接接受公司的规范与管理。而传销的经营者通过发展人员、组织网络从事无店铺或“地下”经营活动。中国经历了 1998 年全面整顿金字塔式传销后，很多外来直销企业纷纷转型。从那时起，“店铺雇用推销员”的模式就成了规范直销企业的主要销售模式。这种特殊的直销经营方式，让推销员归属到店，这样便于管理。

(4) 报酬是否按劳分配。推销员只能按其个人销售额计算报酬，由公司从营运经费中拨出，在公司统一扣税后直接发放至其指定账户，不存在上下线关系。而传销通过以高额回报为诱饵招揽人员从事变相传销活动，参加者的上线从下线的入会费或所谓业绩中提取报酬。

(5) 是否有退出、退货保障。推销员可根据个人意愿自由选择继续经营或退出，企业为顾客提供完善的退货保障。而传销通常强制约定不可退货或退货条件非常苛刻，消费者已购的产品难以退货。

所以，推销是现代营销不可或缺的一个组成部分；而传销是一种违法行为，被我国法律明令禁止。

五、推销的作用

人们对于推销作用的认识是随着商品经济的发展而逐步加深的。在产品供不应求的时候，几乎没有人认为推销有什么必要。但随着社会生产力的发展，特别是 20 世纪 80 年代以后，除极少数能源产品外，绝大部分产品供不应求往往是暂时的，而供过于求是常见的现象。因此，越来越多的产品出现供过于求的情况，推销的重要性日益凸显。

（一）推销推动了社会经济的发展，是社会经济发展的重要动力

在市场经济条件下，供求矛盾是影响经济发展与进步的主要矛盾，它影响与制约了市场经济条件下其他矛盾的发展与变化。推销主要就是协调供需双方的矛盾，把产品推销给需要它的顾客，同时把社会需求及时反馈给生产企业，引导企业合理生产，使社会资源得到合理的配置与使用。

（二）推销引导与影响社会消费

推销员在推销活动中，不仅把他们认为可以满足顾客需求的产品与服务介绍给顾客，而且把新的价值观念、新的消费理念介绍给顾客。所以，推销员在现代经济生活中不仅起

到了引导消费、影响购买的作用，而且起到了传递消费标准与消费价值的作用。特别是在知识和信息爆炸的今天，顾客几乎淹没在信息的海洋中，无从选择，推销员更是引导了社会消费。

（三）推销直接影响企业的应变能力与产品的竞争能力

从某种意义上说，顾客是企业的衣食父母，而推销员又是企业内其他人员的衣食父母。因为如果没有推销员的成功推销，企业其他员工的价值就无法得到真正实现，企业的生存和发展就失去了保障。一方面，推销员帮助企业的产品找到了需要它们的顾客，并且通过和顾客建立长期的关系，沟通感情，树立了企业形象；另一方面，推销员在推销过程中掌握了市场竞争与顾客需求的第一手材料，掌握了市场需求的动态，这就可以帮助企业调整经营策略，从而使企业产品适销对路，增强企业的应变能力与产品的竞争能力。世界上没有卖不出去的货，只有卖不出去货的人，推销直接影响了企业的应变能力与产品的竞争能力。

（四）推销直接影响企业的盈利能力

随着市场经济的发展，市场竞争越来越激烈，企业用于促销的费用也越来越多，导致企业销售成本急剧增加，目前在许多国内外著名的企业中，销售费用已大大超过生产成本。因此，通过提高推销效率、降低促销成本以加快货款回笼，将直接帮助企业提高经济效益。推销过程中形成的价格等合同条款本身就直接决定了企业的经济效益。同时，根据成本曲线，在一定的范围内，销量的高低往往又直接影响产品的生产成本。因此，推销直接影响企业的盈利能力。

（五）推销工作便于充分发挥人的潜能

与一般工作相比，推销工作所受的限制较少，便于充分发挥人的潜能。对推销员来说，推销业绩就是能力的最好体现，其发展主要取决于个人的努力，所受的限制相对较少，发展的空间较大。

（六）推销工作是人们走向事业成功的最好途径之一

推销员在推销过程中了解了市场及其规律，看到了商品交换过程中的众生百态与人情世故，接触到不同的社会文化，所以，推销生涯为许多人奠定了在市场经济条件下实现自身价值的基础。因此，在美国、日本等发达国家，由推销员出身而取得事业成功的例子不胜枚举。在中国，不少企业家都是推销员出身，如最著名的华人企业家李嘉诚。在我国民营经济最活跃的浙江省温州市，大量的民营企业家都是推销员出身，他们在推销的过程中逐步了解了市场并在推销过程中获得了创业的第一桶金，在此基础上逐步发展，创立了我国经济发展的一朵奇葩——“温州模式”。

六、推销的原则

推销的历史十分悠久。自从有了商品的生产与交换，就有了推销的行为与思考。但对推销理论的研究，最早出现在19世纪末期的美国，当时生产力快速发展，由于生产的相对过剩而出现了产品积压，为了解决产品的销售问题，一些大学出现了关于推销技巧与推销广告的研究与演讲，随后出现了关于推销技巧与推销员培训的教科书。第二次世界大战结束以后，西方国家大量的军工企业转为民用，导致市场竞争加剧，供过于求成为大部分产品面临的情况，因此，推销工作受到企业界的广泛重视，吸引了越来越多的学者与企业家投入到对产品推销的研究上来。1958年，设在瑞士的世界推销员培训中心的推销学专家海因兹·姆·戈德曼将他长期的推销经验理论化，出版了《推销技巧——怎样赢得顾客》一书，宣布了现代推销学的产生，海因兹·姆·戈德曼也被尊称为“现代推销之父”。

市场经济的发展使推销逐步成为一种专门的职业，推销员甚至被称为企业内其他职员的“衣食父母”。在世界上一些知名度高、效益好的公司内，推销员人数甚至占到公司总人数的50%以上。

20世纪90年代开始，随着社会营销学的快速发展，推销研究的重点也由物转向人。现代推销学是以人为研究重点，即研究顾客需求及顾客心理、推销员应具备的素质与能力、推销员及顾客所处的环境及相互关系等。推销研究的核心由“说服”转向“需求满足”。推销管理从对推销业务的管理发展到对需求的管理。而现代推销学研究的核心是满足需求，强调在确认顾客需求的前提下才可以尽量运用说服的手段使顾客购买产品。这就使现代推销学的研究符合了市场经济的发展规律，也符合了市场营销的基本原理。

但应该承认的是，最近几十年来，人们在该领域并没有任何真正的创新，也没有任何具有重大意义的发现。我们现在所推崇的理论大部分并不新奇，它早已为前人所掌握。正因为如此，推销学常常仅局限于几条重要的原则，而其他原则不过是同一原则的变种而已。但是，切实领会这些原则的精神并付诸实践，却始终是推销技术培训工作的艰巨任务，这远比挖空心思寻找一些新奇而玄妙的信条来蛊惑人心重要得多。那么，这些基本的原则是什么呢?

（一）推销产品的使用价值

不要单纯地推销具体产品，而更重要的是推销产品的使用价值观念。要准确地掌握产品的使用价值观念，然后竭尽全力、信心百倍地推销。区别一个一流推销员和普通推销员的标准就是看其是否懂得怎样推销产品的使用价值。

人类有许多愿望和要求，同样，产品也有许多使用价值。产品只有当它们为顾客使用并满足了他们的愿望时才发挥其作用。因此，推销员不仅是向顾客推销某种具体的产品，而且要让顾客认识到产品的使用价值。任何一种产品都有许多使用价值，具体选择哪一种，要依不同的顾客和他的特殊需求而定，只有这样，推销员才能取得成功。例如：有几位顾客同时购买汽车，但他们的购买目的却大相径庭：第一位顾客可能准备用来开出租车；第二位顾客可能是出于身份和地位的考虑，需要拥有一辆车；第三位顾客可能是仅仅作为上下班的交通工具。产品的使用价值示例如表 1—1 所示。

表 1—1　　产品的使用价值

产品	使用价值
高级轿车	安全舒适，有达官贵人的气派
方便面	食用方便，便于储存和携带
彩票	发财的捷径
化妆品	使皮肤柔嫩、光滑
电视机	收看电视节目

请记住：任何时候你都在同人打交道。是人就存在一些问题：工作上的问题、自己的问题和其他人的问题。每一个组织也都有许多亟待解决的问题：效率问题、经济问题、合理化问题、效益问题等。推销产品的使用价值正是解决上述问题的办法。即使你所推销的产品与其他人提供的产品完全一样，只要你运用这一原则，它就会有助于你达成交易。

因此，买卖一种产品的目的在于满足某种需求。买卖只不过是达到这一目的的一种手段。推销员不应该单纯向顾客推销产品，而应借助于所推销的产品，想方设法地唤起并刺激顾客，使他为满足其现在或将来的需求产生购买欲望。你的产品越符合顾客的基本需求，产品的销路就越好。

人有哪些基本的需求？对这个问题，众说纷纭。从推销的角度，我们把它总结归纳为五类：

（1）凸显自己。人们需要扩大自己的影响，提高自己的声誉和社会地位，得到社会的承认，被人拥戴，增强自尊心。这种需求驱使人们争权夺利，提高自我，在各方面凸显自己；这种需求也驱使人们向他人看齐，不甘落后。从推销观点来看，产生影响最大的是人们凸显自己的需求，即希望自己的观点被人接受，且受到他人的尊重。顾客在作出购买决定时，会考虑他自己所作出的购买决定会产生什么样的影响。推销员应认真考虑这一问题及随之产生的实际结果。

（2）社会交往。人们需要与他人接触和往来，建立家庭，结交朋友，需要在身体上和感情上得到别人的爱，渴望自己更有气质，更招人喜欢和更有魅力。

（3）保护自我。人们有避免遭受危险、威胁、攻击、损失，防病防老，避免痛苦等一系列需求。

（4）物质欲望。人们有占有物质的欲望，如收集古玩、邮票等，很多人谋求经济上的发迹等。

（5）贪图享受。人们需要娱乐、休息，期望清闲自在、舒适安逸。

一名优秀的推销员应懂得怎样把他的推销工作与人们的基本需求有机地结合起来。

（二）理解人的本性

长期以来，人们一直相信，顾客之所以能作出购买决定是由于理性考虑的结果，但我们现在已经知道，购买决定和人们的基本需求紧密联系在一起，并带有感情色彩。推销员必须对人的感情进行研究。这样，他很快就会发现，即使是很难对付的人，从情感上影响他们要比从理性上影响他们容易得多。所以，推销员必须学会理解人的本性。

现代动机研究主要采取心理分析和精神分析的方法，为推销工作提供了大量的资料，揭示了顾客作出购买决定的真正动机。有些时候，人们把一个好端端的工厂改建成一个过分现代化的工厂，其目的并不是提高生产能力，而是为了引人注目，以显示企业的兴旺发达。从工资收入和家庭住房面积的实际出发，按理说许多人购买 29 英寸的彩电已足够了，可他们宁愿勒紧裤带也要购买 49 英寸甚至更大的彩电，这个庞然大物与狭小的住房极不协调，很多人购买大电视机是因为它们的收看效果更好吗？不是，绝对不是！很多人是为了向别人炫耀自己。

人们需要的一些产品的生命周期是相当短暂的，一种时髦的发型或服装款式可能很快就会被人们抛弃。如果推销员的态度盛气凌人、方法教条和过于自信，往往会使顾客产生反感，在这种情况下，顾客可能会觉得拒绝推销员更能得到精神上的满足。但转眼间，这位顾客可能会接受另一个推销员提出的销售建议，而后者的建议可能与前者基本上差不多甚至不及前者。

推销员应该注意顾客的爱好和癖好，也应该注意顾客的情绪和感情的变化。对顾客表示关心肯定会赢得顾客的好感，并且也可以促使他对所提供的产品产生兴趣。一个非常成功的推销员曾经说过这样一句话："任何人，不管他有多么固执，只要他能开口谈论他自己和他的公司，我都能把他争取过来，成为我的顾客。我们都愿意谈论我们自己并为能吸引他人的注意力而感到自豪和骄傲。"每一位推销员都应该读一读戴尔·卡耐基的名著《如何赢得朋友和影响他人》。推销是一种服务，只要推销员乐于帮助顾客，将有利于创造一种友好的气氛，有了这种气氛，推销工作就会顺利得多。

人们的言行主要受感情支配，很少经过理智的考虑。要认识到这一点，推销员就必须了解自己，设身处地地为别人着想，照顾和体谅别人的感情。你为什么要去跳舞？开车时为什么要超车？出门前你为什么要照镜子？……认真思考一下这些问题，你就会发现人们言行的真正动机。

（三）把新产品描绘成简易化产品或改进产品

对顾客来说，重复购买无疑是有好处的，因为它减少了许多的麻烦，降低了因改变所带来的风险。也就是说，人们身上存在着一种习惯势力：害怕承担风险，不愿努力奋斗，不愿改变现状，拒绝承担由于某种变化而产生的直接费用和间接费用，不愿做自我批评或批评他人，也不愿向新供应商订货而受到老供应商的谴责和批评。推销员应该考虑到这些因素。

一般说来，新产品打入市场的机会只有一次。因此，在向顾客介绍推广这些新产品和新技术时，应遵循这样一条原则：必须把它描绘成是符合人们使用习惯的简易化的产品或改进产品，而不是超越人们使用习惯、难以掌握的东西。这一原则几乎适用于所有新技术、新产品，但对有些新产品如新奇产品则不适用，这一类产品的特点就在于新奇。

作为一个推销员，必须让顾客认识到新产品直接或间接地作用于现状的改善；也应该使顾客相信，你并没有把他作为试验品，你应该拿出证据证明这些经过反复试验的新产品、新技术是切实可行的。如果你能告诉顾客，他的同行中的某个知名人物已经使用或选中该新产品，顾客一定会对这种新产品产生好感。一定要使顾客相信，使用新产品并不需要花费多大力气，即使在试用期或接受新技术的训练过程中，也不需要花费大力气。在向顾客介绍或推广新产品，以及顾客在使用新产品时，你应尽量为他和他的员工提供指导、建议、帮助和服务。

（四）讲究信用

千万不要为了引诱顾客订货而向顾客许下不可能履行的诺言，这样做的后果是不堪设想的。应该尽量少许诺，多做实际工作。当你以实际行动而不是以许诺的方式满足了顾客的需求时，顾客就会感激你。假如你为了这一次的订单而随意许诺，那么你下次再想要得到他的订单就不那么容易了。

任何时候都应该记住，不论摆在面前的情况如何，决定你是否得到订单的重要因素是顾客对你的信赖，而不是你的销售谈话。你要以自己的言行博得顾客对你的信任，并且相信他的权益也会由于你信守诺言而得到维护。

（五）洽谈中不谈论竞争对手

在与顾客洽谈业务时，不要谈论竞争对手的情况，要把它视为禁忌。假如你不得不谈论竞争对手的情况，要持客观、公正的态度，甚至应多谈论竞争对手的优点，而避免谈缺点。请记住：只要你一谈到竞争就会立即引起顾客的兴趣。你与竞争对手的竞争越激烈，你就越应该集中精力搞好自己的推销工作。

但是，尽管在洽谈中不应谈论竞争对手的情况，你也应该清楚地了解竞争对手的产品及推销方法等。只有在了解竞争对手在干什么以后，你才能更好地制定你的推销策略和计划。所谓推销技巧就是根据不同的情况灵活地运用各种有效的推销方法，达到预期的推销目的。

（六）掌握主动权

任何时候推销员都应该掌握主动权，而不应该让顾客掌握主动权。这里所说的主动权是指推销员在推销进程的安排上应时刻掌握主动权，由推销员主动地来安排。当然，推销员在确定推销进程时应充分考虑顾客的实际情况。

【案例分析】

张新华是一位计算机推销员，他不仅对所推销的计算机了如指掌，具有丰富的技术经验，而且为人实在，给顾客以诚实、可信的感觉，同时他善于抓住顾客的心理，潜在顾客对他的话总是心悦诚服。有一天，他为推销产品专门拜访了一家公司的财务总监，他说："我想向你们介绍一下我们的一款新型计算机，根据我20多年的经验，我敢打保票这是市场上最好的计算机。"而后，他便十分内行地讲述了该款计算机在技术方面的各种优点，顾客似乎也很相信他的话，但事与愿违，这次并没有达成交易。

思考：

你能看出其中的缘由吗？应该采取什么办法才能达成交易目的？

任务二
顾客需求理论

现代推销，不是坐等顾客上门，单纯地收集订单，而是去创造和发现产品需求或为顾客提供服务。研究和了解顾客的需求与研究和了解你所推销产品的性能、特点、用途同等重要。

一、需求的含义

现代心理学认为：需求是个体缺乏某种东西时的一种主观状态，它是客观需求的反映，这种客观需求既包括人体内的生理需求，也包括外部的、社会的需求，它们演化为心理现象之后，表现为需求。

人是自然属性和社会属性的统一体，对其自身和外部生活条件有各种各样的要求。当某种生理或心理因素缺乏时，就导致生理或心理上的匮乏状态。当这种匮乏状态达到一定程度，必须进行调节时，个体就会感到需求的存在，进而产生恢复平衡的要求。首先是生理平衡，人体内必须不断补充一定的物质和能量才能生存，如食物、水等，这些物质与能量的吸入量由体内复杂的生理系统进行调节，维持着人的生理平衡。以饮食调节为例，人的生理调节机制时刻检测着食物和水的数量；当达到某种临界值时，便会产生某种生理需求，人受到刺激从而产生饮食行为。其次是心理平衡，人的生理失调主要取决于有机体内部的刺激，而心理失调主要取决于有机体外部的刺激，这种外部刺激既有物质的，又有精神的。当心理失去平衡时，个体就会产生心理上的需求，如求知的需求、审美的需求、表现的需求、自主的需求等。人的需求具有以下几方面的特征：

（1）目标性。需求总是指向某种具体的事物。换句话说，需求总是和满足需求的目标联系在一起。例如：人饿了就要寻找食物充饥，渴了就要找水解渴，冷了就会寻找衣服御寒等。需求一旦实现，总能给人们带来生理或心理上的满足。离开了目标和对象，就无从观察和研究人是否具有某种需求。

（2）紧张性。需求是个体在生活中感到某种欠缺而形成的某种心理状态。当某种需求产生后，便形成一种紧张感、不适感或烦躁感等，从而在人脑中形成某种需求。

（3）驱动性。人们为了消除生理或心理上的紧张，产生满足需求的驱动力，推动着人们去行动，以求得生理或心理上的平衡。

（4）层次性。人的需求是有层次性的，一般来说，先是满足最基本的生活需求，而后是满足社会和精神需求，一般说来，人们的需求总是不断地由低级向高级发展的。

（5）发展性。人的需求随着社会生产力的发展和物质文化生活水平的提高而变化和发展。它不仅体现在不断提高的需求标准上，而且体现在日益复杂和多样性的需求上。

二、顾客需求与推销的关系

由于存在需求是顾客参与推销活动和进行交易的原始动力，因此推销员必须研究顾客的需求。顾客需求及其变化规律的理论是指导推销活动的基本理论之一。满足顾客客观或者潜在的需求，是现代推销的核心，这也是推销员制定推销计划和推销策略的依据，是提高推销员的推销效率的有效方法。顾客需求与推销的关系是：

（一）准确地发现顾客的需求是推销的第一步

推销活动的开展就是向顾客介绍他们需要的产品或劳务，并说服顾客相信其推销的产品或劳务能令顾客的需求得到满足。所以，推销员首先必须去发现顾客的需求，有需求的顾客才是推销活动的对象。了解顾客的需求内容与满足的方式，是推销员开展推销工作与寻找顾客的前提；有需求但没有被满足，是推销活动得以不断进行的条件与机会。而顾客总会存在这样或那样的需求，没有需求的人是不存在的，推销员的任务就是要去发现顾客现实的或潜在的需求。

（二）顾客的需求处于不断的变化中

由于人的客观需求是随着条件的变化而变化的，因此顾客的需求总是处于不断地满足与产生之中。人们对目前状态不满意，于是产生了需求，力求改变这种不满意的状态。当这种不满意得到满足后，又会产生新的不满意状态，于是又有了新的驱动力——新的需求。需求总是处于一种不断的变化中，于是推销活动也就处于不断的进步和发展中。研究顾客需求产生的原因，可以为推销活动找到契机。

（三）顾客存在需求是开展推销活动的动力

推销行为的原动力是推销活动的参与各方都存在需求。推销员为满足自己多方面的需求而去从事推销活动，并从推销的成功及顾客需求的满足中获得自己需求的满足；顾客向推销方询问和寻找合适的产品，以满足自己的需求。如果双方没有需求及追求需求满足的行动，就没有推销。

（四）顾客需求管理是推销管理的主要内容

对具体顾客需求的管理是推销管理的主要内容之一。推销员只有了解并掌握顾客的现实需求和潜在需求，才可以使推销有生存与发展的基础。顾客和推销员，包括推销和购买活动的其他参与者，都是为了追逐需求的满足。当认为需求得不到满足时，他们就会放弃参与，甚至终止推销谈判；同样，当人们意识到保持双方良好的关系能使自己的某些需求得到更好的满足时，人们就会努力维持并发展双方的关系。因此，详细、深入地了解顾客的具体需求内容及满足方式，并且实施正确的管理，是取得谈判成功与维持良好购销合作关系所必需的。研究顾客的需求，研究满足顾客需求的方式，并且对顾客的需求实施管理，是推销员毕生的工作。

三、顾客需求产生的形式

当人们对目前所处的状态不满意时，就会产生一种由不满意状态转换为满意状态的驱动。例如：当人们处于饥寒状态时，就会产生拥有温饱状态的驱动力，这就是产生了需求；当人们不幸时，就会有追求幸福的需求；当人们劳累困苦并对这种状态不满意时，就会有从劳累困苦状态转换为轻松休闲状态的需求；当人们孤单时，就会有与人进行交流并感受友情的需求；当人们拥有某种满意的生理与心理状态时，也会产生担忧这种满意状态是否会持久的不踏实的心理状态，于是就有了维护目前状态的安全需求。由于人总会对目前所处的状态有不满意的地方，因此人总会产生需求。研究顾客需求的产生规律，可以为促销和推销活动的开展以及需求的管理提供依据。

顾客需求产生的形式主要有：

（一）人类生理产生的需求

生理需求是人类生存的基本需求，譬如肠胃运动的结果使人产生饥饿的感觉，从而对食品产生需求；剧烈运动导致水分大量流失使人产生喝水的欲望。这是人的一种本能需求。

（二）功能性器官产生的需求

功能性器官主要是指人的视觉、听觉、味觉、嗅觉与触觉器官。人的功能性器官通过神经作用，经大脑反应后就形成需求。例如：看到清澈见底的水就会想到游泳，闻到食品的香味就会产生食欲，听到强烈的节奏就会想到跳舞等。

（三）学习产生的需求

通过学习，人们会形成新的价值观，从而产生新的需求。这种学习包括自己经验的总结和后天的学习。例如：当一个人通过学习掌握了某种运动技巧，并爱上了这种运动后，就可能会去购买相关的体育运动器材，并且还会改变购买习惯和购买行为。此外，个人的经验总结也会产生相关需求，例如：一名彩票中奖者看到彩票就会产生购买的欲望。

（四）社交引发的需求

人是社会人，人际交往不可避免，由此产生了相关的产品需求。例如：各种礼品就是典型的例子。我国是礼仪之邦，人际交往已成为需求产生的主要形式之一。

（五）经营所引发的需求

这里包括两个方面：一方面是指顾客因开展经营活动所产生的需求，如企业的采购就属于这一类，它是一种间接性需求；另一方面是指企业创造需求，引导消费者产生需求，如索尼公司推出的卡拉 OK 就是一个成功的典范。

人的需求层次是有一定规律的，需求层次理论对该问题的解释作出了一定的贡献。

马斯洛需求层次理论

需求层次理论是由美国社会心理学家亚伯拉罕·马斯洛提出来的，因而也称为马斯洛需求层次理论（见图 1—1）。马斯洛在他著名的《动机与人格》一书中，把人类的需求按其依赖程度分成五个基本层次，由下往上依次是：生理的需求、安全的需求、社交或情感的需求、尊重的需求、自我实现的需求。这五种需求像阶梯一样从低到高，按层次逐级递升，但次序不是完全固定的，可以变化，也有种种例外情况。马斯洛需求层次理论有两个基本出发点：一是人人都有需求，某层需求获得满足后，另一层需求才出现；二是在多种需求未得到满足前，首先满足迫切需求，该需求满足后，后面的需求才显示出其激励作用。一般来说，某一层次的需求相对满足了，就会向高一层次发展，追求更高层次的需求就成为行为的驱动力。相应地，获得基本满足的需求就不再是一股激励力量。任何一种需求都不会因为更高层次需求的发展而消失。各层次的需求相互依赖和重叠，高层次的需求发展后，低层次的需求仍然存在，只是对行为影响的程度大大减弱。

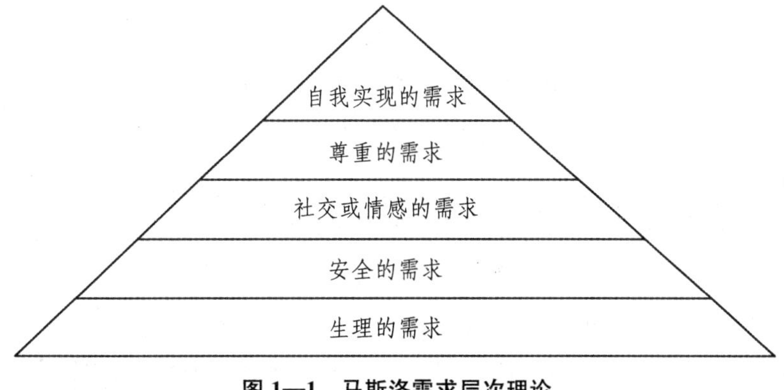

图 1—1　马斯洛需求层次理论

需求层次理论对推销的启发主要有：一是明确了人们存在着不同层次的需求，因而也就存在着对满足这些不同层次需求的各种产品的需求。二是在市场经济条件下，各种需求层次的满足是以社会及人们自身劳动价值为基础的，大多是通过购买与消费而实现的，需求的满足往往表现为购买与消费行为的实施。三是具有不同需求层次的人会在不同的时间、不同的地点，购买不同的产品以满足不同的需求；企业也一样，它们在不同的需求层次上有不同的需求和具体的需求内容，有不同的需求满足方式和要求。所以，推销员必须向不同的顾客推销不同的使用价值。

四、创造需求与需求管理

一个杰出的推销员的工作绝不仅仅是了解购买者的需求，然后向他解释产品或提供服务满足他的需求就可以了，顾客的许多需求是可以挖掘和创造出来的。市场的核心就是需求和满足需求的供给之间的变化关系，当市场进入买方意义上的需求与供给的关系时，需求就成了强势因素，而如何去发掘需求，甚至创造需求，就成了推销员的一项重要任务。但物极必反，这对于现代推销也同样适用。企业不应过度地重视创造需求，需求并不是使用不竭的能源，它也有局限性，尤其是大家一哄而上创造需求的时候，这就使它失去了本来的意义。企业应避开残酷的“红海竞争”，去创造“蓝海战略”。

无论是创造需求还是满足需求，其实只是一种概念上的变化而已，用辩证的观点解释就是这两个概念其实是相互转换的。

“蓝海战略”就是避开血腥搏杀的传统市场，去开辟新的市场。这个定义完全符合目前的市场竞争环境，无论是创造需求的定位还是满足需求的定位，评价其是否为好的战略只有一个标准：适合自己的才是最好的。

创造需求的一个重要标准就是：别人有的，我去改进；别人没有的，我去创造。创造需求的方式有多种，在 20 世纪 90 年代初期，摩托车行业由于竞争激烈，很多企业以价格战展开拼杀，致使行业利润急剧下降，行业生存环境急剧恶化。上海市政府出台的禁止摩托车上牌的规定让许多摩托车厂家备受打击，却让当时的济南轻骑看到了一个前景广阔的市场：助力车。结果济南轻骑的助力车投放市场后，供不应求，甚至将这种效应扩展到了江浙市场，经销商为了能够拿到货，不惜在轻骑销售公司门口拿着现金等候。

创造需求的一个重要基础就是：在不断地调研中寻找事实的依据，创造机会。创造需求不是在办公室里闭门造车。知名的济南“三株口服液”当年凭借保健的概念创造了一个庞大的需求市场，几年内，把触角伸到了广大的农村市场，但 1998 年“八瓶三株喝死一位老汉”事件将一个年销售额达 40 多亿元的企业轻易地打倒了，而且一直无法恢复元气。三株公司的失败当然有许多其他原因，但当它创造需求的时候，却忽略了创造需求的基础，导致夸大需求功效，人为地扯断需求的基础，失败是迟早的事情。

在大多数时候，与其和行业巨头去争抢谁更能创造需求，还不如把眼光放在如何去满足现有的需求上。细心的人都会留意到最近几年，空调行业杀出了一匹黑马：志高空调。它的出现和发展完全出乎人们的意料，它既没有创造流行的概念，也没有刻意地展现自己的特殊，而是凭借一流的品质保障、强大的企业实力，在业内率先推出“零配件终身免费更换”的服务承诺，并开展了“绿色节能家庭”行动。

【案例分析】

一条街上有三家水果店。一天，有位老太太来到第一家水果店，问：“有李子卖吗?”店主见有生意，马上迎上前说：“老太太，买李子啊? 您看我这李子又大又甜，刚进回来，新鲜得很呢!”没想到老太太一听，竟扭头走了。店主纳闷着，“哎，奇怪啊，我哪里不对，得罪老太太了?”老太太接着来到第二家水果店，同样问：“有李子卖吗?”第二位店主马上迎上前说：“老太太，您要买李子啊?”“嗯。”老太太应道。“我这里李子有酸的也有甜的，您是想买酸的还是想买甜的?”店主回答。“我想买一斤酸李子。”老太太说。于是，老太太买了一斤酸李子就回去了。第二天，老太太来到第三家水果店，同样问：“有李子卖吗?”第三位店主马上迎上前说：“我这里李子有酸的也有甜的，您是想买酸的还是想买甜的?”“我想买一斤酸李子。”老太太说。与前一天在第二家水果店里发生的一幕一样，但第三位店主在给老太太称酸李子时聊道：“在我这买李子的人一般都喜欢甜的，可您为什么要买酸的呢?”“哦，最近我儿媳妇怀上孩子啦，特别喜欢吃酸李子。”“哎呀! 那要特别恭喜您老人家快要抱孙子了! 有您这样会照顾的婆婆可真是您儿媳妇天大的福气啊!”“哪里哪里，怀孕期间当然最要紧的是吃好、胃口好、营养好啊!”“是啊，怀孕期间的营养是非常关键的，不仅要多补充些高蛋白的食物，听说多吃些维生素丰富的水果，生下的宝宝会更聪明!”“是啊! 那哪种水果含的维生素更丰富呢?”“很多书上说猕猴桃的维生素含量最丰富!”“那你这有猕猴桃卖吗?”“当然有，您看我这进口的猕猴桃个大汁多，含维生素多，您要不先买一斤回去给您儿媳妇尝尝!”这样，老太太不仅买了一斤李子，还买了一斤进口的猕猴桃，而且以后几乎每隔一两天就要来这家店里买各种水果。

分析：

这三家水果店的店主代表了三种不同的推销员。第一个店主是一个不合格的推销员，只是一味地告诉顾客自己的产品如何好，而不了解顾客需要什么；第二个店主是一个合格的推销员，懂得通过简单的提问满足顾客的一般需求；而第三个店主是一个优秀的推销员，他不仅了解和满足了顾客的一般需求，而且还挖掘、创造了顾客的需求——需求背后的需求。在这个阶段，推销员已经从以前的拼价格转向成为顾客信赖的顾问，帮助顾客分析问题、解决问题，获得顾客的信任，以此获得更多的订单。

在面对顾客时，企业应该好好思考，如何更好地做到像第三家水果店店主一样引导和创造需求。需求创造原则是支撑市场营销的诸原则中的核心原则。该原则认为，需求并非固定或有一定限度，而是可以通过企业的努力去扩大和创造。需求创造原则要求企业明确需求的可创造性。

其一，需求具有多样性、发展性和层次性等特点。它会随着社会、经济的发展和科技的进步而变化。

其二，有些需求实际存在，却没被企业发现或者企业对其关注不够。

其三，顾客的潜在需求要靠企业去挖掘和诱导。例如：日本一家巧克力公司利用日本年轻人追求西方生活的心理，在情人节期间推出巧克力半价优惠的活动，还为此开发出各种精美的巧克力，促使日本人形成了过情人节并赠送巧克力的潮流，该公司日后成为日本最大的巧克力公司。天猫商城将每年的 11 月 11 日打造成“购物狂欢节”，创造了世界营销奇迹。

因此，创造需求原则要求企业懂得如何创造需求，即发现、创造、提供什么样的价值。现在最重要的是，企业必须提供顾客认为最有价值的利益，即真正解决顾客问题和满足顾客需求的产品和服务。化妆品为顾客提供的利益是“美”。如果企业站在顾客的角度来考虑问题，把“售货处”当作“购货处”甚至是“使顾客心情舒畅的场所”来对待，那么就一定能创造并获得更多的需求。

五、顾客对推销的接受过程

顾客对推销员及其所推销的产品，从认识到购买，一般要经过一个复杂的心理活动过程，同时也表现出一定的规律性。成功的推销基于真正了解和掌握顾客的心理活动特征和规律，从而有针对性地采用不同的推销方法，使顾客能够接受推销员及所推销的产品，并使推销活动富有成效。

每个人对事物的认识与接受都有不同的特点与差异，这是由人的个性心理特征所决定的。顾客对推销员以及推销的产品，也有一个从陌生到认识、从认识到接受的过程。顾客的心理活动过程可划分为三个阶段：认识过程、情感过程和意志过程。这三个过程又可细分为不同具体的阶段，在各个阶段中，不同的顾客表现出不同的特点，需要推销员加以研究与应对。

（一）顾客对推销的认识过程

顾客购买产品是从认识产品开始的。认识过程主要解决两个问题：首先是认识和明确自己的需求所在，其次是寻找可以满足这种需求的基本途径和方法。顾客认识和了解推销员及其推销的产品，往往是先有表面的、笼统的印象，再进行精确的分析。然后运用自己已有的知识和经验，有联系地、综合地加以理解。可以说，顾客对推销的认识过程，就是顾客对推销员和所推销产品的各种不同感觉加以联系和综合的反映过程。这个过程主要是通过顾客的感觉、知觉、记忆、思维等心理活动完成的。

（1）顾客对推销的感觉阶段。感觉是客观事物作用于感觉器官而引起的对该事物的个别属性的直接反映，因此对推销而言，感觉就是顾客通过感觉器官直接接受推销刺激，对推销员及其所推销的商品形成的最初认识，它是一种最简单、低级的心理现象。顾客的感觉阶段一般是通过眼、耳、舌、鼻、手等诸多器官，借助视觉、听觉、味觉、嗅觉、触觉等感觉器官接收推销信息，从而产生对推销员的第一印象，产生对推销品的形状、颜色、气味、粗细、软硬、冷热等个别属性的心理反应。感觉是认识活动的开端和进一步发展的信息基础。因此，推销员必须在推销之前，在精神、心理和随身使用的物品等方面做好充分准备；在推销中注意以自己良好的体态、仪表、表情等影响和感染顾客，力争给顾客留下良好的第一印象。另外，还必须注意尽可能地让顾客的感觉器官接触推销品，真实感觉推销品的优点。在感觉阶段，顾客的认识特点是：顾客主要是以视觉器官进行感觉；顾客对推销员的第二感觉来自推销员的表情、神态。

(2) 顾客对推销的知觉阶段。知觉是人对客观事物各个部分或属性的整体反映，它同感觉一样，由客观事物直接作用于分析器而引起，但比感觉复杂、完整。大多是几种感觉的组合，但不是简单的相加，而是具有新的品质，表现为对事物的整体认知或综合属性的判断。知觉有遗传的基础，但主要依赖于人的主观态度和知识经验。人常常根据实践活动的需求和心理倾向主动地采集信息，甚至提出假设、检验假设，从而完整地辨认物体及其属性。知觉阶段具有完整性、选择性、恒常性等特点。知觉是感觉和思维之间的一个重要环节。例如：一个曾经接受了上门推销但却买了劣质商品的家庭妇女，可能从此就会拒绝上门的推销员，甚至根本不等推销员介绍商品就表示拒绝。另外，顾客的知觉还会受顾客的不同欲望与期待、顾客所处的环境等因素的影响而产生错觉。因此，推销员为使顾客对推销获得正确的全面知觉，必须在推销之前了解、掌握推销对象——顾客的客观情况，要以良好的形象、得当的方法介绍推销的产品，强化顾客的知觉，同时还要注意排除不利因素对顾客知觉的影响与干扰。

(3) 顾客对推销的记忆阶段。从营销心理学的角度来看，顾客的记忆是顾客对推销员、推销产品的有关信息有了初步了解后的储存保留阶段。既然记忆是顾客对推销信息的高度概括，那么，顾客就会根据自己的爱好、情感、需求等情况筛选、接受推销信息。不同的顾客会选择不同的信息，因此，记忆具有选择性与差别性。另外，顾客储存的信息在一定的条件下会因其联想而再现。因此，推销员要特别注意将顾客的需求与推销的产品有机地结合起来，进行重点推销，强化顾客对推销的有效记忆；同时，推销员还要注意引导顾客联想，唤醒顾客储存的有利于推销的信息再现。

(4) 顾客对推销的思维阶段。思维是顾客在感知的基础上，对推销的产品本质所进行的间接的、概括的反映，是顾客对推销总体认识的根据。通常顾客对推销的感知仅是推销的表面形象，而对推销员、推销品的真正品质和属性有时了解甚少。顾客必须借助自己的知识、经验，通过思维全面、系统地把握推销员与推销品的品质与属性，使感性认识上升为理性认识。顾客在思维过程中，始终保持着与感知的联系，并继续发展感知的认识功能，并有机地交织在一起，从而完成对商品的认识过程。一般来说，顾客在经过了对推销的思维过程后，就比较容易作出购买决策。此外，顾客的思维容易受到其个性、心理特征等因素的影响，如心理倾向性、气质、性格、态度、兴趣爱好、理智与情感、价值与道德观等。例如：一个思想保守、生活呆板的顾客，是很难认识到购买一件性能优良、功能先进的新产品对其生活的重要意义的。因此，推销员在推销中要注意运用巧妙、恰当的方法，让顾客自由地观察、抚摸、操作推销品，将其思维具体化、形象化，进一步提升顾客的兴趣与欲望。另外，推销员还必须具有良好的职业道德，千方百计地服务于顾客；否则，就会对顾客再一次的认识过程产生方向性误导和实质性的影响，最终损害企业的长远利益。

（二）顾客对推销的情感过程

通过认识过程，顾客掌握了大量的感性材料，对产品的外部整体形象有了初步了解，顾客已从表象感知向思维过渡，进而进入顾客购买活动的情感过程。

情感是顾客对某种产品或某个企业的态度的一种反应。这种态度会在顾客的购买行为中或明或暗地表现出来。顾客对某种产品的态度，是以这种产品是否满足顾客的需求为中心和依据的。只有那种与顾客的需求相关的产品，才会引起顾客的情感反应。所以顾客的情感是顾客对待推销的客观现实是否符合自己的需求而产生的态度和体验。顾客在完成对推销的认识过程时，虽然可以基本把握推销品的品质与属性，但不一定会购买。因为顾客在对推销品有了基本认识后，便会产生对推销的态度，如积极的态度、消极的态度或双重态度。顾客对推销的态度会直接影响顾客的购买行为，直接关系到推销的成败。

为了使顾客形成对推销的正确态度，推销员应该了解顾客心理需求的各种表现，如求实心理、求廉心理、求名心理、求美心理及求新心理等，尽力使推销品符合顾客的心理需求。人们为了满足需求而产生购买动机，所以推销员还必须了解顾客的购买动机，如感情动机、理智动机、惠顾动机等。顾客的购买动机除了产生于需求外，还时常受到外界刺激的影响。刺激越强烈，导致购买行为的可能性越大。所以，在了解顾客的购买动机后，推销员要注意研究如何在恰当的时间和地点，以合适的方式刺激顾客，强化顾客的购买欲望，从而把顾客具体的商品购买欲望推向决策阶段。

情感一般分为情绪和感情两种类型。情绪是由特定的条件引起的，随条件的变化而变化，是短暂而不稳定的情感。顾客情绪的变化，主要取决于需求的满足程度。推销员的任务就是要积极地创造条件，克服顾客的紧张心理和排斥情绪，稳定和强化顾客的良好情绪。感情是顾客社会性的需求，是与顾客的思想意识紧密联系的一种内心体验，如亲切感、信任感、优越感等。与情绪相比，感情具有较大的稳定性和深刻性。推销员在推销过程中，应当注意培养顾客三方面的感情：首先是对推销员的信任感、亲切感，其次是对产品的偏爱感和忠诚感，再次是对企业的信任感。如果是推销名牌产品，还要培养和稳定顾客购买和使用该产品的自豪感和优越感。

（三）顾客对推销的意志过程

顾客心理活动的意志过程，是指顾客有目的地、自觉地调节自己的行为，努力克服重重困难，实现预期目标的心理活动过程。顾客经过认识和情感过程后，对推销及其相关要素已形成一定的心理倾向，但不一定由此产生购买行为。由于购买行为属于一种有目的、有意识的自觉行动，不能仅由心理倾向性来直接引发，因而要导致购买行为，必须要有顾客对推销的意志过程。实际上顾客的意志过程就是确定目标，通过排除干扰、克服困难实现目标，把主体意识转化为实际行动的心理过程。由此，顾客对推销的意志过程有两个明显的特征：具有明确的购买目的及排除干扰和克服困难的过程。

顾客对推销的意志过程的作用主要表现在以下两方面：

（1）进行购买决策，即购买或否定购买。顾客对推销的意志过程是顾客购买心理过程的最后阶段，首先顾客必须作出购买决策，如决策是肯定的，则顾客尚需进一步作出明确的购买决定。顾客购买决策的制定过程，包括购买动机的冲突及取舍、购买目的的确定、购买方式的选择，以及有关购买计划的制定，即购买什么（商品的规格、颜色、包装、价格、品牌等）、购买多少、由谁购买、何时购买、何处购买、怎样购买等。这是意志过程应完成的基本任务，也是意志过程在整个顾客心理活动过程中的基本作用。在顾客购买决策的判定过程中，选择适当的购买目标是关键。顾客在选择购买目标时，一般是遵循需求满足最大化、需求与支付能力相平衡和利益最大化三大原则。

（2）实施购买计划。顾客作出购买决定并制定购买计划后，接下来就是排除干扰、克服困难、实施购买计划的行动。这是人的内部意识向外部行动的转化过程，也是意志过程的关键作用。这种作用有两个发展方向：一是被充分发动，使实际行动向实施购买计划的方向发展；二是被抑制，使实际行动向取消购买计划的方向发展。

实施购买计划是意志过程的关键，顾客不仅要为购买付出较大智力和体力，而且要克服购买过程中的各种困难与障碍，处理在决策阶段所没有预料到的情况和新问题。顾客的购买心理过程是认识过程、情感过程、意志过程的统一。推销员在访问顾客之前，应该按照购买活动的三个心理活动过程，分别设计推销策划方案，采取有效的推销技巧和策略，并从整体上协调推销方案、推销技巧和方法，以取得推销的成功。推销员总是向某一特定的顾客推销特定的产品、服务或观念。在推销员与顾客的接触和交往中，双方都会对对方产生一定的印象和看法，形成各自独特的心理状态。因此，对于推销员来说，既要了解自己，又要了解顾客；既要了解自己的企业和产品，又要了解顾客心理活动的规律，自觉运用相关的推销理论和适当的推销模式，增强推销工作的科学性。

可见，顾客对推销的意志过程是顾客克服重重困难、实施购买的关键阶段。推销员应牢牢抓住这一阶段，促使顾客弥补对推销的认识缺陷，调整和控制不利情绪，克服各种心理障碍，以促成购买行为。

六、推销模式

（一）爱达（AIDA）模式

根据消费心理学的研究，顾客购买心理的变化过程可分为四个阶段，即注意（Attention）、兴趣（Interest）、欲望（Desire）、行动（Action），用这四个阶段的第一个字母组合成国际流行的推销模式，即AIDA模式。该模式将成功的推销总结为四个步骤：引起顾客注意，唤起顾客兴趣，激发顾客购买欲望，促成顾客购买行动。其含义可表述为：一个成功的推销员必须把顾客的注意力吸引或转移到推销品上，使顾客对推销品产生兴趣，这样顾客的购买欲望就随之产生，而后促使顾客采取购买行动。爱达模式是最具代表性的推销模式之一，被认为是国际上成功的推销模式，爱达模式总结的四个步骤，被认为是成功推销的四大法则。

这种推销模式的适用性很强，它不仅可以指导推销员的推销过程，而且适用于上门推销（如办公用品和生活用品的上门推销），以及店堂推销，如柜台推销、展销会推销。

1. 第一步：引起顾客注意（Attention）

通常人们的购买行动都是从注意开始的，因此，开展推销活动首先要引起顾客注意。引起顾客注意就是指推销员通过推销活动刺激顾客的感觉器官，把顾客的心理活动、精力、注意力等吸引到推销员和推销的产品上来，促使顾客对推销产生良好的感觉，形成正确的认识和有利于推销的正确态度。

顾客对推销的注意可分为有意注意和无意注意两种类型。有意注意是指顾客主观能动地对推销活动发生注意。这类顾客常采取完全主动的态度，只要推销员把握好时机，稍加说服就能使顾客实现购买行为。无意注意是指顾客不由自主地对推销活动产生注意。这类顾客事先没有预定的目的，对推销的注意往往是在周围环境发生变化时才产生的。若引起注意的刺激物不能继续影响顾客，则顾客的注意力就会下降并转移到其他事物上。由于在推销活动中，推销员受到顾客有意注意的机会要比受到顾客无意注意的机会少得多，因此，如何设法引起顾客的注意，并把顾客的无意注意转化为有意注意，使顾客愿意把时间、精力从其他事情转移到推销活动上来，是推销员必须认真考虑的问题。现代心理学认为，顾客的无意注意是在主客观特殊条件下，由一定的刺激条件直接引起的。来自顾客的主观刺激条件有欲望、情感、兴趣等；来自客观环境对顾客的刺激条件有强烈刺激、变化刺激和两者综合发生作用的新异刺激。

在推销活动中，引起顾客的注意常受到空间、时间和推销现场特殊环境的限制，因此，推销员必须在较短的时间内，因人而异地采取不同的方法，用最有效的手段达到吸引顾客注意的目的。而要达到这个目的，必须营造一个使顾客与推销品密切联系的推销环境，把顾客放在推销活动的中心位置上，使顾客感觉到此时自己的需求和利益是真正重要的，即在突出顾客地位的同时宣传推销品。这样就可以强化推销品对顾客的刺激，使顾客自然而然地将注意力从其他事情上转移到推销活动上来。引起顾客注意的方法有很多，如产品吸引法、语言吸引法、形象吸引法、动作吸引法、气氛吸引法等。推销员可以通过自己精心设计的形象，用精辟的语言、得体的动作、富有魅力的产品和巧妙的提问，来吸引顾客的注意。

吸引顾客注意力时应注意的问题如下：

（1）做好事前的准备：推销员要引起顾客注意，就必须把顾客放在中心位置，围绕顾客的兴趣精心做好准备。只有顾客感觉到推销员的推销活动与他有关，才能真正吸引顾客的注意力。

（2）吸引顾客注意力的方法应有利于推销活动的展开，不能为了吸引顾客而做一些会造成顾客怀疑产品质量的事。

（3）吸引顾客注意力的方法不能有损于推销员的品格，更不能由此造成顾客对推销员的轻视。有些推销员通过做一些类似于小丑的举动，虽然吸引了顾客的注意力，但效果往往适得其反。

（4）吸引顾客注意力的方法应坚持与众不同。在不同的时候、不同的地点、面对不同的顾客应采取不同的方法。

2. 第二步：唤起顾客兴趣（Interest）

兴趣是一个人对某一事物所抱有的积极的态度。对推销而言，兴趣就是顾客对推销的产品或购买产品所抱有的积极态度。在推销活动中，顾客对产品产生的好奇、期待、偏爱和喜好等情绪，均可称为兴趣，它表明顾客对产品作出了肯定的评价。顾客由于对推销员及产品的兴趣而使其注意力更加集中。

唤起顾客兴趣是指推销员通过推销活动使顾客了解推销品所拥有的全部优点和优势，认识到推销品能够满足自身的需求，从而对推销活动有意识地积极接近。唤起兴趣是推销活动的真正开始，它在推销活动中起着承前启后的作用。在购买过程中，顾客的兴趣与注意有着密切的联系。兴趣在注意的基础上发展起来，反过来又强化注意，兴趣的积累和强化便是欲望。这就要求推销员在引起顾客注意的同时，不容迟疑地唤起顾客的购买兴趣，保持顾客对推销活动直接的、积极的、长期的、稳定的兴趣。如果推销员在推销活动中不能设法使顾客对产品产生浓厚的兴趣，不仅不会激发顾客的购买欲望，甚至还会使顾客的注意力发生转移，致使推销工作前功尽弃。

唤起顾客兴趣的关键就是要使顾客清楚地意识到购买产品所能得到的好处和利益。推销员可以针对顾客的不同需求和动机，通过对产品功能、性质、特点的展示及使用效果的演示以唤起顾客的购买兴趣；也可以用情感沟通法，常用的手段有坦诚相见法、投其所好法和情系顾客法等，以唤起顾客兴趣。

3. 第三步：激发顾客购买欲望（Desire）

购买欲望是指顾客通过购买某种产品或服务给自己带来某种特定利益的一种需求。激发顾客购买欲望是指推销员通过推销活动唤起顾客的购买兴趣后，努力使顾客的心理活动产生不平衡，使其把对推销品的需求和欲望放在重要位置，从而产生购买欲望。当顾客对推销品产生兴趣后，他就会考虑是否应该拥有该推销品，权衡买与不买的利害得失。此时如果推销员不能消除顾客疑虑，强化顾客对推销品的积极心态，就不能激起顾客对推销品的购买欲望。欲望包括认识、动情、追求三个阶段。认识是产生欲望的起点；动情是基于认识而产生的情感反应；追求是对有特定目标的购买行为的心理倾向。推销员要善于运用这一原理，设法打消顾客的种种疑虑，使顾客对购买持肯定态度，激发顾客的购买欲望。首先，要使顾客对推销的产品和购买利益有充分的认识，用顾客乐于接受的内容和方式引导顾客对推销形成积极、肯定的态度，建立较为牢固的信任。其次，使顾客认识到自己具有某种需求，而推销的产品刚好能满足这种需求。最后，用充分的说理和证据使顾客认为购买决策是正确的。

激发顾客购买欲望时应注意：

(1) 千万不要对一切顾客都使用千篇一律的同一种方法，不要以为某一种方法取得了成功将来就一定继续适用。

(2) 说服顾客的最好办法是向他示范你的产品，从而使顾客意识到购买你的产品后将获得快乐。

(3) 顾客的购买欲望来自于情感，而不是理智。

(4) 要使顾客相信他想购买的正是他所需要的，你所推销的正是他想购买的。

4. 第四步：促成顾客购买行动（Action）

促成顾客购买行动是指推销员运用一定的成交技巧来促使顾客采取购买行动。有些顾客在产生购买欲望之后，往往不需要任何外部因素的刺激就会作出购买决策。但在通常情况下，尽管顾客对推销的产品产生兴趣并有意购买，也会处于犹豫不决的状态中。这时推销员应不失时机地促进顾客进行关于购买推销品的实质性思考，强化顾客的购买意识，激发顾客的购买兴趣，促使顾客采取购买行动。促成顾客购买行动是爱达模式的最后一个步骤，它是全部推销过程和推销努力的目的，也是对前三个步骤的总结和收获。促成顾客购买行动要求推销员在推销活动中抓住机会，不失时机地拍板，坚定顾客的购买信心和行动，否则容易失去成交机会，使前面的努力功亏一篑。

只有具备以下六个条件，推销员才可以确认成交：

(1) 顾客必须完全了解推销员所推销的产品和产品的价值；

(2) 顾客必须信赖推销员及其所代表的企业；

(3) 顾客必须有购买欲望；

(4) 正处于洽谈的高潮；

(5) 顾客具有最终的决定权；

(6) 推销员已准备好圆满结束洽谈的方法。

（二）迪伯达（DIPADA）模式

迪伯达模式与传统的爱达模式相比，被认为是一种创造性的推销模式。该模式是以需求为核心的现代推销学理念在实践中的具体运用。其含义可表述为：推销员要先谈顾客的问题，后谈所推销的产品，即推销员在推销过程中必须先准确地发现顾客的需求和愿望，然后把它们与自己推销的产品联系起来。

迪伯达是英文单词 DIPADA 的音译。DIPADA 由确定（Definition）、结合（Identification）、证实（Proof）、接受（Acceptance）、欲望（Desire）、行动（Action）6 个英文单词的首字母组成。它将推销过程分成 6 个步骤，形成迪伯达模式，它是现代推销技术在推销实践中的突破与发展，因此也被誉为现代推销法则。

迪伯达模式主要适用于老顾客及熟悉顾客、生产资料或无形产品的推销，也适用于向单位购买者推销。它是由海因兹·姆·戈德曼根据自身推销经验总结出来的，是以需求为核心的现代推销学在推销实践活动中的应用。

1. 第一步：准确发现顾客的需求和愿望（Definition）

需求是顾客购买行为的原动力，顾客只有产生需求才会产生购买动机并导致购买行为。因此，在这个阶段，推销员应围绕顾客的需求，探讨顾客需要解决的问题，通过对顾客心理的科学分析和研究，准确地发现顾客有哪些需求与愿望，而不要急于介绍推销品。这种做法体现了以顾客为中心的原则，最能引起顾客的兴趣，有利于制造融洽的推销气氛，有利于消除推销障碍。

2. 第二步：把推销品与顾客的需求和愿望结合起来（Identification）

推销员在访问顾客时，先要了解、明确顾客的需求情况，再向顾客介绍推销的产品，把要推销的产品与顾客的需求及愿望结合起来。这一步骤是由探讨需求的过程向开展实质性推销过程的转移，是迪伯达模式的关键环节。它要求推销员在探讨顾客需求后，及时对顾客的需求和愿望进行总结，并把推销的产品和顾客的需求与愿望结合起来。这样就能很自然地引起顾客的兴趣。

在“结合”时，推销员应注意以下几个问题：

（1）你的“结合”必须与实际相符。

（2）你的“结合”必须使顾客现实或潜在的需求得到满足。

（3）你的“结合”必须拿出证据证明。

（4）你的“结合”必须以顾客的利益为出发点。

（5）你的“结合”必须引导顾客自然而然地介入你的推销活动。

3. 第三步：证实推销品符合顾客的需求和愿望（Proof）

推销员对自己所推销的产品进行介绍、说明时，要证实所推销的产品符合顾客的需求与愿望，即证明所推销的产品是顾客所需要的，以增加顾客的信任度，减少顾客的疑虑。证实不是简单的重复，而是推销员使顾客认识到推销的产品是符合他的需求的。推销员必须做好证据、理由的收集和应用等准备工作，熟练掌握展示证据和证实推销的各种技巧。证实的实质是为顾客寻找购买的理由与佐证。因此，在证实时应注意：证据应是客观的、可信的且能查证的。

4. 第四步：促使顾客接受推销品（Acceptance）

推销员在介绍产品之后，使顾客完成了对产品认识的心理过程。接下来推销员还应该提供必要的、真实可靠的证据向顾客证明，推销的产品符合顾客的需求，促使顾客接受所推销的产品。顾客接受推销品的前提是真正了解和认识推销品。顾客只有接受推销品，才有可能采取购买行动。因此，推销的主要目的是促使顾客接受推销品，对推销品产生积极的心理定式。这一步骤是对前段推销工作的总结，是使洽谈与推销活动紧扣主题的一个步骤。促进接受的原则：以顾客为主，避免倾力推销。

5. 第五步：刺激顾客的购买欲望（Desire）

在推销过程中，仅仅使顾客把他的需求和推销的产品联系起来是远远不够的，还应该使顾客认识到：他必须购买推销的产品才能满足其需求。当顾客接受了推销的产品后，推销员应及时激发顾客的购买欲望，利用各种诱因和外界刺激使顾客对推销的产品产生强烈的购买愿望和情感，为顾客的购买行动打下基础。

6. 第六步：促使顾客采取购买行动（Action）

这个阶段与爱达模式的第四步"促成顾客购买行动"是相同的。这是迪伯达模式的最后一个步骤，要求推销员在前面工作的基础上，不失时机地巧妙劝说顾客作出购买决定，采取购买行为，圆满地结束推销。

（三）爱德帕（IDEPA）模式

爱德帕模式与传统的爱达模式相比，被认为是一种创造性的推销模式，是迪伯达模式的简化形式。爱德帕是英文单词 IDEPA 的音译，IDEPA 由 5 个英文单词的首字母组合而成。这 5 个单词概括了爱德帕模式的 5 个阶段，即：把推销品与顾客的愿望结合起来（Identification），做好产品示范（Demonstration），淘汰不宜推销的产品（Elimination），证实顾客的选择是正确的（Proof），促使顾客接受推销品（Acceptance）。

爱德帕模式与迪伯达模式很相近，主要适用于向有明确购买愿望和购买目的的顾客推销，如向上门购买的顾客和熟悉的中间商推销。

1. 第一步：把推销品与顾客的愿望结合起来（Identification）

推销员应热情接待上门的顾客，应当准确地发现顾客有哪些需求，针对有明确购买目标的顾客，直接提示哪些产品符合顾客的购买目标；同时要注意发现顾客的潜在需求和愿望，揣摩顾客的心理，把推销品与顾客的愿望结合起来。

2. 第二步：做好产品示范（Demonstration）

推销员按照顾客的需求，并根据产品的可替代性与可更换性，通过对多种产品的示范不但可使顾客更好地了解推销品，同时也有助于推销员了解顾客的具体购买需求，使推销工作更有目的性。因此，按照顾客的需求进行产品示范，不仅能够吸引顾客的注意力，而且能使顾客清晰地看到购买该产品之后所获得的好处，迅速激发顾客的购买意愿。在示范时应注意：要按顾客的需求示范产品，通过示范进一步了解顾客的需求。

3. 第三步：淘汰不宜推销的产品（Elimination）

所谓不宜推销的产品就是与顾客需求不符合的产品。在前面两个阶段中，由于推销员向顾客提供的推销品较多，其中有的产品可能与顾客的需求差距较大，因此应把这部分不合适的产品淘汰掉，把推销的重点放在适合顾客需求的推销品上。在决定是否要淘汰某种推销品时，推销员应准确把握顾客具体的需求情况，认真了解和分析顾客需求的真实原因，使顾客尽量买到适宜的产品。

4. 第四步：证实顾客的选择是正确的（Proof）

证实有助于坚定顾客的购买信心。推销员应注意针对顾客需求的不同类型，运用具有说服力的案例去证明顾客的选择是正确的，并及时对顾客的正确选择予以肯定。

5. 第五步：促使顾客接受推销品（Acceptance）

这一步骤的主要工作是针对顾客的具体特点促使顾客接受推销品，作出购买决定。此时影响顾客购买的主要因素不是推销品本身，而是决定购买后的一系列问题，如结算、运输、手续办理、货物退赔等。推销员若能对上述问题予以尽力解决，就会坚定顾客的购买信心，使其迅速作出购买决定。

（四）费比（FABE）模式

费比模式是指通过介绍和比较产品的特征、优点，陈述产品给顾客带来的利益，提供令顾客信服的证据，达到销售目标的推销过程。费比是英文单词 FABE 的音译，FABE 是由特征（Feature）、优点（Advantage）、利益（Benefit）、证据（Evidence）4 个单词的首字母组成，它是由台湾中兴大学教授郭昆漠总结并推荐的推销模式。这种推销模式在我国台湾、香港及东南亚一带具有较大的影响力。

1. 第一步：把产品的特征详细地介绍给顾客（Feature）

推销员在见到顾客后，首先要准确地向顾客介绍产品的特征，应该用能使顾客一目了然的方式，把产品的特征展示给顾客。特征要明显、引人注目。如果是新产品，要更详细地介绍新老产品的区别，在用料或加工工艺方面进行了哪些改进，能给顾客带来哪些方面的好处。如果上述内容多而难记，推销员应事先将它们制作成广告式的宣传材料或卡片，在向顾客介绍产品的时候向顾客发放，这样能够节省时间并能有效地减少顾客的异议。制作精美的广告式宣传材料是费比模式的一个重要特色。另外，费比模式要求推销员对自己的产品特征进行独具特色的介绍和设计，以便顾客能够比较清晰地记忆。这种模式受到许多推销员的推崇。

2. 第二步：充分阐述产品的优点（Advantage）

推销员要把产品的各种优点和所具有的差别优势详细地介绍给顾客。要求推销员针对在第一步中所介绍的产品特征，寻找其对顾客的特殊作用或者具有的特殊功能，必须有针对性、有重点地向顾客进行详尽的介绍，不要以为顾客有可能了解而简化介绍甚至不介绍。如果是新产品，更应该说明该产品与老产品相比的差别优势等。一般来说，在介绍产品优点时，应尽量用通俗易懂的语言，少用专业词汇。当然，如果顾客是专业人士则另当别论。

3. 第三步：充分阐述产品给顾客带来的利益（Benefit）

这是最重要的一步，推销员应尽量把产品能给顾客带来的利益列举给顾客。对顾客而言，购买产品后到底能得到什么好处才是他真正关心的。因此，在阐述时不仅要讲产品外表的、实体上的利益，更要讲产品给顾客带来的内在的、实质上的利益。这就需要推销员了解顾客的真实需求。在对顾客的需求了解不多的情况下，应该边推销、边观察顾客的反应，尽可能把产品的特点、优点和顾客的需求联系起来。也只有将产品的优点与顾客的利益结合起来，才能打动顾客。世界上没有最好的产品，只有最合适的产品，推销员要帮助顾客得出正确的结论。

4. 第四步：用证据说服顾客（Evidence）

通过各种形式，把产品能给顾客带来的利益尽可能地向顾客进行证明。要用充分的证据来证实你的观点的真实性。许多推销员之所以没有获得顾客的订单，其原因就是他们过高地估计了顾客对他的信赖程度，过低地估计了向顾客提供证据的必要性。推销员要摆事实，以理服人，最重要的不在于推销员说了什么，而在于顾客相信什么。

郭昆漠认为应事先把产品特征、优点及能带给顾客的利益等一一列举出来，并把它写下来；对顾客可能提出的各种异议，也应事先准备好解决方法，并且用各种方式形象地表达出来，使顾客易于了解。在应用费比模式时，推销员应事先做好充分准备，准确地把产品的特征、优点及能带给顾客的利益传递给顾客，并把应付顾客各种异议的方法牢记于心，熟练运用。

知识拓展

郭昆漠成功推销的七步骤

第一步：引起顾客的注意。郭昆漠认为名片在推销活动的一开始是一种很好的道具，因此推销员应用心设计名片，尽量使用与众不同的名片，不要使用劣质的名片。

第二步：让顾客产生兴趣。

第三步：帮助顾客产生联想。使顾客想象购买、拥有产品后所能得到的利益及产生的满足感。

第四步：进一步诱发顾客的购买欲望。

第五步：帮助顾客做好比较，包括价格与价值的比较、与其他产品的比较等。

第六步：用证据证明你所说的一切。

第七步：促使顾客采取购买行动。

项目训练

◀想一想

1. 你周围的人是如何看待推销工作的？你又是如何看待推销工作的？
2. 你能举出一些通过推销工作奠定事业成功基础的例子吗？
3. 如何理解“推销员推销的是产品的使用价值与需求的满足”这句话？请举例说明。
4. 在向中间商推销产品时，“推销产品的使用价值”这一原则是否适用？
5. 简述顾客需求与推销之间的关系。
6. 顾客对推销员以及推销的产品接受的过程可划分为哪几个阶段？
7. 什么是爱达模式？其具体步骤是什么？
8. 迪伯达模式将推销分成哪几个步骤？
9. 爱德帕模式将推销分成哪几个步骤？
10. 什么是费比模式？它将推销分成哪几个步骤？

◀做一做

1. 找一个熟悉的产品，至少列出该产品的10种使用价值。
2. 找一个熟悉的产品，寻找其能满足顾客的10种需求。

◀测一测

单项选择题

1. Feature是FABE法则中的（　　）。

A. 特征　B. 优点　C. 利益　D. 证据

2. Benefit是FABE法则中的（　　）。

A. 特征　B. 优点　C. 利益　D. 证据

3. Evidence是FABE法则中的（　　）。

A. 特征　B. 优点　C. 利益　D. 证据

4. 在竞争激烈的市场中，最适合的推销观念是（　　）。

A. 产品导向推销观念　B. 技巧导向推销观念

C. 现代推销观念　D. 生产导向观念

5. 推销活动的中心是（　　）。

A. 生产　B. 销售　C. 服务　D. 满足消费者需要

6. 实现企业经营与社会需要之间联系的纽带，实现商品价值的关键是（　　）。

A. 生产　B. 消费　C. 分配　D. 推销

7. 能够充分体现现代推销学以顾客需求为核心的推销模式是（　　）。

A. AIDA模式　B. DIPADA模式　C. IDEPA模式　D. FABE模式

8. DIPADA 模式的首要步骤是（　　）。

A. 介绍产品的特征　　B. 确定顾客的需要与愿望

C. 将产品与顾客的需要结合起来　　D. 引起顾客注意

9. Identification 是 DIPADA 模式中的（　　）。

A. 确定顾客的需求与愿望　　B. 将产品与顾客的需求结合起来

C. 证实产品符合顾客的需求与愿望　　D. 刺激顾客的购买欲望

项目二 推销准备

【建议学时】

6 学时

【学习目标】

知识目标

- 掌握推销计划的制定方法
- 了解推销员的基本职责

能力目标

- 具备制定推销计划的能力
- 具备学习产品知识的能力
- 具备收集、分析资料的能力
- 具备灵活应用各种礼仪的能力

素质目标

- 有助于学生具备推销员的自信、礼貌、优雅的礼仪风度和职业兴趣
- 有助于学生形成诚信、公平的职业素养
- 有助于学生具备着装、问候等基本职场礼仪的素养

【营销师考点】

- 推销礼仪

【案例导入】

黄新宇逐渐适应了这家机电产品公司的推销员岗位工作，工作十分认真、踏实。他认为天道酬勤，每天至少拜访六家以上的客户。但公司却认为小黄还不是一名出色的推销员，因为他获得的订单极少。黄新宇在向客户介绍产品时，能滔滔不绝地谈上几个小时。但经常发生的情况是：潜在的客户告诉小黄暂时把资料放下，他们还要考虑考虑，并且也不愿意同他讨论相关问题。这是为什么呢?

任务一
熟悉推销环境

一、分析推销环境

任何企业的推销活动都不会在真空中进行，总是在一定的环境中进行。推销环境通常是指影响企业推销活动及其目标实现的各种因素的总和。

一般来说，推销环境主要包括宏观环境和微观环境。微观环境直接影响和制约企业的推销活动，而宏观环境主要以微观环境为媒介间接影响和制约企业的推销活动。

（一）识别企业的宏观环境

宏观环境是指那些能够对企业所处的微观环境以及企业经营活动产生重要影响的社会、自然力量，这些因素反映了一个国家和社会的发展变化状况，包括人口、政治法律、经济、文化、自然、科学技术等环境。

1. 人口环境

市场是由既有购买欲望又有支付能力的人构成的，人口是市场的第一要素，人口环境因素对市场格局具有整体性和长远性的影响。企业应重视对人口环境的研究，密切关注人口特性及其发展动向，及时地调整营销策略以适应人口环境的变化。人口环境因素一般包括以下具体的内容：人口总量、年龄结构、人口性别、地理分布、家庭结构。

2. 政治法律环境

政治法律环境是影响企业推销的重要宏观环境因素。企业的一切推销活动都必须遵守党和国家的方针、政策和法律，不允许有丝毫的背离。当国家在一定时期内调整或改变某项政策、法律时，企业要相应地调整经营目标和策略。这就要求企业经营管理人员对政策、法律的内容、含义及其对市场营销的影响有明确的了解。

3. 经济环境

经济环境是指企业推销活动所面临的社会经济条件及其运行状况和发展趋势，其中最主要的指标是社会购买力，而社会购买力又与居民的收入、储蓄、信贷及物价等因素密切相关。所以，企业不仅要研究消费者的收入状况、支出模式、储蓄和信贷的变化，而且要研究经济的宏观指标，譬如GDP的增长、货币流通、就业、资源等问题。从某种程度上来说，经济因素比人口因素更重要，因为市场规模的大小归根结底取决于消费者购买力的大小。

4. 文化环境

文化是指人类在社会发展的过程中所创造的物质财富和精神财富的总和。任何企业都处于一定的社会文化环境中，企业推销活动必然受到社会文化环境的影响和制约。为此，企业应了解和分析社会文化环境，针对不同的文化环境制定不同的推销策略。

5. 自然环境

自然环境的优劣不仅影响到企业的生产经营活动，而且影响着一个国家或地区的经济结构和发展水平。一方面，企业必须密切关注自然环境的发展变化趋势，并从中发现企业所面临的推销机会和环境威胁，制定相应的对策；另一方面，企业的推销活动也会对自然环境造成影响。

6. 科学技术环境

科学技术是社会生产力中最活跃的因素。作为推销环境的一部分，科学技术环境不仅直接影响企业内部的生产和经营，而且与其他环境因素互相依赖、相互作用。科学技术的应用引起促销手段的多样化，尤其是广告媒体的多样化和广告宣传形式的复杂化。例如：人造卫星和互联网成为全球范围内的信息沟通手段。如何利用新技术提高信息沟通的效率、增强促销组合的效果、降低促销成本，以及采用新的广告手段和方式，将是推销研究的主要内容。

（二）认识企业的微观环境

微观环境包括供应者、营销中介、客户和竞争者。

1. 供应者

微观环境中的供应者是指向企业提供生产产品所必需的资源的企业或个人。包括提供原材料、设备、能源、劳务、资金等。

2. 营销中介

营销中介是指协助企业促销、销售和配销其产品给最终购买者的企业或个人，包括营销实体分配机构（批发、零售环节）、营销服务机构（广告公司等）和金融中介（银行、保险公司等）。它们都是市场营销不可缺少的环节，大多数企业的营销活动都必须通过它们的协助才能顺利进行。例如：生产集中与消费分散的矛盾就必须通过中间商的分销来解决；资金周转不济，则须求助于银行或信托机构等。

3. 客户

客户即企业服务的对象，是企业的“上帝”。推销员需要仔细了解市场，按照客户及其购买目的的不同来细分目标市场。

4. 竞争者

每个企业的产品在市场上都存在数量不等的业内产品竞争者。在明确了竞争者后，企业必须认真研究主要竞争对手的战略和策略及双方的实力对比情况，这样才能知己知彼、扬长避短，在竞争中取胜。

（三）分析企业的市场营销环境

1. 环境威胁

环境威胁是指环境中不利于企业营销的因素及其发展趋势给企业的市场营销活动带来的压力与危害。例如：市场上新产品的出现、销售商拖延结款、原材料供应紧张、竞争对手结盟、市场成长放缓、目标市场购买力下降等。

以烟草公司为例，目前其面临以下威胁：有些国家的政府颁布了法令，禁止企业投放香烟广告，香烟包装上必须印制“吸烟有害健康”的警示语；某些国家的地方政府禁止在公共场所吸烟。

2. 市场机会

市场机会是指企业市场环境中某些因素的变化及其发展趋势给企业的市场营销活动带来的有利时机和条件，并且企业在这个领域内拥有竞争优势。机会实质上是指市场上存在着的“未满足”并“能够被满足”的需求。例如：政策支持、技术进步、消费者需求增加、主要竞争对手出现失误、与供应商关系良好、银行信贷支持等。

3. 企业优势分析

企业优势是指一个企业超越其竞争对手的能力，或者指所特有的能提高竞争力的有利形势。例如：当两个企业处在同一市场或者说它们都有能力向同一顾客群体提供产品和服务时，如果其中一个企业有更高的盈利率或盈利潜力，那么，我们就认为这个企业比另外一个企业更具有竞争优势。竞争优势包括以下几个方面：

（1）技术技能优势：独特的生产技术，低成本的生产方法，领先的革新能力，雄厚的技术实力，完善的质量控制体系，丰富的营销经验，上乘的顾客服务，卓越的大规模采购技能。

（2）有形资产优势：先进的生产流水线，现代化的车间和设备，丰富的自然资源储备，充足的资金，完备的资料信息。

（3）无形资产优势：优秀的品牌形象，良好的商业信用，积极进取的公司文化。

（4）人力资源优势：关键领域拥有专长的员工，积极上进的员工，员工具有很强的组织学习能力、丰富的经验。

（5）组织体系优势：高质量的控制体系，完善的信息管理系统，忠诚的顾客群，强大的融资能力。

（6）竞争能力优势：产品开发周期短，强大的经销商网络，与供应商良好的伙伴关系，对市场环境变化的灵敏反应，市场份额的领导地位。

4. 企业劣势分析

企业劣势是指某种企业缺少或做得不好的东西，或者某种会使企业处于较差形势的条件。可能导致企业劣势的因素有：

（1）缺乏有竞争力的技术技能；

（2）缺乏有竞争力的有形资产、无形资产、人力资源、组织体系；

（3）关键领域里的竞争力正在丧失。

5. SWOT 综合分析

SWOT 分析法，即态势分析法，是 20 世纪 80 年代初由美国旧金山大学管理学教授韦里克提出的，经常被用于企业战略制定、竞争对手分析等场合。SWOT 是优势（Strengths）、劣势（Weaknesses）、机会（Opportunities）、威胁（Threats）四个英文单词首字母的组合。通过 SWOT 分析，可以帮助企业发现面临的机会和威胁，使企业在营销活动中趋利避害，同时找出企业的优势、劣势，使企业在营销活动中扬长避短，把资源和行动聚集在自己的强项和有最多机会的领域，并让企业的战略变得更加明朗。

二、了解企业情况

（1）了解企业的基本情况。主要了解企业负责人、主要业务范围、业务类型、业务区域、业绩等。

（2）了解企业的组织结构。主要了解企业的组织机构设计、职责分工等。

（3）了解企业的文化。企业的文化包括企业的凝聚力、领导人的能力、员工素质、企业的规章制度等。

（4）了解企业的经营情况。主要了解企业的主要业务范围、业务类型、业务区域、业绩、企业的所占市场份额等。

三、掌握产品特点

推销员只有充分了解产品，才能树立对产品的信心。自己都信心不足，能让别人相信吗？如果推销员不了解自己的产品，那么就无法说服潜在的顾客。

（一）了解产品的特点与功能

事实证明，一个仅仅推销具体产品的推销员与推销产品功能的推销员的业绩差别是非常大的。人们购买产品最根本的目的是满足某种需求，而只有产品的功能才能使顾客的需求得以满足。一位优秀的推销员应该能够正确地认识自己的产品，了解产品最能满足顾客哪方面的需求。如有可能，应该开发出产品的多层次特征，以便将来面对各种不同需求时可以应付自如。例如：你所推销的汽车究竟是以满足何种需求为中心？是小型轻便的家庭轿车还是豪华轿车？

对于产品的专业数据，推销员不仅要心中有数，而且要能对答如流。这一点对于面向生产企业推销产品的推销员来说尤为重要。你一定要让客户感觉到坐在他面前的人，不仅是一名推销员，更是这一类产品的专家。如果推销的产品是高档耐用品，掌握各种专业数据也是必不可少的。同时，对于产品的一些并不具体、并非显而易见的特点的了解也是至关重要的。一些感觉的模糊可能导致客户认识上的错误，进而导致对产品的误解。作为一名推销员，一定要有能力解决客户的任何疑虑。

（二）判断产品是理性产品还是感性产品

一般来说，汽车、房屋、钢琴等高档耐用品以及生产资料均为理性产品，对于这一类产品人们购买时多持谨慎态度，购买时花费的时间也较长，购买时会充分考虑产品的特性、效用、价格、付款方式以及售后服务。理性产品的价格一般来说比较高，人们购买的次数也较少。而大多数日常用品如食品则为感性产品，这些产品价格比较低，人们购买的频率高，对于产品的合理性、效用性、付款方式不会过多考虑，购买时花费的时间较少，有时会在冲动心理的作用下购买。当然还有一类产品是介于这两者之间的，我们称之为中性商品，如皮箱、手提包等价格适中、购买次数不太多的产品。

对于不同类型的产品，推销员所采用的推销技巧也应是不同的。具体来说，对于理性产品，推销员不能光凭三寸不烂之舌，还应该充当技术员和咨询员，发挥所掌握的专业数据的作用。对于感性产品，推销员最好用感情来推销，这时推销员的个人魅力就显得尤为重要了。对于中性产品，也许你会感到手足无措，不妨采用一个最简单的办法：中性产品中价格较高的，可以采用偏向于理性产品的推销方法；价格较低的，不妨试试感性产品的推销方法。当然，具体的推销方法我们会在后面详细说明，在此只是点到为止。

（三）了解产品的形象

我们知道，产品是多层次的概念，包括核心产品、有形产品和延伸产品。核心产品能满足购买者真正的购买意图。例如：购买口红的女性绝不只是买涂嘴唇的颜料，更多的是一种充满希望和爱美的心理。这些核心利益与服务通过有形产品的 5 个特征即质量水平、特色、式样、品牌、包装反映出来。延伸产品则是产品设计者提供的附加服务和附加利益。推销员应善于将这样一个多层次的产品综合把握，深入体会，力图理解产品所形成的形象。举例来说，家用电脑就是在解决了形象问题之后销量大增的。这种产品虽然能节省时间并且简化日常工作，但它似乎复杂而且难以操作。但是，当家用电脑树立起“好伙伴”的形象时，它不再被拒绝了，人们接受它则意味着销量大增。

（四）相信产品

详细地了解产品是推销员增强信心的基础。精心准备手头的资料是增强信心的有效途径之一，推销员可加工整理企业已有的资料，赋予其新的生命。很多时候，推销员分发给顾客的宣传材料，顾客可能看都不看就扔进垃圾桶。在当今这个信息爆炸的年代，如果你肯花心思，用自己的智慧，手工制作宣传资料，你会对这些宣传资料珍惜备至，而这种情绪自然会感染顾客；同时，顾客也会被你付出的心血打动，从而愿意挤出时间来观看这些宣传资料，倾听你的建议。

任务二
制定推销计划

推销计划通常可分为两类。一类是企业的总体推销计划，是推销计划的宏观部分。它是依据企业的整体计划制定的，具有计划时间较长（包括年度、月度推销计划）、内容较多（包括推销策略、网点扩大计划的制定等）的特点。另一类是推销现场作业计划，是推销计划的微观部分，属于推销员个人推销计划。由于本教材研究对象是推销员的推销活动，因此着重讨论如何制定推销现场作业计划。

推销计划的制定分为两个步骤：首先由推销员撰写推销计划报告书，交推销管理机构或小组负责人审查或备查；然后在此基础上，制定推销现场作业计划。

一、撰写推销计划报告书

企业的单个推销员外出推销时，应将访问计划的具体内容撰写成推销计划报告书，交推销管理机构或小组负责人审查或备查，以便协调推销访问和加强推销管理。

推销计划报告书的内容通常包括：

（1）拟访问的对象、企业名称、法人代表、姓名、电话号码；

（2）访问理由、访问目的；

（3）访问中可能存在的问题分析，包括推销障碍分析、背景分析；

（4）准备几个行动方案，列举关键因素、有利因素和不利因素，访问次数和访问路线；

（5）日程安排；

（6）推销费用的明细科目等。

二、制定推销现场作业计划

推销现场作业计划是对实际推销过程中的许多细节性问题，提出具有可操作性的步骤和方法。推销现场作业计划一般为推销员自己使用，以做到对推销活动过程心中有数。推销现场作业计划的内容由两部分组成，即推销计划概要和推销访问计划。

（一）推销计划概要

推销计划概要由三个方面的内容组成：

（1）规划推销要点。推销要点也称推销面谈要点，是指在推销面谈中用来激励顾客购买欲望或者是必须向顾客说明的产品特点和交易条件。规划推销要点实际上是解决用什么说服顾客的问题。因此，推销员应从顾客的角度来解释推销要点，即把产品的特征与顾客的需求结合起来。

（2）设想顾客可能提出的问题，并准备答案。通常这项工作要求推销员首先回忆自己的推销经历或询问其他推销员的经历，列出顾客可能提出的各种问题，然后给出几种答案，再从中选择最佳答案。

（3）制定推销策略和技巧。包括：用什么方法接近顾客？怎样在较短的时间内吸引顾客的注意力？如何使顾客相信产品和推销员？如何激发顾客的购买欲望？如何展示或说明产品？如何消除顾客的异议？如何促使顾客最终采取购买行动？等等。针对特定的潜在顾客和推销面谈目标，制定推销面谈策略和技巧，有助于克服推销面谈中的困难。

（二）推销访问计划

推销员应养成工作有计划的良好习惯。拟定推销访问计划能够使推销员主动安排推销访问，节省时间，提高访问效率。一般来说，企业的销售管理部门只要求推销员汇报年计划和月计划，并对计划的制定提出指导思想和修改意见。日计划的制定则由推销员自主完成。推销员可根据业务量对一个月、一周和一天的推销访问作出具体安排。一般来讲，有效的、完整的访问计划应包括如下主要内容：

（1）确定访问者：即要访问哪一个潜在顾客。

（2）拟定访谈内容：即拟定预计要同潜在顾客谈哪些具体内容。

（3）拟定访谈方法：即拟定采用什么样的策略和方法进行访问和交谈。

（4）拟定访谈地点和场所：即拟定要在什么地方、什么场所与潜在顾客会面洽谈。

（5）拟定访谈时间：即拟定在什么时间、大约用多少时间同潜在顾客会面洽谈。

此外，推销访问时所需用具的准备，如文件包、推销记录本、价格目录、订单以及必备的视听设备和小礼品等，也是拟定推销访问计划时应考虑到的。

任务三
推销员的基本职责

一、推销员的基本素质

虽说人人都可以成为推销员，但并不是人人都能成为推销工程师。要成为一名优秀的推销员，必须具备一定的素质，具体来说包括以下几方面：

（一）强烈的事业心

推销工作的情况复杂多变，不可控因素较多。对推销员来说，每一位顾客、每一次推销任务都意味着一次挑战，既孕育着成功，又潜伏着失败。推销员如果没有强烈的事业心，是干不好推销工作的。

对企业的一项调查表明，大多数企业的领导都把事业心的高低作为评价推销员的首要条件。许多成功的推销大师认为，推销成功的最重要的因素是工作的积极主动。一名优秀的推销员必须将推销工作当作一项事业来做，立志有所作为，要有过千山万水、进千家万户、尝千辛万苦、讲千言万语、想千方百计的精神，要经得寂寞苦、受得清贫苦、忍得委屈苦、耐得颠簸苦，要有平常心、自信心、热心、恒心。这样才会促使自己不断克服困难，努力达到一个比较理想的境界。

（二）相信自己、相信企业、相信所推销的产品

作为一名推销员，必须具有说服顾客的能力。而要说服别人，首先就必须说服自己。这就意味着你本人必须对你所推销的产品的价值充满信心。为此，每一项成功的推销活动都必须建立在下述三个要素的基础上：

（1）推销员一定要相信他所推销的产品；

（2）推销员必须相信他所代表的企业；

（3）推销员必须相信自己。

这就是推销大师海因兹·姆·戈德曼提出的“吉姆”公式（即产品、企业、推销员三角公式）。只有相信这三点才会产生积极性，而积极性又可以使推销获得成功。推销员对

所代表的企业和产品缺乏信心是非常有害的，而缺乏自信心则是最致命的。

推销员应当相信他所推销的产品是好产品，为此，推销员可以通过与生产部门、计划部门和使用产品的专家进行接触，也可以通过参观已使用本企业产品的企业来进一步增强这种信心。推销员应该深入地了解自己的企业，了解企业的历史、文化及领导等，只有这样才能对所代表的企业充满信心。

一个推销员怎样才能树立自信心，坚信自己的推销能力呢？一个人只有在他完全了解和熟悉自己的工作，而且这种认识是建立在成功经验的基础上时，他才能相信自己。推销员比别人更需要自信心，因为他在使别人树立信心之前，自己首先必须充满信心。一个缺乏自信心的推销员是不可能真正取得成功的，因此，无论是企业还是推销员自己都应该注意不断增强自信心。

（三）具有良好的自控能力

推销员需要具备良好的自控能力，原因是多方面的。首先，推销员处于市场经济的最前沿，市场经济最阴暗的一面他们看得最多，市场经济的基本特征之一就是逐利性，他们常常受到社会上各种诱惑，如果没有良好的自控能力就容易犯错误甚至犯罪。这样的例子不胜枚举。其次，推销员手上往往拥有一定的权力，且又处于监控困难的状态，一不注意就容易犯错误。所以，要做好推销工作，推销员就必须提高自己的自控能力。因此，推销员应加强自身的修养，不断反省，保持清醒的头脑，抵制各种诱惑。

（四）具有较好的业务知识和文化素质

推销员要和各种各样的顾客打交道，需要丰富的业务知识和一定的文化素质。

（1）推销员必须掌握全面的业务知识。这些知识包括：

1）产品知识：从产品的材料采购、价格到产品的结构、性能及使用、维修和保养都要有所了解。

2）市场知识：从市场需求的总趋势到个别顾客的购买动机，从影响行业的环境因素到竞争机制和对手策略的变化等。

3）社会知识：要了解国情，了解顾客的消费意识、消费水平，了解社情民风、宗教信仰、语言习惯、礼仪规范等。

4）财务知识：要了解各种结算方式和结算工具。

5）法律知识：要了解合同法、反不正当竞争法、产品质量法、消费者权益保护法、广告法、商标法、专利法、票据法、劳动法、价格法、税法等一系列经济法规和民事诉讼法等法律制度。

6）企业知识：要了解企业的历史、经营目标、经营策略、在行业中的地位、产品种类、设备状况、服务项目、企业的定价原则、交货方式、付款方式以及交通运输条件等状况。

（2）推销员应具有一定的文化素质。推销员的工作对象是人，他们要做好与顾客的沟通工作，博学多才是推销成功的重要因素之一。推销员要爱好广泛，善于利用一切条件促成交易。

为了掌握这些知识与技术，推销员必须善于学习。推销员是最忙碌的人，居无定所、食无定规、睡无定时，因此，只有善于挤时间，善于总结与掌握良好的学习方法的人才能学到东西。勤于思考是推销员学习与自我开发的主要方式。

（3）推销员应具有的最关键的七大能力。一名成功的推销员应具有商人的思考力、军人的执行力、牧师的表达力、政委的说服力、军师的企划力、教官的培训力、领袖的感召力。

（五）内外兼修的气质仪表

推销工作的艰苦性决定了推销员必须具有健康的身体才能胜任推销工作。身体健康包括生理健康与心理健康两个方面。

推销员的工作是与人打交道，优雅的风度有助于在顾客心目中建立良好的形象，取得顾客的信赖。在许多情况下，你与顾客还没讲几句话，顾客心里已在盘算，是打发你走人还是继续与你谈下去。推销，首先是推销自己，然后才是推销产品。

（六）掌握推销技术和谈判技巧

推销是一门艺术，也是一种技术，而谈判更是知识、技术、心理素质的一种综合较量。因此，推销员必须了解什么是推销、为什么推销、怎样去推销等知识，掌握推销理论、推销程序、推销洽谈、顾客异议的处理、推销成交、推销服务、推销管理等知识。

谈判有技巧，任何一种谈判均含有某种程度的合作与冲突，优秀的谈判者在于能适度地左右合作的冲突。所谓成功的谈判，就是在目标、效率、人际关系三者间作出适当的取舍，尽可能使三者处于某种均衡的状态。

综上所述，推销员应具有强烈的事业心、内外兼修的气质仪表、一对一的沟通能力、一对多的说服能力、人脉网络的建立能力。这是对推销员素质的要求，也是推销员进行自我开发的标准。

二、推销员的职责与任务

现代企业的推销员已经不再单纯地从事产品的推销工作，他们的工作职责和任务包罗万象，主要包括：

（一）寻找目标市场

目标市场就是企业决定要进入的市场，也就是企业拟投其所好、为之服务的顾客群

(这个顾客群有颇为相似的需求)。寻找企业产品的目标市场是推销员的首要职责。推销员在满足现实市场需求的前提下，应时刻注意对潜在市场的寻找与开发。为此，推销员应注意做好以下工作：

(1) 确定目标市场。企业在确定目标市场时需要考虑五方面的因素，即企业资源、产品同质性、市场同质性、产品所处的生命周期阶段、竞争对手的目标市场涵盖战略等。第一，该市场应是企业能够满足消费者需求的；第二，在这一市场范围内，对企业的产品和劳务有现实和潜在的购买力，且在不断地发展；第三，这一市场应有足够的需求量，能给企业带来良好的经济效益。

(2) 掌握目标市场需求的具体特点。目标市场确定以后，推销员必须了解目标市场需求的具体特点，以便为企业制定具体的营销策略提供依据。同时，推销员应根据目标市场的需求特点，为企业生产适应市场需求的产品提出建议。

(二) 开拓并进入目标市场

推销员的重要职责之一就是帮助企业开拓并进入目标市场。为此，推销员应做好以下工作：

(1) 分析影响目标市场需求变化的因素。通过对影响目标市场的各种信息的收集、整理、分析，掌握目标市场的需求变化趋势，分析市场机会与风险，了解竞争对手的动向，发现开拓与进入目标市场的有利时机。帮助企业确定进入市场的时机是推销员的重要职责。

(2) 构筑销售网络。构筑自己的销售网络是推销员顺利推销的基础，这个网络的节点就是一个个顾客。但是每一个推销员所接触的面是有限的，不可能接触到每一个消费者，必须学会借助别人的网络做自己的生意。实践证明：借网销售是最经济、最便捷的一种方式。但借别人的网络为自己所用时，需注意以下几点：重视中间商的作用，让中间商有利可图，与中间商建立利益共同体，帮助中间商进行促销。

(三) 传递信息，协调利益

如今是信息时代，信息已成为企业经营的最重要伙伴。一条信息救活一个企业的事例不胜枚举，而传递信息则是推销员在市场营销活动中的一项重要任务。推销员与顾客直接见面，是企业及产品信息的扬声器，具有其他促销方式所起不到的作用。

通过推销员提供的信息，顾客可以了解到企业的生产经营状况和企业的经营目标，从而在顾客心目中树立良好的企业形象。同时，顾客还能够了解到企业产品的性能、用途、特点、使用、维修、价格等诸方面的信息，对刺激顾客的需求、激发其购买欲望、促进其采取购买行为，都能起到积极作用。

与此同时，推销员还肩负收集和反馈市场信息的重任。推销员通过市场调查与顾客管理，把顾客对产品品种、数量、质量、规格、交货期、价格、服务等方面的要求及时反馈给企业，使企业能根据顾客的需求，在适当的时间、适当的地点，以适当的价格和适当的方式，通过适当的渠道销售给适当的顾客，确保企业生产适销对路的产品。

由于市场环境瞬息万变，企业产品有时会处于供不应求的有利地位，但更多的时候会处于供过于求的劣势。在供求矛盾不断运动变化的过程中，推销员应积极帮助企业对商品进行协调平衡。当商品供不应求时，要安抚顾客，不要挫伤其购买积极性，并想方设法使他们的需求尽早得到满足；当商品供过于求时，应通过各种方式刺激顾客的购买欲望，并积极寻找新的细分市场，扩大商品的销路。

（四）推销商品

推销员的日常工作就是开展具体的推销业务，包括寻找顾客、进行顾客资格审查、约见顾客、洽谈协商、签署合同、办理交易手续、催缴货款等，同时，对推销活动进行及时总结，对推销业务和顾客资料进行建卡归档等工作。

（五）做好推销服务工作

大多数人都认为“产品”一词只意味着有形产品，然而，服务也是产品。服务是把人力或机械作用于人或物上而产生的结果，包括不能在实物上拥有的行为、表现或努力。换句话说，服务是一方向另一方提供的，基本上是无形的行为或绩效，并且不导致任何所有权的产生。如今，服务部门深刻影响着我国经济的发展。服务部门创造的产值已超过我国国内生产总值的 1/3，而在发达国家已达到 2/3 左右。而销售服务是指推销员充分运用企业的生产、技术、资金、信息等条件，积极、主动地为顾客提供各种形式的有效服务。

任务四 推销礼仪

推销礼仪是社交一般礼仪在推销活动中的具体体现，是在推销活动中形成的，得到推销员和顾客共同认可，已经成为推销活动中人们共同遵循的行为规范。我国素有“礼仪之邦”之称，推销员更应掌握推销活动中的社交礼仪知识，避免由于失礼而影响推销活动的进行和推销效果。讲究推销礼仪，有利于促进推销活动的顺利进行，有利于树立和保持企业的良好形象，有利于企业信誉的提高和知名度的扩大，有利于推销活动的成功，有利于产品销量的增加和企业更好地发展。

推销活动中的礼仪很多，在这里着重阐述推销活动中的送访礼仪、交谈礼仪、体态礼仪、服饰礼仪。

一、送访礼仪

送访礼仪是商品推销活动中最基本的礼仪之一。高朋满座、朋友如云是事业兴旺、人情练达的标志。健康、正常的迎送与拜会活动，对于企业员工扩大与多方面的联系、拓展视野、交流信息、沟通情感、增进友谊、加强协作乃至排解烦闷、陶冶性情，都有其他活动不可替代的作用。迎送顾客、拜访顾客是推销活动得以开展的第一步。一个在迎来送往中彬彬有礼的推销员能够充分显示出自身的文化内涵和教养，给顾客留下一个良好、深刻的印象。

（一）迎送礼仪

1. 预做准备

古人言：“有朋自远方来，不亦乐乎?”这说明广交朋友、礼貌待客是中华民族的传统美德。迎送包括迎客、待客、送客三个方面。如何礼貌地迎宾待客，总的原则应是主随客便、考虑周全、讲究礼仪、关怀备至，使来访者有宾至如归之感。

为了让客人有一个良好的“第一印象”，平时就应将办公室、会客室收拾整洁，以免因“不速之客”的光临而手忙脚乱。推销活动中的来访有礼节性来访、业务性来访和私人或消遣性来访三种。礼节性来访的时间一般较短，主人待客要热情、周到，事后还要注意礼尚往来；业务性来访的时间一般略长些，主人要想方设法让客人达到来访目的，明确双方合作的可能性和前景，尽可能地使客人满意而去；私人或消遣性来访通常伴有娱乐性活动和闲谈等，主人待客应尽量轻松、愉快。

无论是接待哪一类型的来访者，特别是应邀而来的客人，事先都应做好必要的准备，包括做好室内外卫生和室内的布置。备好待客的用品，如糖果、香烟、饮料、水果和点心等；如留客吃饭，还应预备丰盛可口的饭菜；如有小客人同来，还应准备一些玩具和儿童绘本等。为了向客人表示敬意，接待人员要特别注意自己的仪表。

2. 热情迎候

如果来访者来自外地，应按事先约定的时间专程前往车站、码头或机场迎候，接到客人后应致以问候和欢迎，并说一些简短的欢迎词。如果是久未见面的朋友，见面时可说“久违、久违”。对初次登门的客人，应到公司或寓所的门口或楼下迎接，见面时可说“久仰、久仰”；未及远迎的，可说“失迎、失迎”或“有失远迎”等以示歉意。如客人手提重物，应主动给予帮助。接应客人时应面带微笑，握手问候和表示欢迎，这是必不可少的“迎宾三部曲”。

3. 待客以礼

客无亲疏，来者当敬。在接待中，对任何客人的来访都应热情欢迎，奉为上宾。接客人进屋时，应主人在前，客人在后；进入客厅后，应请客人在上座就座。所谓上座，即较为尊贵的座位。居室中的上座有：比较舒服的座位，较高一些的座位，宾主并排就座时的右座和面对正门的座位。客人一旦落座，就不再劝其换位。来客如是老亲挚友，可以不拘礼节，随便一些反而显得亲密无间；来客如是师长，则应注重礼节，不可轻率、随便。如客人不期而至，无论多忙多累，都应立即停止手中的工作，热情接待；如客人没打招呼便推门而入，也应立即起身表示欢迎，不能拒之门外。为了表示对客人的敬意，主人应请客人先入座。如在同一时间接待多位来访者，应注意待客有序和一视同仁。

客人进屋后，作为主人应事事处处体现对客人的恭敬与谦让。有的主人对不速之客冷眼相向，或一边跟客人聊天，一边看电视、看报纸、打毛衣，是极不礼貌的。客人落座后，应热情献茶或奉上糖果、饮料。一般来说，茶水、饮料放在客人的右前方，点心、糖果放在客人的左前方；上茶应从客人的右边上。从卫生角度来讲，客来不敬烟也不算失礼，甚至在美国人看起来，敬烟不但不表示恭敬和情谊，反而显得敬烟者缺乏礼貌和教养。如请客人吃水果，应将洗净的水果和水果刀交给客人自己削皮。与客人谈话时，态度要诚恳热情，不要频频看表，不要显出厌倦或不耐烦的样子。万一主人有急事要办，应向客人说明并致歉。如有准备的话，可真诚地请客人一起进餐。如来自外地的客人需要留宿，应周密安排。

4. 礼貌送客

在人际交往中，好的开场就像一束鲜花使人愉悦，精彩的告别就是一杯芬芳的美酒令人回味；否则会造成热情迎宾、冷淡送客的不良后果，给客人留下不好的印象。当客人要走时，应婉言相留，这是主人情谊的自然显示，并非客套与多余。当客人起身告辞并伸出手时，方可出手相握，切不可在送客时先"起身"或先"出手"，免得有厌客之嫌。迎客时应主人走在前面，送客时则应客人走在前面。主人一般应将客人送到门外或楼下，目送客人远去，可挥手致意，并道以"欢迎再来"。对于远客或年纪大的客人，他们如有需要（如路不熟、走路不方便等），主人应送到车站或码头，待客人上车、上船并等车、船开动消失在视线以外再返回。送客至机场，应待客人通过安检处之后再返回。和上司一起送客时，要比上司稍后一步。严禁客人一走就马上聊天。客人来访，常带有礼品，主人应表示谢意，说声"让您破费了"或"让您费心，真不好意思"等，决不可若无其事，显出理所当然或受之无愧的样子。一般情况下，应遵循礼尚往来的原则，在收下客人礼品的同时回赠合适的礼品。

（二）拜访礼仪

拜访是指本人或派人到朋友府上或工作单位去拜见访问某人的活动。人与人之间、社会组织之间、个人与组织之间总少不了相互拜访。拜访有事务性拜访、礼节性拜访和私人拜访三种。事务性拜访又有商务洽谈性拜访和专题交涉性拜访之分。但不管哪种拜访，都应遵循做客的礼节。

1. 事先预约，不做不速之客

拜访友人时，务必选好时机，事先约定，这是进行拜访活动的首要原则。一般而言，当你决定要去拜访某位友人，应先写信或打电话、发邮件与被访者取得联系，约定宾主双方都认为比较合适的会面地点和时间，并把参访人数和访问的意图告诉对方。一般应避开吃饭及午休的时间，晚上拜访时间不宜太长。在对外交往中，未曾约见的拜访属失礼之举，是不受欢迎的。因为事情紧急或事先并无约定，但必须前往时，则应尽量避免在深夜打扰对方；如万不得已非得在休息时间约见对方，则应见到主人立即致歉，并说明打扰的原因。

2. 守时践约，不做失约之客

宾主双方约定了会面的具体时间，作为访问者应履约守时如期而至。既不能随意变动时间，打乱主人的安排，也不能迟到、早到，准时到达才最为得体。如因故失约应在事先诚恳而婉转地说明，并向主人致歉。在对外交往中，更应严格遵守时间。日本人常以分为计算单位安排拜访时间；在瑞典，如果迟到 10 分钟，对方就会谢绝拜访。准时赴约是人际交往的基本要求。

3. 登门有礼，不做冒失之客

无论是到办公室或到寓所拜访，一般要坚持客由主定的原则。到主人寓所拜访时，客人进入主人寓所之前，应用食指轻轻敲门或按动门铃，若是熟人、亲属，可在敲门后立于门口；若是初访或下级，应侧身站在门首的左侧，待有回音或有人开门相让，方可进入。若是主人亲自开门相迎，见面后应热情施礼问好；若是主人夫妇同时相迎，则应先问候女主人。若不认识出来开门的人则应问："请问，这是×××先生（女士）的家吗?"得到肯定的回答后方可进入。当主人把来访者介绍给他（她）的妻子（丈夫）认识，或向来访者介绍其他家庭成员时，客人要面带微笑，热情地向对方点头致意或握手问好。见到主人的长辈则应恭敬地请安。当主人请客人入座时，客人应道声"谢谢"，并按主人安排的座位入座。若带有鲜花、果品、书籍等礼物，可在进门之初献给主人。主人上茶时，要起身双手接过，并道谢。喝茶要慢慢品饮，吃果品要小口细嚼，烟要少抽或不抽，如要抽烟需征得主人和女士的同意。对后来的客人应起身相迎，必要时，应主动告辞。如带小孩做客，要教其礼貌待人，尊敬地称呼主人家所有的人。如主人家中养有狗和猫，不应表示害怕、讨厌，更不能去踢它、赶它。作为主人，也应遵循"尊客之前不叱狗"的传统礼节。

4. 衣冠整洁，不做邋遢之客

为了对主人表示敬重之意，拜访做客时客人要仪表端庄，衣着整洁。入室之前要在门垫上擦净鞋底，不要把脏物带进主人家里。夏天进屋后再热也不能脱掉衬衫、长裤，冬天进屋再冷也应脱下大衣外套，摘下帽子、手套和围巾。在主人家中要讲究卫生，不要把主人的房间弄得烟雾腾腾，糖纸、果皮、果核应放入垃圾筒或专用果皮盒内。身患疾病，尤其是传染病，不应走亲访友。邋遢之客、带病之客是不受欢迎的。

5. 举止文雅，不做粗俗之客

古人云："入其国者从其俗，入其家者避其讳。"人们常说，主雅客来勤；反之，也可以说"客雅方受主欢迎"。在做客时，谈话应围绕主题，态度要诚恳自然，如有长辈在座，应用心听长者谈话。古人云："见人背语，勿倾耳窃听；入人私室，勿侧目旁观；到人案头，勿信手乱翻。"在朋友家里，不要乱脱、乱扔衣服。与主人关系再好，也不要翻动主人的书信和工艺品。未经主人相让，不要擅入主人卧室、书房，更不要在桌上乱翻，床上乱躺。做客的坐姿也要注意文雅。

6. 适时告辞，不做难辞之客

"串门无久坐，闲话宜少说。"初次造访以半小时为宜，一般性拜访以不超过一小时为限。造访目的达到，见主人显得疲乏，或意欲他为，或还有其他客人，应适时告辞。假如主人留客心诚，执意强留用餐，饭后应停留一会儿再走，不要抹嘴便走。辞行要果断，不要"走了"说过几次，却口动身不移。辞行时要向其他客人道别，并感谢主人的热诚款待。出门后应请主人留步。

二、交谈礼仪

语言是人类进行信息交流的符号系统。狭义的语言是指由文字的形、音、义构成的人工符号系统。广义的语言包括一切起沟通作用的信息载体，不但说话、写字，就连距离、手势、眼神、体势、表情等都涵括在内。推销的语言能充分反映一个人的能力、修养和素质。

（一）尊重对方，理解对方

在交谈活动中，只有尊重对方，理解对方，才能赢得对方感情上的接近，从而获得对方的尊重和信任。因此，谈判人员在交谈之前，应当调查研究对方的心理状态，考虑和选择令对方容易接受的方法和态度；了解对方讲话的习惯、文化程度、生活阅历等因素对谈判可能造成的种种影响，做到多手准备，有的放矢。交谈时应当意识到，说和听是相互的、平等的，双方发言时都要掌握各自所占用的时间，不能出现一方独霸的局面。

（二）及时肯定对方

在谈判过程中，当双方的观点出现类似或基本一致的情况时，谈判者应当及时抓住时机，用溢美之词肯定这些共同点。赞同、肯定的语言在交谈中常常会产生异乎寻常的积极作用。当交谈一方适时中肯地确认另一方的观点之后，会使整个交谈气氛变得活跃、和谐，陌生的双方从众多差异中开始产生了一致感，进而十分微妙地将心理距离拉近。当对方赞同或肯定己方的意见和观点时，己方应以动作、语言进行反馈。这种有来有往的双向交流有利于双方谈判人员感情的融洽，从而为达成一致协议奠定良好基础。

（三）态度温和，语言得体

交谈时要自然，要充满自信。态度要温和，语言表达要得体。手势不要过多，谈话距离要适当，内容一般不要涉及不愉快的事情。

（四）注意语速、语调和音量

语速对意思的表达有较大的影响。说话太快，一下子讲很多而不停顿，使对方难以抓住你说话的主要意思，难以集中注意力正确领会你的实际意思。有时还会使对方认为你在敷衍了事，完成一项任务，他无须作出什么反应，从而不再费神倾听，导致双方语言交流不畅，难以沟通。有翻译的情况下，也要注意照顾翻译的工作。洽谈中陈述意见时应尽量平稳、中速进行，有特殊需求时，适当改变一下语速，以期引起特别注意或加强表达效果。

不同语调可以使同一句话表达出不同的含义，而声音的大小则反映了说话者一定的心理活动、感情色彩或某种暗含的意思。在洽谈中，一般问题的阐述应使用正常的语调，保持能让对方清晰听见而不引起反感的适中的音量。适当的时候为了强调自己的立场、观点，尤其在针对有分歧的问题表达意见时，可调整语调和音量来增加话语的分量，加强表达的效果。一般地，升调表达的是惊讶、不可思议、难以接受或不满的心理活动，降调则反映出某种遗憾、无可奈何或失望灰心的心理活动。声音高低的起伏则表明说话者的某种情绪波动。有时是有意识的表达需求，有时则是潜意识的自然流露，谈判人员需对洽谈对手的话语敏锐把握，同时对自己的语言表达技巧加强控制、运用，不能出现音调、音量失控的情况。

三、体态礼仪

体态又称举止，是指人的行为动作和表情，日常生活中的站、坐、走的姿态，一举手一投足、一颦一笑都可以称为举止。体态与人的风度密切相关，是构成人们特有风度的主要方面。体态是一种不说话的“语言”，是内涵极为丰富的语言。举止的高雅、得体与否，直接反映出人的内在素养；举止的规范、到位与否，直接影响他人对自己的印象和评价。行为举止是心灵的外衣，它不仅反映一个人的外表，而且反映一个人的品格和精神气质。有些人尽管相貌一般，甚至有生理缺陷，但举止端庄文雅、落落大方，给人以深刻、良好的印象，获得了他人的好感。

（一）形体姿态

形体姿态是举止礼仪的重要内容。姿态美是一种极富魅力和感染力的美，它能使人在动静之中展现出气质、修养、品格和内在的美。从某种意义上说，一个人的各种姿态更引人注目，形象效应更为显著。姿态举止往往胜于言语而真实地表现人的情操。端正秀雅的姿态，从行为上展示着一个人内在的持重、聪慧与活力，可谓“此时无声胜有声”。如果一个人容貌俊秀、衣着华贵，但没有相应的姿态行为美，会给人一种虚浮粗浅感。形体姿态主要包括站、行、坐、卧几个方面。古人云：“站如松，坐如钟，行如风，卧如弓。”也就是说，应当站有站态，坐有坐相，走有走姿，卧有卧形。这是古人提出的姿态范式，今天仍可供我们借鉴。

1. 站姿

站立是人们生活交往中的一种最基本的举止，是生活静力造型的动作。优美而典雅的造型是优雅举止的基础。男士要求“站如松”，刚毅洒脱；女士则应秀雅优美，亭亭玉立。标准的站姿是：

（1）头正，双目平视，嘴角微闭，下颌微收，面容平和、自然。

（2）双肩放松，稍向下沉，人有向上的感觉。

（3）躯干挺直，挺胸，收腹，立腰。

（4）双臂自然下垂于身体两侧，中指贴拢裤缝，两手自然放松。

（5）双腿立直、并拢，脚跟相靠，两脚尖张开约 60 度，身体重心落于两脚正中。

不同的工作岗位对站姿的规定不尽相同，但作为一种基本姿势和体态训练的需要，站姿应遵循的基本要求是一致的。由基本要求构成的站姿似有呆板之嫌，其实不然。按这些要求经过反复训练后，能形成一种优雅挺拔、神采奕奕的体态。站姿的基本范式是其他各种工作姿势的基础，也是发展不同质感美的起点，是优雅端庄的举止的基础。

知识拓展

几种常用站姿

(1) 肃立：身体立直，双手置于身体两侧，双腿自然并拢，脚跟靠紧，脚掌分开呈"V"字形。面部表情严肃、庄重、自然。参加升降国旗仪式、庄重严肃的场合和遗体告别仪式时应该用肃立站姿。

(2) 直立：身体立直，右手搭在左手上，自然贴在腹部（前搭手式），或两手背后相搭在臀部（后背手式），两腿并拢，脚跟靠紧，脚掌分开呈"V"字形（男女都适用，男士两脚可以略分开站立，这样更显洒脱）。

(3) 直立（女士直立姿态）：身体立直，右手搭在左手上，自然贴在腹部，右脚略向前靠在左脚上成丁字步。

(4) 直立（男士直立姿态）：身体立直，两手背后相搭，贴在臀部，两腿分开，两脚平行，比肩宽略窄些。

正确、健美的站姿会给人以挺拔笔直、舒展俊美、庄重大方、精力充沛、信心十足、积极向上的印象。

2. 坐姿

坐是举止的主要内容之一，无论是伏案学习、参加会议，还是会客交谈、娱乐休息都离不开坐。坐，作为一种举止，有着美与丑、优雅与粗俗之分。坐姿要求"坐如钟"，是指人的坐姿像座钟般端直、沉稳，当然这里的端直是指上体的端直。优美的坐姿让人觉得安详、舒适、端正、舒展大方。

(1) 正确的坐姿。

1) 入座时要轻、稳、缓：走到座位前，转身后轻轻地坐下。女士入座时，若是裙装，应用手将裙子稍稍拢一下，不要坐下后再拉拽衣裙，那样不优雅。正式场合中，一般从椅子的左边入座，离座时也要从椅子左边离开，这是一种礼貌。女士入座尤要娴雅、文静、柔美。如果椅子位置不合适需要挪动椅子的位置时，应当先把椅子移至欲就座处，然后入座。坐在椅子上移动位置有违社交礼仪。

2) 神态从容自如，嘴唇微闭，下颌微收，面容平和、自然。

3) 双肩平正放松，两臂自然弯曲放在腿上，也可放在椅子或是沙发扶手上，以自然得体为宜，掌心向下。

4) 坐在椅子上，要立腰，挺胸，上体自然挺直。

5) 双膝自然并拢，双腿正放或侧放，双脚并拢或交叠呈小"V"字形。男士两膝间可分开一拳左右的距离，可取小八字步或稍分开以显自然洒脱之美，但不可尽情打开腿、脚，那样会显得粗俗和傲慢。

6）应至少坐满椅子的 2/3，宽座沙发则至少坐 1/2。落座后至少 10 分钟左右时间不要靠椅背。时间久了，可轻靠椅背。

7）谈话时应根据交谈者方位，将上体双膝侧转向交谈者，上身仍保持挺直，不要出现自卑、恭维、讨好的姿态。要讲究礼仪，尊重别人，但不能失去自尊。

8）离座时，要自然稳当，右脚向后收半步，而后站起。

（2）几种规范坐姿。

1）双腿并拢，上体挺直，坐正，两脚略向前伸，两手分别放在双膝上（男士双腿略分开）。

2）女士坐姿。一般坐姿：坐正，上身挺直，双腿并拢，两脚交叉，双手叠放置于左腿或右腿上。S 型女士坐姿：坐正，上身挺直，双腿并拢，两腿同时侧向左或侧向右，两脚并放或交叠。双手叠放置于左腿或右腿上。

3）搭腿式坐姿，又称两腿交叠坐姿。其方法是将左腿微向右倾，右大腿放在左大腿上，脚尖朝向地面（切忌右脚尖朝天）。这种坐姿给人以高贵、典雅的美感。但应与跷二郎腿时进行区别。跷二郎腿时，一般悬空脚的脚尖朝天，脚底朝向人，并伴有上下抖动的不雅动作。在有的国家，人们忌讳脚底朝向他人，因为这表示挑衅、不满、轻视、愤怒的情感，是粗俗不雅的举止。

3. 走姿

走姿又称步态。走姿要求“行如风”，是指人行走时，如风行水上，有一种轻快自然的美。人们走路的样子千姿百态、各不相同，给人的感觉也有很大的差别。有的人步伐矫健、轻松灵活、富有弹性，令人精神振奋；有的人步伐稳健、端庄、自然、大方，给人以沉着、庄重、斯文之感；有的人步伐雄壮、铿锵有力，给人以英武、勇敢、无畏的印象；有的人步伐轻盈、敏捷，给人以轻巧、欢悦、柔和之感。有的人不重视步态美，走路时弯腰驼背、低头无神、步履蹒跚，给人以倦怠、老态龙钟的感觉；还有的人摇着八字脚，晃着“鸭子”步，这些步态都十分难看。

走姿的具体要求：

（1）双目向前平视，微收下颌，面容平和、自然，不左顾右盼，不回头张望，不盯住行人乱打量。

（2）双肩平稳，肩峰稍后张，大臂带动小臂前后自然摆动，肩勿摇晃；前摆时，手不要超衣扣垂直线，肘关节微屈约 30 度，掌心向内，勿甩小臂，后摆时勿甩手腕。

（3）上身自然挺拔，头正、挺胸、收腹、立腰，重心稍向前倾。

（4）注意步位。行走时，假设下方有条直线，男士两脚跟交替踩在直线上，脚跟先着地，然后迅速过渡到前脚掌，脚尖略向外，距离直线约 5 厘米。女士则应走一字步，即两腿交替迈步，两脚交替踏在直线上。

（5）步幅适当。男士步幅（前后脚之间的距离）约 25 厘米，女士步幅约 20 厘米。或者说前脚的脚跟与后脚尖相距约为一脚长。步幅与服饰也有关，如女士穿裙装（特别是穿旗袍、西服裙、礼服）和穿高跟鞋时步幅应小些，穿长裤时步幅可大些。

（6）注意步态。步态，即行走的基本态势。性别不同，行走的态势应有所区别。男士步伐应矫健、稳重、刚毅、洒脱、豪迈，好似雄壮的“进行曲”，气势磅礴，具有阳刚之美，步伐频率每分钟约 100 步；女士步伐应轻盈，具有阴柔秀雅之美，步伐频率每分钟约 90 步。

（7）注意步韵。跨出的步子应是全部脚掌着地，膝和脚腕不可过于僵直，应该富有弹性，膝盖要尽量绷直，双臂应自然轻松摆动，使步伐因有韵律节奏感而显优美柔韧。

（8）行走时不可把手插进衣服口袋里，尤其不可插在裤袋里。

（二）手势、距离和表情

1. 手势

手势是人们交往时不可缺少的动作，是最有表现力的一种体态语言，俗话说“心有所思，手有所指”。手的魅力并不亚于眼睛，甚至可以说手就是人的第二双眼睛。手势表现的含义非常丰富，表达的感情也非常微妙复杂。例如：招手致意，挥手告别，拍手称赞，拱手致谢，举手赞同，摆手拒绝；手抚是爱，手指是怒，手搂是亲，手捧是敬，手遮是羞等。手势的含义，或是发出信息，或是表达感情。能够恰当地运用手势表情达意，会为交际形象增色。

使用手势时应该注意：

（1）在交往中，手势不宜过多，动作不宜过大，切忌指手画脚和手舞足蹈。

（2）打招呼、致意、告别、欢呼、鼓掌属于手势范围，应该注意其力度的大小、速度的快慢、时间的长短，不可过度。鼓掌是表示欢迎、祝贺、赞许、致谢等的礼貌举止。在正式的社交场合，观看文艺演出，重要人物出现，听报告、听演讲时都应热烈鼓掌以表示钦佩、祝贺。鼓掌的标准动作应该是用右手掌轻拍左手掌的掌心。鼓掌时不应戴手套，宜自然，切忌为使掌声大而使劲鼓掌，应自然终止。鼓掌要热烈，但不要忘形，一旦忘形，鼓掌的意义就发生了质的变化而成了喝倒彩、鼓倒掌，有起哄之嫌。这样做非常失礼。注意鼓掌时尽量不要用语言配合，那是无修养的表现。

（3）在任何情况下，都不要用大拇指指自己的鼻尖和用手指指点他人。谈到自己时，应用手掌轻按自己的左胸，这样会显得端庄、大方、可信。用手指指点他人的手势是不礼貌的。

（4）一般认为，掌心向上的手势有诚恳、尊重他人的含义；掌心向下的手势意味着不够坦率和缺乏诚意等。攥紧拳头暗示进攻和自卫，也表示愤怒。伸出手指来指点是要引起他人的注意，含有教训人的意味。因此，在介绍某人、为某人指路、请人做某事时，应该掌心向上，以肘关节为轴，上身稍向前倾，以示尊敬。这种手势被认为是诚恳、恭敬、有礼貌的。

(5) 有些手势在使用时应注意区域和各国的不同习惯，不可以乱用。因为各地习俗迥异，相同的手势表达的意思不仅有所不同，而且有的大相径庭。例如：在某些国家，竖起大拇指、其余四指蜷曲表示称赞夸奖，但澳大利亚人认为竖起大拇指，尤其是横向伸出大拇指是一种污辱。英国人跷起大拇指是拦车要求搭车的意思。用大拇指和食指构成一个圆圈，其他三指伸直，就是“OK”的手势，这一手势在欧洲是表示赞扬和允诺的意思，然而在法国南部、希腊撒丁岛等地，它的意思恰好相反。由此不难看出，每种文化都有自己的“手势语言”，千姿百态的手势语言饱含着人类无比丰富的情感。它虽然不像有声语言那样实用，但在人际交往中能起到有声语言无法替代的作用。

在日常生活中，某些不雅的行为举止会令人极为反感，严重影响交际风度和自我形象，应该十分注意，如当众搔头皮、掏耳朵、抠鼻孔、剔牙、咬指甲、挖眼屎、搓泥垢等，餐桌上更应注意。参加交际活动前，不要吃葱、蒜、韭菜等有异味的食物，如果已经吃过这类食物应该漱口或嚼茶叶、吃口香糖以除异味。咳嗽、打喷嚏时，要用手帕或纸巾捂住嘴转向一侧，避免发出大声。口中有痰时，要吐在手纸、手帕中，手中的废物要扔进垃圾箱。特别是拜访别人时，这些简单的礼仪要求都是必须遵守的，否则你会是一位不受欢迎的人。

2. 距离

人们之间的空间距离与心理距离密切相关，空间距离大小直接影响着洽谈双方心理上的距离。一般情况下，人们交谈时，无论站、坐，都应避免直接相对，而是要保持一定的角度，而洽谈活动中，双方却是直接面对，没有什么回旋余地。这使得洽谈活动中距离变得更为敏感。较合适的距离在 1 米～1.5 米，这也是谈判桌的常规宽度。距离的变化可以传递某种信息，反映交谈者的不同心态。相互间移近距离可能表示交流良好，双方有兴趣，有好感，是一种友善认同愿望的自然流露；也可能是攻击前的一种威胁姿态，是一场针锋相对的斗争的前兆，这与洽谈的气氛和双方的心理活动是密切相关的。相互间距离的变远反映了谈判的分歧正在加大，或双方都想冷静一下头脑，整理一下思路。一方增加距离表现了一种占优势的自我感觉，特别是伴随后仰动作时，蕴含非此不可、胜券在握之义。如一方增加距离，另一方却想缩小距离，多半说明有一方想逃避，出现软弱心理。双方距离无论远近，都是以中间线来划分势力范围的，中线两边为各自的身体空间，如一方侵入，是极具攻击性和无礼的举动。

3. 表情

表情是人内心的情感在面部、声音或身体姿态上的表现。当外部客观事物以物体的、语言的、行为的方式刺激大脑时，人就会产生各种内在反应，即情感。这种情感会通过人体相应的表情呈现出来，表现在人的面部、身体、姿态、声音上。人们常说的情动之于心、形之于外、传之于声就是这个意思。人的面部表情是非常复杂的。现代传播学家总结出一个公式：

信息的全部表达=语调（7%）+声音（38%）+肢体语言（包括表情）（55%）

例如：接听电话时双方并看不见对方，但表情却影响发出的声音，没有哪一个人能带着愤怒的表情说出优美、和蔼、动听的问候语。可见表情在人与人之间的感情沟通中占有相当重要的地位。自然得体的表情留给人们的印象是深刻的，它是优雅风度的重要组成部分。这里着重介绍面部表情中的目光和微笑。

（1）目光。眼睛是人体传递信息最有效的器官，它能表达出人们最细微、最精妙的内心情思，从一个人的眼睛中，往往能看到他的整个内心世界。一个良好的交际形象的目光坦然、亲切、和蔼、有神。特别是在与人交谈时，目光应该是注视对方，不应该躲闪或游移不定。在整个谈话过程中，目光与对方接触累计应达到全部交谈过程的50%～70%。人际交往中，诸如呆滞的、漠然的、疲倦的、冰冷的、惊慌的、敌视的、轻蔑的、左顾右盼的目光都是应该避免的，更不要对人上下打量，挤眉弄眼。

知识拓展

几种常见的凝视

（1）公务凝视。洽谈、磋商、谈判等正式场合适用，能给人一种严肃认真的感觉。注视的位置在对方脸部，以双眼为底线，上到前额的三角区域。洽谈公务时，如果你注视对方这个部位，就会显得严肃认真，对方也会感到你的诚意，你就会把握谈话的主动权和控制权。

（2）社交凝视。这是各种社交场合使用的注视方式，注视的位置在对方唇心到双眼之间的三角区域。当你的目光看着对方脸部这个区域时，会营造出一种社交气氛，让人感到轻松、自然。这种凝视主要用于茶话会、舞会及各种类型的友谊聚会。

（3）亲密凝视。这是亲人、恋人、家庭成员之间使用的注视方式。注视的位置在对方双眼到胸之间。交谈时要将目光转向交谈人，以示自己在倾听，这时应将目光放虚，相对集中于对方某个区域上，切忌“聚焦”，死盯对方眼睛或脸上的某个部位。因为这样会使对方难受、不安，甚至有受侮之感，令对方产生抵触情绪和敌意。

（2）微笑。笑有很多种，轻笑、微笑、狂笑、奸笑、羞怯的笑、爽朗的笑、开怀大笑、尴尬的笑、嘲笑、苦笑等，其中微笑是最美的。微笑是指不露牙齿，嘴角的两端略提起的笑。几乎没有人不会微笑，但有相当多的人不善于利用微笑。微笑是社交场合中最富吸引力、最令人愉悦、也最有价值的面部表情。它可以与语言和动作相互配合，起到互补作用。它不仅表现着人际交往中友善、诚信、谦恭、和谐、融洽等最美好的感情因素，而且反映出交往人的自信、涵养与和睦的人际关系及健康的心理。微笑不仅能传递和表达友好、和善，而且还能表达歉意、谅解。因此，微笑在社交、生活、工作中都有非常深刻的内涵。微笑着接受批评，显示你承认错误但不诚惶诚恐；微笑着接受荣誉，说明你充满喜悦但不骄傲自满；遇见领导、老师，给一个微笑，表达了你的尊敬；微笑着面对困难，用笑脸迎接悲惨的厄运，用百倍的勇气来应付一切的不幸，说明你经得住考验和磨炼，有战胜困难的勇气和信心。其实温和、含蓄的微笑不仅是应付社交的手段，而且蕴含着一个人的人生观、价值观。俗话说和气生财，要成就一番事业需要天时、地利、人和，天时不如地利，地利不如人和，而微笑最易营造人和的氛围。微笑是人宝贵的无形资产，可以说成功从微笑开始。一个大公司的人事经理经常说："一个拥有纯真微笑的小学毕业生，比一个脸孔冷漠的哲学博士更有用。"因为微笑是工作人员的基本素质，也是公司最有效的商标，它比任何广告都有利，只有它能深入人心。应该注意的是：微笑时一定要发自内心，亲切自然。只有发自内心的微笑才富有魅力，让人愉悦欢心。不要为了讨好别人故作笑颜、满脸堆笑。当然了，参加追悼会、扫墓或在别人悲伤的时候、非常严肃庄重的场合不宜微笑。

（三）递物和接物

递物和接物是生活中常常用到的一种举止。一个小小的动作也能体现一个人的修养。礼仪的基本原则之一是尊重他人，而双手递物和接物恰恰体现了对对方的尊重。

1. 递接名片

名片是自我介绍的高雅工具。名片之所以在现代社会中得到广泛应用，是因为它使用起来简便、灵活、文明。正常情况下，名片是一个人身份、地位的象征，也是使用者要求社会认同、获得社会尊重的一种方式，从某种程度上说还是使用者所在组织形象的一个缩影。所以，名片交换应重视其礼仪效应，恰到好处地使用名片，会显得彬彬有礼，令人肃然起敬。

交换名片是建立人际关系的第一步，一般宜在与人初识时、自我介绍之后或经他人介绍之后进行。递送名片时，应面带微笑，正视对方，将名片正面朝向对方，恭敬地用双手的拇指和食指分别捏住名片上端的两角送到对方手中。如果是坐着，应起身或欠身递送。递送时可以说一些"我叫××，这是我的名片"或"请多关照"之类的客气话。有的人将名片顺手放在桌上，这样的效果很不好。接受名片的人也应该起身或欠身，面带微笑双手恭敬地接过名片并说声"谢谢"、"能得到您的名片十分荣幸"、"久仰大名"等。收到名片后，要仔细地确认对方的姓名和职务。一定要养成这种习惯，否则在谈话中说错了对方的姓名或职务便会失礼。如果遇到难读的姓氏，要非常客气地请教对方："尊号怎么念?"或"对不起，您的姓氏很少见，请问如何读?"随后当着对方的面郑重其事地将他（她）的名片放入自己的名片盒或名片夹之中，千万不要随意乱放，不宜随手放在桌子上或装在裤子口袋里，那样是对别人的不尊重。请记住：名片事关别人对你的第一印象。

2. 递交文件资料

工作中有文件资料需要上级领导过目签字时，应该用双手递上，并且使文件资料的正面对着接物的一方。

3. 递接其他物品

把物品双手递交到对方手中体现对对方的尊重。递笔、剪刀之类尖利的物品时，要将尖端朝向自己握在手中，而不要指向对方。接受对方恭恭敬敬递过来的物品时，应该同样用双手去接，并以适当的方式致意或道谢。请注意：越是正式庄重的场合，初次相识的人之间的身份地位悬殊越大，越要讲究礼仪。需提示的是，与外宾打交道，递接物品时可先留意对方是用单手还是双手，随后再跟着模仿。例如：在泰国、印度、马来西亚和中东的一些国家，人们一般用右手拿东西，忌用左手，给别人递东西也都用右手以示尊重。他们认为左手是用来洗澡、上厕所的，是不干净的。

（四）致意礼仪

致意，即见面打招呼。在现代社会，见面礼是人与人之间交往的第一个步骤，它在礼仪学中占有重要地位。无论哪个国家、哪个民族、哪种信仰的人，见面时都要施用各种各样的见面礼。我国常用的致意有：招手致意、点头微笑致意、握手礼、鞠躬礼、注目礼等。以下着重介绍握手礼与注目礼。

1. 握手礼

在大多数国家，人们将握手礼视为一种习以为常的见面礼的仪式。现代人握手时表示的含义很多：见面时表示友好、欢迎、寒暄，告辞时表示送别，也表示对他人的问候、感谢、慰问、祝贺、安慰等。

标准的握手姿势（交际礼节中的握手）：距受礼者约一步，右臂自然向前，伸出右手，拇指稍用力握对方的手掌（手掌应与地面垂直）。左臂自然下垂，双目注视对方，面带微笑，上身微微前倾，头微低。在各种场合能轻松自如地与相识的人或陌生人握手，是现代社会中每个人都应该学会的一种礼节。

握手时应注意的几条原则：

（1）注意伸手的先后顺序。伸手的先后顺序应根据握手人双方的社会地位、年龄、性别和宾主身份来确定。一般遵循“尊者决定”的原则，即尊者先伸手。握手的基本礼节是：在平辈的朋友间，相见时先出手为敬；在长辈与晚辈之间、男女之间、上级与下级之间、主人与客人之间行握手礼时，应该是长辈、女士、上级、主人先出手，晚辈、男士、下级、客人先问候再伸手相握；男女之间如女方无握手之意，男方可点头或鞠躬致意，倘若男方是长辈、上级，先伸手也是可以的。客人辞行时，应是客人先伸手表示告别，主人才能握手相送。在社交或商务、公务场合，当别人按先后顺序的惯例已经伸出手时，都应毫不迟疑地立即回握；拒绝别人的握手和对已经表达出来的友好不予理睬是极为不礼貌的。

（2）握手时，应该伸出右手，决不能伸出左手，伸出左手是失礼的。特别是有的国家、地区忌讳使用左手握手。在特殊情况下不能用右手相握应说明原因并道歉。

（3）握手前要脱帽和摘手套。因为戴手套本身就意味着讨厌别人接触你的手，即使对方跟你的关系非常好，戴着手套握手也会产生不好的效果。在大多数国家，戴手套与别人握手，既不礼貌，又是对对方的侮辱。因此，应避免戴手套同别人握手。军人与他人握手时，不必脱军帽，应先行军礼然后握手。在西方国家，女士身着礼服戴手套时，与他人握手时可以不摘手套。

(4) 与人握手时应采取站立姿势（年老体弱或者残疾人除外）。

(5) 遇到两位以上交往对象，行握手礼时应一一相握，不宜交叉握手。在有的国家，握手交叉呈“十”，意为十字架，是不幸的象征。还要注意与多人握手时，时间长短应大体相同，不要给人厚此薄彼的感觉。

(6) 男士与女士握手时，时间不宜过长，握力要轻一些，一般应握女士的手指。

(7) 为了表示尊敬，握手时上身略微前倾，头略低一些面带笑容，注视对方眼睛，边握手边开口致意，如说“您好”、“见到您很高兴”、“欢迎您”、“辛苦啦”等。

综上所述，握手时的十忌是：一忌不讲先后顺序，抢先出手；二忌目光游移，漫不经心；三忌不脱手套，自视高傲；四忌掌心向下，目中无人；五忌用力不当，敷衍鲁莽；六忌左手相握，有悖习俗；七忌“乞讨式”握手，过分谦恭；八忌握手时间太长，让人无所适从；九忌滥用“双握式”，令人尴尬；十忌“死鱼式”式握手，态度冷漠。

2. 注目礼

注目礼是指注视受礼者，并用目迎、目送来表示敬意的一种礼节。行注目礼时，行礼者应面向或将头转向受礼者，呈立正姿势，抬头挺胸，注视受礼者以目迎和目送，待受礼者还礼后目光平视或将头转正。施注目礼的场合有：奏国歌、升降国旗时，各种会议的升降旗仪式，运动会颁奖仪式等，都要向国旗行注目礼。参加升旗仪式时，着军装的军人要行军礼，戴红领巾的少先队员要行少先队队礼。接受检阅时，受阅者应向检阅者首先行注目礼。

【案例分析】

王小姐去商场购物。她在商店门口受到了站立在店门口的礼仪小姐的欢迎。一进商场，一下子来了三位店员为她服务，她走到哪里，店员就像一大批“随员”前呼后拥地为她效劳。王小姐的目光刚落在服装上，马上有人把一套时装取下来向她推荐；王小姐一看化妆品，马上有几位店员拉起她的手，给她试擦多种化妆品……王小姐在大家热情的服务下购买欲一下子没有了。结果她什么也没有买就“逃”出了这家商场。于是，她又进了一家自选商场，心想“可以轻松自在地买点东西了”。结果，正当王小姐在货架间自由选购时，她感到背后总有一道冷冷的目光“盯”着她。原来站在货架旁的店员像防“贼”一样地“盯”牢了每一位顾客……王小姐最终什么也没买又离开了第二家商场。

思考：

(1) 王小姐两次失去购买欲的原因是什么？

(2) 商场店员的服务合乎礼仪吗？如果你是店员，应该怎么做？

四、服饰礼仪

古今中外，服饰从来都体现着一种社会文化，体现着一个人的文化修养和审美情趣，是一个人的身份、气质、内在素质的无言的介绍信。从某种意义上说，服饰是一门艺术，服饰所能传达的情感与意蕴不是用语言所能替代的。在不同场合，穿着得体、适度的人，会给人留下良好的印象；而穿着不当，则会降低人的身份，损害人的形象。周恩来总理在着装方面为后人树立了一个得体、潇洒的典范。不论在何种场合，他都将衣着的整洁合体，姿态端庄，一举一动彬彬有礼，光明磊落，待人谦虚，亲切、诚恳、直率作为做人的准则。

在社交场合，得体的服饰是一种礼貌，一定程度上直接影响着人际关系的和谐。影响着装效果的重要因素包括：一是要有文化修养和高雅的审美能力，即“腹有诗书气自华”；二是要有运动健美的素质，健美的形体是着装美的天然条件；三是要掌握着装常识、着装原则和服饰礼仪的知识，这是达到内外和谐统一美的不可或缺的条件。本节着重谈谈着装原则和服饰礼仪的基本知识。

（一）着装的 TPO 原则

TPO 是英文 Time、Place、Object 三个词首字母的缩写。T 代表时间、季节、时令、时代，P 代表地点、场合、职位，O 代表目的、对象。着装的 TPO 原则是世界通行的着装打扮的最基本的原则。它要求人们的服饰力求和谐，以和谐为美。着装要与时间、季节相吻合，符合时令；要与所处场合、环境，与不同国家、区域、民族的不同习俗相吻合，符合着装人的身份；要根据不同的交往目的、交往对象选择服饰，给人留下良好的印象。根据 TPO 原则，着装时应注意以下几个问题：

（1）着装应与自身条件相匹配。选择服装时首先应该与自己的年龄、身份、体形、肤色、性格和谐统一。年长者、身份地位高者，选择服装款式不宜太新潮，款式简单，但面料质地考究，才与年龄、身份相吻合。青少年着装则着重体现青春气息，朴素、整洁为宜，清新、活泼最好，“青春自有三分俏”，若以过分的服饰破坏了青春朝气实在得不偿失。形体条件对服装款式的选择也有很大影响。身材矮胖、颈粗、圆脸形者，宜穿深色低“V”字形领、大“U”形领套装，浅色高领服装则不适合。而身材瘦长、颈细长、长脸形者宜穿浅色、高领或圆形领服装。方脸形者则宜穿小圆领或双翻领服装。身材匀称、体形匀称的人，着装范围则较广，可谓浓妆淡抹总相宜。

（2）着装应与职业、场合和交往目的、对象相协调。着装要与职业、场合相符合，这是不可忽视的原则。工作时间的着装应遵循端庄、整洁、稳重、美观、和谐的原则，能给人以愉悦感和庄重感。一个单位员工的着装和精神面貌，能体现这个单位的工作作风和发展前景。现在越来越多的企业开始重视统一着装，这是很有积极意义的举措。这不仅给了着装者一份自豪，同时又多了一份自觉和约束，成为一个企业的标志和象征。着装应与场合、环境相适应。在正式社交场合，着装宜庄重大方，不宜过于浮华。参加晚会或喜庆场合，服饰则可明亮、艳丽些。节假日、休闲时的着装应随意、轻便些，西装革履则显得拘谨而不适宜。在家中，着休闲装、便装有益于与家人沟通感情，营造轻松、愉悦、温馨的氛围。切勿穿睡衣、拖鞋去购物或散步，那是不雅和失礼的。着装应与交往对象、目的相适应。与外宾、少数民族相处时，要特别尊重他们的习俗禁忌。

总之，着装的最基本的原则是体现和谐美，上下装呼应和谐，饰物与服装色彩相配和谐，与身份、年龄、职业、肤色、体形和谐，与时令、季节、环境和谐等。

（二）服装的色彩搭配与饰物礼仪

1. 服装的色彩搭配

不同的色彩有着不同的象征意义。红色象征热烈、活泼、兴奋、富有激情；黄色象征明快、鼓舞、希望、富有朝气；橙色象征开朗、欣喜、活跃；黑色象征沉稳、庄重、冷漠、富有神秘感；蓝色象征深远、沉静、安详、清爽、自信而幽远；粉色象征活泼、年轻、娇美；黄绿色象征安详、活泼；红紫色象征明艳、夺目；紫色象征华丽、高贵；白色象征朴素、高雅、明亮、纯洁；绿色象征生命、鲜嫩、愉快和青春。

服装的色彩是成功着装的重要因素。服装配色以整体协调为基本准则。全身服装颜色最好不超过三种，而且以一种颜色为主色调；颜色太多显得杂乱而无章，不协调。灰、黑、白三种颜色在服装配色中占有重要位置，几乎可以和任何颜色相配并且都很合适。以下几种方法可以确保着装配色和谐：一是上下装同色，以饰物点缀；二是同色系配色，利用同色系中深浅、明暗度不同的颜色搭配，整体效果比较协调。利用对比色搭配（明暗度对比或相互排斥的颜色对比），运用得当，会有相映生辉、令人耳目一新的靓丽效果。年轻人着上深下浅的服装，显得活泼、飘逸，富有青春气息。中老年人采用上浅下深的搭配，给人以稳重、沉着的感觉。同一件外套，利用衬衣的样式与颜色的变化，会表现出不同的风格。一个人若能以简单的打扮发挥理想的效果，本身就说明着装人内在的充实与修养。衬衣与外套搭配时，应注意衬衣颜色不能与外套相同，明暗度、深浅程度应有明显的对比。

服装配色要遵守的一条重要原则就是根据个人的肤色、年龄、体形选择颜色。例如：肤色发黑的人，不宜着颜色过深或过浅的服装，而应选择与肤色对比不明显的粉红色、蓝绿色，忌用色泽明亮的黄橙色或色调极暗的褐色、深紫色等。皮肤发黄的人，不宜着土黄色、灰色的服装，否则会显得精神不振和无精打采。脸色苍白的人，不宜着绿色服装，否则会使脸色更显病态。肤色红润、粉白的人，穿绿色服装效果会很好。白色衣服配任何肤色效果都不错，因为白色的反光会使人显得神采奕奕。体形瘦小的人适合穿色彩明亮度高的浅色服装，这样显得丰满；而体形肥胖的人适合穿明亮度低的深色服装，这样显得苗条。大多数人体形、肤色属中间混合型，所以服装的颜色搭配没有绝对性，重要的是在着装实践中找到最适合自己的色彩。

女性洽谈人员在春秋季应以西服套装为佳，尤其在较为正式的洽谈活动场合。一般的毛衣套装等可在一般性的会谈中穿着，应充分体现女性的自信、自尊、自主。女性洽谈人员夏季着装可为长、短袖衬衫配裙子或裤子、连衣裙、西服套装等。女性着装时要注意：不可以露，不可以透，袜子的色彩不可太鲜艳，一般以肉色、黑色和浅色透明为宜，避免选择图案过于复杂或网眼状的袜子。

颜色的象征意义与禁忌

由于历史文化、传统习惯、政治、宗教等各种原因，人们对某些颜色产生了推崇或禁忌，并且不同国家与地区人们对颜色的喜好差异很大。归纳起来，西方人忌讳的颜色主要有：

(1) 在丧礼中使用的颜色。例如：黑色在西方许多国家是丧礼的象征。

(2) 象征权威和尊严的颜色。例如：红色象征国家独立、民族解放。许多国家的国旗均为红色系或带有红色。

(3) 象征不吉利或者黑暗、邪恶、诅咒的颜色。例如：在法国，黄色的花是不忠诚的表示；意大利人视紫色为消极色；比利时人最忌讳蓝色，但在挪威、瑞士、荷兰，人们特别偏好蓝色；在法国、比利时，人们忌用墨绿色，因为纳粹的军服是墨绿色。

2. 饰物礼仪

饰物是指与服装搭配、对服装起修饰作用的其他物品，主要有领带、围巾、丝巾、胸针、首饰、提包、手套、鞋袜等。饰物在着装中起着画龙点睛、协调整体的作用。胸针适合女性一年四季佩戴。佩戴胸针时应因季节、服装的不同而变化。胸针应戴在第一、第二粒纽扣之间的平行位置上。首饰主要是指耳环、项链、戒指、手镯、手链等。佩戴首饰时应与脸形、服装协调。首饰不宜同时戴多件。例如：一只手最好只佩戴一枚戒指，手镯、手链一只手也不能戴两个以上；戴得过多显得不雅、庸俗，在重要的社交场合更不适宜，不合礼仪规范。女士应巧用围巾，特别是丝巾，会收到非常好的装饰效果。男士饰物一定不能太多，太多则会缺少阳刚之气和潇洒之美。一条领带、一枚领带夹，在某些特殊场合，在西服上衣胸前口袋上配一块装饰手帕就够了。

鞋袜的作用在整体着装中不可忽视，搭配不好会给人头重脚轻的感觉。着便装时，穿皮鞋、布鞋、运动鞋均可。男士皮鞋的颜色以黑色、深咖啡或深棕色较合适，白色皮鞋只在某些场合穿浅色套装才适用。黑色皮鞋适合于各色服装和各种场合。在正式的社交场合，男士的袜子应该是单一色的，黑、蓝、灰都可以。女士皮鞋以黑色、白色、棕色或与服装颜色一致或同色系为宜。女士穿裙子时，袜子以肉色相配最好，深色或花色图案的袜子都不合适。长筒丝袜袜口与裙子下摆之间不能有间隔，不能露出腿的一部分，那样很不雅观。有破洞的丝袜不能露在外面。

总之，饰物的选用也应遵循 TPO 原则，重要的是以和谐为美。

（三）穿西服的礼仪

西服以其设计造型美观、线条简洁流畅、立体感强、适应性广泛等特点而越来越受到人们的青睐，几乎成为世界性通用的服装，可谓男女老少皆宜。西服七分在做，三分在穿。西服的选择和搭配是很有讲究的。选择西服时，既要考虑颜色、尺码、价格、面料和做工，又不可忽视外形线条和比例。西服的衣料不一定高档，但必须裁剪合体，整洁笔挺。色彩较暗、沉稳且无明显花纹图案，面料高档的单色西服套装，适用于各种场合，穿着时间长，利用率较高。

穿西服时应遵循以下礼仪规范：

（1）西服套装的上下装颜色应一致。在搭配上，西服、衬衣、领带中应有两种素色。

（2）穿西服套装时必须穿皮鞋，便鞋、布鞋和旅游鞋都不合适。

（3）配西服的衬衣颜色应与西服颜色协调。白色衬衣配各种颜色的西服效果都不错。在正式场合，男士不宜穿色彩鲜艳的格子或花色衬衣。衬衣袖口应长出西服袖口 1～2 厘米。在正式、庄重的场合，穿西服时必须打领带，其他场合不一定都要打领带。打领带时衬衣领口扣子必须系好，不打领带时，衬衣领口扣子应解开。

（4）西服纽扣有单排、双排之分，纽扣系法非常有讲究。穿双排扣西服时，应把扣子都系好。穿单排扣西服时，一粒扣的，系上端庄，敞开潇洒；两粒扣的，全系或只系第一粒都合乎规范；三粒扣的，系上面两粒或只系中间一粒都合乎规范。

（5）西服的上衣口袋和裤子口袋里不宜放太多的东西。穿西服时，内衣不要穿太多，春、秋季只配一件衬衣即可，冬季衬衣里面也不要穿棉毛衫，可在衬衣外面穿一件羊毛衫。穿得过于臃肿会破坏西服的整体线条美。

（6）领带的颜色、图案应与西服相协调。系领带时，领带的长度以触及皮带扣为宜，领带夹夹在衬衣第四、第五粒纽扣之间。

（7）西服袖口的商标牌应摘掉，否则不符合西服穿着规范，在正式场合会让人笑话。

（8）注意西服的保养。保养、存放的方式对西服的造型和穿用寿命影响很大。高档西服要吊挂在通风处并常晾晒，注意防虫与防潮。有皱折时可挂在浴后的浴室里，利用蒸气使皱折展开，然后再挂在通风处晾干。

知识拓展

西方人的数字与日期禁忌

西方人普遍认为“13”这个数字是凶险或不吉利的，常以“14（A）”或“12（B）”代替。在日常生活中，他们总是尽量避开这一数字。有的人甚至会在 13 日这一天产生莫名其妙的恐惧感，停止一切工作和活动。西方人最忌讳的是 13 人同桌共餐。“星期五”和“3”这个数字也为很多西方人所忌讳。特别是点烟时，忌用一根火柴或打火机连续点燃 3 支烟。若恰逢 13 日又是星期五，西方人更认为是“凶日”，称为“黑色星期五”，因为这一天是耶稣的受难日。

项目训练

◀想一想

1. 推销员应具备什么样的素质?

2. 你认为你最缺乏的素质与能力是什么?你准备如何开发这方面的潜能?

3. 在推销工作中,怎样才能更好地利用顾客希望显示自己的欲望来进行推销?

4. 你在平时讲究信用吗?你准备通过什么方式建立你的信用?

5. 你是否认为推销工作极具挑战性?你打算从事推销工作吗?为什么?

6. 推销员的职责与任务是什么?

7. 推销员怎样才能做到着装得体,给顾客一种信赖感,体现出自己是专业人士?

8. 行为举止体现了一个人的内在素养,作为推销员,应该怎样注意自己的体态礼仪,培养高雅的行为举止?

9. 联系实际谈谈推销礼仪对于推销活动的作用。

10. 在迎送接待上要注意哪些问题?

11. 推销拜访时除了要注意不做不速之客,还要注意哪些礼仪?

12. 与人交谈时要注意哪些礼仪?

◀做一做

1. 假如你去动员一家印染厂的经理购买一批电脑以提高产量,改进质量,你将怎样向印染厂的经理推销?

2. 找一个熟悉的产品,制定一份推销计划。

◀测一测

多项选择题

1. 在与欧美人士的交际过程中,应特别注意的是(　　)。

A. 欣赏物品,莫问价值　　B. 情同手足,莫问工资

C. 敬老尊贤,莫问年龄　　D. 与人为友,莫问婚姻

2. 谈判中常见的用语主要有(　　)。

A. 礼节性的交际语言　　B. 专业性的交易语言

C. 弹性语言　　D. 幽默语言

3. 谈判礼仪中,女性首饰选择的原则有(　　)。

A. 以少为宜　　B. 色彩一致　　C. 质地相同　　D. 合乎惯例

4. 西方人普遍认为“13”这个数字是凶险或不吉利的,常以(　　)代替。

A. “14 (A)”　　B. “12 (B)”　　C. “13 (B)”　　D. “13 (A)”

项目三
客户开发

【建议学时】

4 学时

【学习目标】

知识目标

- 掌握寻找客户的准则
- 学会寻找客户的方法和审查客户资格的方法

能力目标

- 具备独立收集资料、判断潜在客户的能力
- 具备审查判断客户资格的能力

素质目标

- 有助于锻炼学生的忍耐能力
- 有助于培养学生的慎独精神和团队合作精神
- 有助于培养学生的职业洞察力

【营销师考点】

- 寻找客户的方法及各种方法的优缺点

【案例导入】

黄新宇计划去拜访无锡的六家工业公司，其中的四家公司还未等他开始正式的推销谈话，就一口咬定他们对空压机不感兴趣。因此，黄新宇认为即使再努力，也不会有什么结果。于是他就把这四家公司从潜在客户的名单上除名了，而把推销的重点集中在另两家公司。在与这两家公司洽谈时，他向客户详细介绍了所推销的产品。经理向黄新宇对两家公司的推销洽谈获得成功表示祝贺，但同时对他轻易地放弃另外四家公司进行了批评。经理的做法对吗？如果你是黄新宇，你该怎么办？

任务一
寻找客户

要开展推销活动，对推销员来说，面临的第一个难题就是向谁推销，即如何去寻找有可能成为客户的现实或潜在购买者。有些产品，特别是生产资料产品，由于需求的专业性与不可替代性，产品的购买者特征明显；另外一些产品，特别是生活资料产品，需求者分布广而散。推销员的职责就是把这些现实或潜在的购买者找出来，并有针对性地实施推销。寻找客户的方法有：

一、挨门挨户访问法

挨门挨户访问法是指推销员在不太熟悉甚至完全不熟悉推销对象的情况下，直接访问某一特定地区或特定职业或特定行业的所有组织或个人。它是继店堂推销、广告推销之后的第三代广泛使用的推销方法。

挨门挨户访问法依据的原理是“平均法则”，即认为现实或潜在的购买者呈随机分布，并且客户的数量与被访问对象的数量成正比。这是一个古老而有效的方法，无论在我国还是在国外，无论在城市还是农村，几乎到处可以看到这种推销员的影子。由于这种方法还可以较好地锻炼新推销员，因此在国外常用于对新推销员的培训。但这种方法的成本越来越高，在使用这种方法时，应根据自己所推销产品的特点与用途，有针对性地确定一个比较可行的推销地区。

挨门挨户访问法既适用于生活资料的推销，也适用于生产资料的推销。

二、连锁介绍寻找法

连锁介绍寻找法是指推销员请已有的客户介绍他认为有可能购买自己产品的准客户的方法。这是最好的客户寻找方法，也是最根本的方法。它大大避免了推销员的盲目性，能较好地赢得新客户的信任，同时老客户的介绍又是推销员接近新客户的好方法。

但这种方法一切依赖于老客户是否愿意介绍以及如何介绍，因此应用连锁介绍寻找法时应注意以下事项：

（1）取信于现有客户。老客户的满意是采用此法的前提，因此，推销员只有通过双赢式的推销、热情周到的服务，才能真正提高客户的满意度，从而才有可能获得老客户的介绍与帮助。

（2）尽可能多地从老客户处了解新客户的情况。推销员应从老客户处尽可能多地了解新客户的情况，这样在与新客户见面时容易达到一见如故的效果。

（3）应与老客户保持联系。推销员在拜访被介绍的新客户后，应及时向老客户（介绍人）汇报拜访的情况。这一方面是对老客户的尊重，另一方面可以继续争取老客户的合作与支持，继续进行连锁介绍。

连锁介绍寻找法主要适用于有特定用途的产品、专业性强的产品以及服务性的产品。

三、中心开花寻找法

中心开花寻找法又称名人介绍法，是指推销员在某一特定范围里发展一些具有影响力、能产生晕轮效应的中心人物为客户，然后利用中心人物的影响力或帮助把该范围内的个人或组织变成客户的方法。

这种方法所依据的是心理学上的晕轮效应原理，即人们愿意模仿自己心目中崇拜的人物的行为。实际上，在任何购买行为中，影响者与中心人物是客观存在的，他们是“时尚”在人群中传播的源泉。因此，只要了解并确定中心人物，使之成为现实的客户，就有可能发展与发现一批潜在的客户。

这种方法的关键在于取得中心人物的信任和合作。推销员要取得这些中心人物的信任和合作，就必须使对方了解自己的工作，使对方相信推销员的人格和产品品质，同时要给予对方合作的机会。换句话说，推销员只有先说服中心人物，才能利用中心开花寻找法进一步寻找更多的客户。

四、推销信息员法

推销信息员法又称设立代理法，是指由推销员所在单位出资聘请信息员或兼职推销员，或者推销员自己出资聘请有关人士做助手寻找与推荐客户的方法。推销员委托一些有关行业或外单位的人充当助手，所花费的时间、费用肯定比推销员自己收集经济上更划算。例如：梅赛德斯一奔驰汽车公司的推销员就经常在汽车维修站发展推销信息员，因为在美国修车人常常就是潜在的购买者，推销助手一发现有客户打算更换汽车，就立即通知推销员。

利用推销信息员寻找客户是现代推销信息传递过程本身的客观要求。在激烈的市场竞争中，时间就是金钱、时间就是生命、时间就是效率，利用推销信息员可以帮助推销员在第一时间获得潜在客户的有关信息，提高推销的准确度，从而领先竞争对手。例如：装潢公司、电梯生产厂家聘用建筑设计院的有关人员作推销信息员，常常可以使自己处于非常有利的位置。因此，这种方法应用广泛，如果与其他方法结合使用效果更好。

五、资料查阅寻找法

资料查阅寻找法是指推销员通过查询各种有关的情报资料来寻找准客户的方法。这种方法主要是利用各种公开的资料来寻找客户。

可供查阅的资料有：电话簿及黄页广告、工商企业目录、各种年鉴、统计资料、团体会员名册、地图册、交通时刻表、产品目录、商标公告、银行账户、书报、杂志等。近年来，随着计算机网络技术的快速发展，互联网对企业营销的影响越来越大，电子商务已逐步成为一种十分重要的营销方式，因此，越来越多的企业建立了自己的网站并通过互联网发布相关信息。所以，通过网络查询客户信息是一种经济、快速、便捷的办法。

资料查阅寻找法的优点是成本低，比较可靠；缺点是有关资料的时效性较差。

六、市场咨询法

市场咨询法是指推销员利用市场信息服务机构所提供的有偿咨询服务来寻找客户的方法。信息时代充斥着大量的信息，社会上出现了许多专门收集市场信息的咨询机构，通过这些机构往往能获得许多有价值的信息。

利用市场咨询法寻找客户，方便快捷，可节省推销员的时间，但要注意咨询机构的可靠性。另外，咨询费用也是一个重要的问题。

七、电话寻找法

电话寻找法是指以打电话的形式来寻找客户的方法。采用该方法时一定要注意谈话技巧，要能吸引对方注意力并引发其兴趣，否则极易遭到拒绝。注意通话的时机和时间长短也非常重要。

八、其他方法

除了上面所介绍的方法外，推销员寻找潜在客户的方法还有很多，如市场调查法、推销员个人观察法、公共关系寻找法、广告寻找法、商业活动寻找法等。事实上，不同类型的推销员可以利用不同的方式从不同的途径寻找潜在客户，找到了合格的潜在客户，推销工作也就成功了一半。

任务二 客户资格审查

通过对潜在客户的寻找，推销员会获得一批用户及个人的名单，但这名单上的人是否都值得花费时间与精力进行接触与拜访还不一定。因为其中有的可能不具备购买的条件，有的则可能根本无力购买。因此，在开始实际的约见与谈判之前，应对客户的资格进行审查。客户资格审查是指推销员对潜在的客户的相关情况进行了解，以确定该对象成为准客户的可能性，它的实质是客户购买资格的审查。客户资格审查一般从四个方面进行，即客户购买需求审查、客户支付能力审查、客户购买权力审查和客户购买信用审查。

一、客户购买需求审查

客户购买需求审查的目的在于审查一开始所寻找到的准客户是否真正需要所推销的产品。如果一位推销员向一位根本不需要自己产品的客户进行推销，是难以成功的。因此，需求审查是进行客户资格审查的首要内容，此项如不成立，其他方面的评价则无必要进行。在实际推销工作中进行客户购买需求审查时，需要推销员运用大量的推销经验和有关知识，帮助客户寻找问题的根源，寻找解决问题的答案。客户购买需求审查的目的在于寻找真正的准客户，提高推销工作效率。事实上，人们的购买需求是多种多样的，也是千变万化的，因此，要想准确、可靠地把握推销对象的购买需求，并不是一件轻而易举的事。随着现代科学技术和社会经济的快速发展，人们的需求也在不断地变化，推销员只有不断开拓，才能不断找到新的客户。

在确定客户有需求之后，还要对其需求量作出评价。因为有的客户虽有需求但需求量极小，对其推销可能划不来，所以推销员推销的重点应放在需求量较大且有长期需求的客户身上。但在进行客户需求量估计时，既要看客户的现实需求，更要看客户将来的发展情况，尤其对后一种情况不应忽视。

二、客户支付能力审查

有潜在需求而没有支付能力的客户是不合格的客户，不能纳入现时的推销计划中。进行客户支付能力的审查可以打击商业诈骗活动，防止欠账、呆账与坏账的出现，降低风险，从而提高推销工作的实际效果。

客户支付能力审查的目的首先在于审查客户是否具有现时支付能力，即主要对客户的财务状况进行审查。对客户现时支付能力的审查主要是通过对客户现有收入水平、经营状况等进行调查、研究，并在此基础上做出估计和判断。这种审查可通过工商、税务等政府部门进行了解，也可通过银行、司法等部门了解。当然，推销员也可通过各种关系与途径从内部了解推销对象的支付能力。

对于一些确有需求而无现时支付能力的客户，还应进行潜在支付能力与延期支付能力的审查，一旦发现某个特定客户确实存在对产品的迫切需求，虽暂时无支付能力但具有潜在或延期支付能力，推销员应主动协助对方解决支付问题，如答应赊销或延期付款等。在客户困难时给予其帮助的推销员，肯定会受到客户的欢迎。如果这样做不保险，也可以适当延缓一下推销行动，待客户经济状况好转后再进行推销，但要注意与客户保持必要的联系。

三、客户购买权力审查

无论准客户是单位还是个人，最终与推销员洽谈的必定是一个具体的人，这个人必须拥有购买的决定权。与一个没有购买权力的人谈判，对推销员来说无疑是浪费时间和精力。因此，对客户购买权力审查的目的：一是寻找与确定真正有购买兴趣的客户；二是使推销员能直接面对有购买决策权的人开展推销活动，从而缩小推销对象的范围，避免盲目性，提高推销效率。

客户的购买权力在个人消费和团体消费中是不一样的。对个体消费来说，感情色彩比较浓，即非经济因素常发挥重要的作用。影响客户购买的非经济因素很多，主要有文化的、社会的、个人的、心理的四大类因素，其中文化因素是决定和影响客户需求和购买行为的最基本的因素。而究竟谁是购买的决策者，一般来说有几种情况：夫妻共商；有时是丈夫，有时是妻子；有时是丈夫出面，妻子幕后指挥；有时很难预料，如亲朋好友等都可能对购买决策有一定影响。因此，推销员要加强观察，根据具体情况，准确判断谁是核心人物。同时，在面对个体推销时，最好对任何人都客气有礼貌，不要冷待任何人。

对团体消费来说，首先要审查推销对象的决策运行机制、决策程序、规章制度等；其次要审查具体人物在企业购买决策中所扮演的角色。参与团体购买的有七种人，即倡议人、影响人、把门人、决策人、批准人、执行人和使用人，推销员应根据推销对象在其组织中的职务、权限、声望、人际关系等，审查他的购买资格，从中挑选有决定意义的关键人物进行推销。

四、客户购买信用审查

客户购买信用审查主要是对客户的主观态度作出评价，确认客户是否诚信，以保证货款的安全。对客户的信用审查不仅要了解新客户的信用状况，而且也要注意老客户信用状况的变化。

首先，推销员要慎重选择新客户。由于我国目前信用体系尚不完备，对于新客户，推销员一定要持谨慎态度，不要轻信对方的承诺。如果确实难以把握客户的信用情况，那么在交易中最好是坚持钱货两清的原则，待深入了解后再逐渐放宽，但一定要把风险控制在可承受的范围内。

其次，对老客户要随时观察其信用的变化情况。商场变化莫测，客户的主观、客观情况也在发生着变化。对于老客户的信用审查主要还是通过对支付能力的分析来判断。分析时一定要坚持原则，不要因为是老客户而将条件放得过宽，使付款时间一拖再拖，金额越积越大，最终使企业蒙受巨大损失。值得注意的是，现在有些诈骗犯就是采用一开始小额采购，很讲信用，在骗取到信任后，获得大批赊购物资而逃之夭夭。对此，推销员应时刻保持警惕。当客户不守信用时，要及时查清原因，及早采取对策，确保货款安全。

项目训练

◀想一想

1. 你认为哪种寻找客户的方法比较适合你的个性特点？为什么？

2. 如何防止因客户的信用不好而上当受骗？

3. 你认为该如何进行客户资格审查？

◀做一做

1. 示范一下用连锁介绍寻找法寻找客户。

2. 示范一下用电话寻找法寻找客户。

◀测一测

一、单项选择题

1. 利用各种广告媒体来寻找客户的方法，被称为（　　）。

A. 名人介绍寻找法　　B. 连锁介绍寻找法

C. 广告寻找法　　D. 挨门挨户访问法

2. 通过老客户的介绍来寻找有可能购买该产品的其他客户的方法，被称为（　　）。

A. 名人介绍寻找法　　B. 连锁介绍寻找法

C. 广告寻找法　　D. 挨门挨户访问法

3. 寻找潜在客户时，连锁介绍寻找法最突出的优点是（　　）。

A. 成功率较高　　B. 涉及客户范围广

C. 易掌握客户的反应　　D. 节约人力

4. 推销员利用参加会议的机会，与其他与会者建立联系，寻找客户的方法，被称为（　　）。

A. 会议寻找法　　B. 连锁介绍寻找法

C. 广告寻找法　　D. 挨门挨户访问法

5. 以打电话的形式来寻找客户的方法，被称为（　　）。

A. 电话寻找法　　B. 连锁介绍寻找法

C. 广告寻找法　　D. 挨门挨户访问法

6. 信函寻找的优点是（　　）。

A. 成功率较高　　B. 节约人力、物力和财力

C. 企业易掌握客户的反应　　D. 覆盖的范围比较广

7. 选择恰当的企业，与之签订代理合同，确定代理业务，使其成为本企业的代理点。这种寻找潜在客户的方法被称为（　　）。

A. 设立代理寻找法　　B. 连锁介绍寻找法

C. 个人观察寻找法　　D. 挨门挨户访问法

8. 委托与客户有联系的专门人士协助寻找客户的方法，被称为（　　）。

A. 委托助手寻找法　　B. 连锁介绍寻找法

C. 个人观察寻找法　　D. 挨门挨户访问法

二、多项选择题

寻找潜在客户的方法包括（　　）。

A. 名人介绍寻找法　　B. 连锁介绍寻找法

C. 广告寻找法　　D. 挨门挨户访问法

三、实践操作题

1. 请结合案例和所学的知识回答问题。

维兰空调公司为了迎接新的销售高峰的到来，决定招聘一批新的推销人员。在众多的应聘者中，李丽成为20名幸运儿中的一员。为了证明自己的能力，李丽决定尽心尽力地做好这份工作。万事开头难，首先得做好充分的准备工作。李丽相信，只要朝着一个目标，在一定推销原则的基础上坚定地走下去，一定会获得成功。李丽认为，空调应该是理性商品，只凭三寸不烂之舌是打动不了消费者的，这时推销员还应该扮演技术员和咨询员的角色。如果能掌握一定的专业知识，就会起到事半功倍的效果。于是，李丽通过各种渠道全面掌握了空调的一些基本技术和知识。但是客户在哪里呢？她先从大处着眼，圈定了推销对象的所在范围，然后列出潜在客户的名单，最后对潜在客户进行分类，挑选出最有希望成交的客户。她对自己充满信心。

问题：

（1）请列出十种寻找潜在客户的途径。

（2）结合案例谈谈广告寻找法的优缺点是什么。

2. 请结合案例和所学的知识回答问题。

小张是某财务软件公司的业务员，公司让他在一个月内走访该市的各个公司，推销公司的财务软件。

问题：

（1）请问小张采取的是哪种寻找潜在客户的方法？该方法的特点是什么？

（2）请列举出其他寻找潜在客户的方法。

项目四
客户约见与拜访

【建议学时】

4 学时

【学习目标】

知识目标

- 掌握约见前的准备工作、约见客户的方法
- 掌握接近客户的准备工作、接近客户的方法

能力目标

- 具备熟练应用约见方法的能力
- 具备成功接近客户的能力

素质目标

- 有助于锻炼学生的忍耐能力
- 有助于培养学生的慎独精神和团队合作精神
- 有助于培养学生的职业洞察力

【营销师考点】

- 接近客户的方法

【案例导入】

黄新宇在拜访 A 公司时，每次都是扫兴而归。A 公司的马经理不是外出就是开会，他拜访了六次都无功而返。但黄新宇毫不泄气，决心继续拜访，不达目的誓不罢休。同时，他认为，用打电话或写信的办法事先通知对方是不妥当的，因为他担心遭到对方拒绝而令自己难堪。你会采取与黄新宇一样的办法吗？你能给黄新宇提出更好的解决办法吗？

任务一 客户约见

一、推销约见前的准备工作

在做好客户资格审查工作后，推销员手中就有了一份较可靠的潜在客户的名单。在约见客户之前，推销员必须做好相关的准备工作。准备工作是推销工作的一部分，推销员要详细地制定每次拜访的具体计划，同时还要对客户和所推销的产品进行分析，这个计划包括：

（1）客户是谁？客户的姓名、性别、职务、特点、爱好、问题、愿望、要求。

（2）客户需要什么？主要的购买动机、购买政策、态度、阻力、反对意见。

（3）我能提供些什么？产品、其他服务、业务磋商。

（4）我应该如何推销？洽谈要点、注意力、兴趣、购买欲望、购买行动、特殊点。

（5）我要达到什么目的？推销、促使客户作出决定、影响、介绍情况。

推销员在拜访一位客户以前，需要冷静、认真地思考，把所有的推销要点再检查一遍。下列几点是推销员要检查的重点：

（1）你知道你所推销的产品质量是优良的。

（2）它对客户的用处很大。

（3）你的拜访有益于客户。

（4）即使再难对付的客户，通过努力你也能够与他达成交易。

推销员要充分调动自身的一切积极因素，积极性是有感召力的。

（一）约见前准备工作的必要性

许多推销员常常低估约见前准备工作的重要性，不愿意花费时间做准备工作，但推销专家普遍认为约见前准备工作的主要目的是进一步审查准客户的资格，设计约见客户的最佳方案，制定推销面谈计划，避免推销工作中的重大失误，增强推销员的信心。

（二）做好心理准备，克服访问恐惧症

访问恐惧症是一种普遍存在的紧张心理状态，其原因是对客户的反应没有把握，自我意识太强，太过于关心别人对自己的看法或评价，总希望被人喜欢、受人尊敬和欢迎。中国人以爱面子著称，访问恐惧症自然会更严重一些，所以更应该给予重视。

访问恐惧症主要包括：担心去的时间不对，干扰客户，惹人反感；担心话题不对，冒犯或触怒客户；担心说服无力，打动不了客户；害怕见大人物和社会名流，自卑感强等。克服这些担心或恐惧的最好办法是深入了解客户和做好准备，对客户了如指掌就会信心十足、说话得体和说服有力。此外，推销员不能太要面子，不要过分关心别人对自己的看法，当然这并不是说不要道德和尊严。

（三）约见客户应准备的内容

约见不同的客户应准备不同的内容：

（1）约见法人购买者的准备内容：包括组织的全称、简称、经营机制、所在地点及交通、生产规模、法人代表、主要决策人物的姓名、组织状况、经营及财务状况、购买行为状况、关键部门与关键人物等。

（2）约见个人购买者的准备内容：包括姓名、性别、文化程度、家庭及其成员情况、需求内容、支付能力、个性、态度等。

（3）约见熟悉客户的准备内容：熟悉客户对于推销员来说是比较固定的买主，推销员应随时掌握对方的情况变化，在拜访前特别要掌握对方的长相、个性、爱好、特长等。

（四）准备方法

以上约见准备工作的有关内容往往是较难获得的，这就需要推销员做一个有心人，可通过其他推销员、朋友、自己观察及找内线等多种方法收集资料，同时，平时应养成记录的习惯。

有效使用推销用具也是十分重要的，可以说不带推销用具而去拜访客户，就如同打猎没有子弹一样。用好推销用具可以对难以用语言表达的内容给予直接的说明，有助于加深客户对介绍的印象和记忆。对于新推销员而言，用具的帮助更大，可以弥补语言表达能力之不足和对业务情况不熟悉的缺点。

拜访客户时，推销员本身所需的用具包括皮包、记录本、访问计划、客户档案、价格目录等，用于接触客户和介绍的用具有名片、介绍信、商品目录、说明书、价目表、样品、小礼品等。

二、约见客户

在拜访客户前，推销员经常遇到这样的困惑：我该不该把我的拜访告诉客户呢？许多

人认为对这个问题很难作出一个肯定的回答。但有一点是明确的，如果你把拜访之事事先告诉客户，客户就不会拒绝你的拜访，也不会利用这一机会提出反对购买的理由。如果你事先让客户知道了你的拜访，就可以节省时间和精力，同时还可以在客户认为比较合适的时间去拜访他，这样有利于面对面的接触，有利于加深印象、加深了解。这样，你的谈话就会受到对方的重视，也比较有说服力。假如你是顺路拜访客户，那就会受到冷遇，即使你郑重其事，也不会受到客户的重视。因此，我们认为事先约见客户利大于弊。

如果你已经知道某客户只会在约定好的情况下才会见推销员，那你千万不要在没有约见的情况下就去拜访他，除非你想把事情弄糟。在拜访这类客户时，请注意不要使用欺骗手段，不要为了想见这位客户就对他的下属撒谎："我有一些重要的事要亲自告诉他"、"我是某某人的朋友"、"我跟他约好了"。这样做是不负责任的，也是愚蠢的，这种欺诈行为迟早会被揭穿，它会严重影响客户对你和你推销的产品的看法。

（一）约见的意义

约见的意义在于：

1. 约见有利于推销员成功地接近客户

在许多情况下，由于种种原因，客户都不愿意接见突然来访的推销员，以免干扰自己的日常工作，打乱工作计划。如果能事先征得客户的同意，客户就会在接见之前调整工作计划，安排专门的时间与推销员会面洽谈。因此，约见可以消除由于自己的来访而给客户带来的麻烦，从而取得客户的信任和支持，为推销成功创造良好的开端。

2. 约见有利于推销员顺利地开展推销洽谈

通过约见，使得双方都能做好一定的思想准备，这样便于在洽谈一开始，就采用开门见山的办法讨论客户的问题、需求和愿望。这样做可以一举三得：节省时间；造成一种友好气氛；顺利开始推销工作，有助于达成交易。

3. 约见有利于推销员合理地利用时间，提高推销效率

推销员如果未约见就直接上门拜访，很可能见不到拜访对象；或者即使见到了，客户也因忙于其他事务而无暇接待；或接待了也敷衍了事，使推销员白白浪费了许多时间。如果双方能事先约定，推销员按照约定前去拜访，基本上可以避免这种情况的出现，从而使推销时间得到合理利用，提高推销的效率。

（二）约见的内容

约见是推销洽谈的准备阶段，其主要内容取决于拜访活动的客观要求。事实上，由于推销员与客户的关系不同，约见内容也有所不同。例如：对于老客户，约见内容力求简短，或许只提前打个招呼就行了，不必过于客套；对于来往不多的客户，约见内容应稍为详细，时时提醒客户，加强双方联系，发展购销业务关系；对于新客户，约见内容应尽量

详细、周到，让对方感到你不会花对方很多时间，你的推销对他可能是有益的。此外，约见内容还取决于准备情况。一般来说，约见的主要内容包括：

1. 确定约见对象

我们应该找谁去推销？这是首先应该明确的事。理论上来讲，推销员在开始约见之前就已选定约见对象，但在实际的推销工作中，推销员往往发现自己无法直接约见推销对象。推销员应尽量设法直接约见具有购买决策权的对象，但事实上，许多具有决策权的对象往往把“约见”这类“日常性事务”全权委托给秘书、部下或接待人员处理。在进行约见时，推销员应尊重有关接待人员，把他们当作同等重要甚至更加重要的“要人”，设法取得他们的合作与支持，绝不可怠慢，更不可以置他们于不顾。

要向“权力”先生推销，不要向“不适当的人”推销，这是推销员的基本信条之一。虽然有些“要人”很难接近，但并不是绝对无法约见。由于现代化大生产的迅速发展，市场竞争越来越激烈，造成了市场垄断和资本集中，购买决策权越来越集中到少数人的手里，引发推销方式的巨大变化。传统的“下层推销”方式逐渐发展成为现代的“上层推销”方式，尤其在一些大企业里，这种新的推销方式甚至有取代传统方式的趋势，企业的董事长、总经理等重要人物亲自出马，开展所谓的顶层推销。今天，企业界的“要人”之间的“高级推销”已是一种常事，政府要员甚至国家首脑之间的“超级推销”也已开始盛行起来，许多政界要人已成为商界的推销能手。那些能够影响消费的专家、学者能够创造新的生活方式，领导新潮流的歌星、影星、体育明星等都乐于充当“模特儿”，成为推销的明星。

确定约见对象的方法很多，如追踪调查法、逻辑推理法等。

2. 确定访问事由

确定约见对象以后，接着就要向对方说明访问事由。不言而喻，推销访问的目的是向客户推销产品。但推销员的使命不仅仅是推销产品，而且还要进行市场调研、收集信息、传递信息、为客户服务等多项工作，并且在不同的推销阶段，约见的目的也是不同的。

一般说来，现代推销员约见客户的目的不外乎以下几种：

（1）正式推销：访问的目的是直接向客户推销产品。

（2）市场调查：在正式推销前的“投石问路”。

（3）提供服务：现代推销活动与各种销售服务已不可分割地联系在一起。在实际的推销工作中，利用提供服务作为访问的事由来约见客户，往往较受客户欢迎。这样既可以建立推销员的商业信誉，也为今后的推销开辟了道路。

（4）签订合同：经过多轮的洽谈，双方已基本达成共识，准备签署正式合同。

（5）收取货款：利用收款作为访问事由，对方无法推托，但推销员也应注意，既要防止呆账、坏账的产生，又不要过于逼账。

（6）促进相互关系：在市场竞争激烈的推销环境里，推销员甚至企业领导应经常走访用户，征求意见，密切主顾关系，固定客户群。

每次访问的事由可以不同，应视推销活动的具体情况而定；每次访问的事由也不宜过多，以 1～2 项为好。

3. 确定访问时间

访问时间的确定是约见的又一项主要内容。约见的主要目的之一就是节省推销员和客户的时间。从推销实践来看，访问时间不妥当，直接影响整个推销工作的成败。本着服务客户的推销精神，在约定访问时间时，推销员应尽量替客户着想，约见的重要任务之一就是选择最佳的访问时间。但是，在实际推销工作中，并没有一个适合于所有推销对象的最佳访问时间，访问的对象不同、目的不同、方式不同、地点和路线不同，访问的时间也就有所区别。

推销员在确定访问时间时应注意下列问题：

(1) 掌握主动权。搞好推销工作的一项十分重要的原则是：推销员任何时候都应该掌握主动权，而不应该让客户掌握主动权。如果客户说他给推销员打电话，推销员应该接过话头，把打电话的任务承担过来。如果客户说他以后再找推销员，推销员应主动与客户联系。是由推销员提出洽谈时间，还是由客户决定洽谈时间？一般说来，让客户自由选择时间是一种没有必要的客气。因为对客户来说，提出具体时间的这种建议比较容易接受，而当推销员泛泛地问客户什么时候有空时，客户总觉得他的时间表安排得满满的。客户经常要求推迟访问时间：我这个星期没空，请你以后再来吧。无论如何，你还是应该设法与客户约定一个具体的洽谈时间。可以问：我星期五再给您打电话，看您下星期一下午有没有空，好吗？如果客户同意你星期五给他打电话，看他是否有空，你可以这样问：我们能否暂定星期五见面，比方说星期五上午 10 点 45 分，您看怎样？如果到时您没空的话，可以告诉我，那样我就不用打电话麻烦您了。

(2) 尽量替客户着想。首先，推销员应根据访问对象的特点确定见面时间，避免在客户忙碌的时间内约见。例如：星期一上午一般不宜访问团体客户，不宜在做饭时间拜访家庭主妇。其次，推销员应考虑访问对象的心情，尽可能避免在客户心情不好或情绪不佳的时候登门拜访。推销员应充分考虑客户的个性与行动规律，设身处地地为客户着想，尊重对方的意愿，双方共同商定约见时间。推销员向客户建议的时间应当有选择余地。推销员不应该问客户"星期二上午十点半有没有空"，而应该问客户"什么时候拜访您比较合适，是星期二上午十点半还是星期四下午？"在给客户提出两个时间供他选择时，其中一个时间应是比较具体的，而另一个时间应相对较长，有弹性。具体时间最好能具体到分，这样可使客户认为你的访问时间不会太长。

(3) 根据不同的访问目的选择确定见面时间。如果是为了推销，应选择有利于达成交易的时间约见；如果是进行市场调查，应选择市场行情变化大、客户面临多种选择时约见；如果是收取货款，则应在客户资金周转良好、账面有余额时约见。

(4) 讲究信用，准时赴约。在一般情况下，时间一经约定，推销员就应严格守约，准时赴约。万一出现意外情况，必须立即设法通知客户，或推迟，或改日；如无法及时通知，则应在事后尽快说明失约原因，表示歉意。从现代推销学的观点来看，守约是讲究推销信用的一个重要方面，是推销道德的基本体现，是文明推销的客观要求。从推销心理来说，失约会制造不良的推销气氛，不利于进一步推销，甚至受到客户的冷遇或拒绝。

（5）合理利用访问时间，提高推销访问效率。在实际推销中，无论约见时间如何肯定，在推销员正式接近客户或正式转入洽谈之前不得不等待一段时间，因为客户可能正忙于他事。对于客户来说，推销员只不过是等上几分钟或几十分钟，但对推销员来说，几乎每次访问都要等待，长年累月地等待占用了大量的推销时间。因此，推销员应合理利用难以避免的等待时间。推销员应该用工作来充实自己的等待时间，这样既可以克服在等待中易产生的各种不良情绪，又可使接待人员和客户感到推销员也很忙碌，从而可能缩短继续等待的时间。

4. 确定访问地点

和访问时间一样，访问地点的选择也要视具体情况而定。选择的基本原则是方便客户，有利于推销。在选择访问地点时，一般要注意以下几个方面：（1）应照顾约见对象的要求，尽量满足客户的愿望。（2）最常用、最主要的访问地点是办公室和家里。但办公室往往干扰较大，不利于洽谈。如果有专门的洽谈室或会议室，选在这种地方较合适，可使双方都静下心来进行洽谈，有利于洽谈的深入进行。家里是比较理想的洽谈地点，但推销员需取得客户的同意，如果客户不情愿，不可强求。（3）公共娱乐场所只能作为礼节性拜访、初次认识、联络感情的场所，一般不作为实质性谈判的地方。

（三）约见的方法

如果你想拜访客户，你应采取什么方法与客户联系拜访事宜，是写信还是打电话？在客户对你、你的公司或你推销的产品都不了解的情况下，最好的办法是先给客户写一封情况介绍信，然后再打一个电话。如果你不知道能否在电话里说清楚，或者不能在电话里约定洽谈时间，那么还是写信为宜。当然，你不能用“我非常高兴如果您能告诉我什么时候拜访您合适”这样的话作为信的结尾。比较好的结尾是：“我将打电话问您，我什么时候可以拜访您？”或“我下星期二拜访您是否合适？”如果你担心打电话会遭到拒绝，你的信的末尾可以这样写“本星期五下午 2 点 20 分我将冒昧拜访您，时间不会太长。如果时间不合适的话，您可以让您的秘书告诉我。在此谨表歉意。”不要以为客户不回答就是默许，到时候他也许会拒绝与你见面，不过出现这种情况的可能性不大。

在给客户打电话约定洽谈时间时说话要简明扼要。例如：“我是张山，我准备到您办公室拜访您，时间不会超过 10 分钟。我准备向您介绍一种有吸引力的产品，我什么时候到您那里比较合适？明天上午 10 点 45 分还是后天下午？”如果客户询问你代表哪一家公司或你要推销什么产品，你可以详细告诉他。如果你的公司是知名企业，应该主动报出公司名称。关于产品问题就不那么容易回答了，因为电话中不适宜详细介绍产品，所以你最好避免直接回答这个问题，但你必须做好回答这个问题的准备，最好能用简短的回答引起客户的兴趣，促使他想进一步了解你的产品。一种错误的回答是“我想您会对我们的×××产品感兴趣的”，另一种错误是在电话里说得太细，以致再进行面谈已无必要。一个熟练的推销员会这样回答：“我很愿意在电话里把所有的情况都告诉您，但我还有一些资料请您过目。”

除了采取写信和打电话等方式外，推销员还可采用面约、托约、广约等多种方式。推销员应根据具体情况确定约见的办法，一切因人而异、因事而异、因时而异、因地而异，各种约见方法可以结合使用，互相补充。

任务二
客户接近

所谓接近，从推销的角度来讲，是指推销员正式接触客户的一个步骤。在接近客户时，推销员的主要任务是简单介绍自己和有关企业的背景、概况以及被推销产品的特点和利益，引起客户的注意和兴趣。同时，在接近过程中，了解客户的需求或问题，帮助客户确定其真实的购买动机，提出适当的购买建议，以满足其需求，解决其问题。可见，接近是一种双向沟通过程。在实际的推销活动中，成功的接近不一定都能促成交易，但成功的交易往往需要成功的接近作为前奏。接近客户这一步骤的核心任务是唤起客户的主意。

一、接近客户的方法

从推销实践来看，推销员接近客户的时间不能太长，一般不要超过 15 分钟，时间过长会引起客户的反感。接近的主要目的在于引起客户的注意和兴趣，成功地转入面谈阶段。客户的注意和兴趣是推销的必要条件，高度集中的注意和浓厚的兴趣可以营造有利的推销气氛。推销员接近客户的方法有：

（一）介绍接近法

介绍接近法是指推销员通过自我介绍或他人介绍而接近客户的方法。具体分为：

1. 自我介绍法

这是推销员最常用的方法，即推销员通过口头介绍让客户了解自己的姓名、身份、背景、来访的目的等，然后主动提供能证明自己身份的证件，如名片、介绍信、证件等，进一步加深客户的印象。如今，名片是接近客户时常用的证件，因此适时递上一张设计考究、印刷精良的名片，既可以让客户尽快了解推销员，又便于迅速缩短与客户的距离，但要注意递送名片的时机和礼仪。

推销员接近客户时，最初几分钟给客户留下的印象会给双方的关系奠定基础。心理学家发现，推销介绍的前十秒钟里所获得的注意比后十分钟内获得的注意还要多，所以推销员应该讲究仪表、神态和开场。

2. 他人介绍法

如果客户是你的上司、同事、朋友等熟悉的人，或者他们是客户所尊敬的人，你就应该让他们做你的介绍人。在接近客户时，介绍人的一张便条、一封信、一个电话或一张名片，就可以使你轻松地接近客户，如能由介绍人亲自引见则效果更好。介绍人所起的作用大小要看推销员、客户与介绍人关系的密切程度。推销员应努力扩大自己的社交圈，争取有关人员的帮助和推荐，但应尊重介绍人的意愿，不能强人所难。

一般说来，除非经过事先约见，否则他人介绍法很难引起客户的注意和兴趣，也不容易转入正式面谈。他人介绍法是最常用、但收效甚微的接近法。在实际推销中，应配合其他方法来使用，而不宜单独使用。

（二）产品接近法

产品接近法是指推销员直接利用所推销的产品引起客户的注意和兴趣，从而顺利进入推销洽谈的方法。这种方法最适合于具有新颖特色的产品的推销。颜色鲜艳、功能多样、造型独特的产品，容易吸引客户的注意力并诱发客户的询问。

不过，采用这种方法需要具备一定的条件：

（1）产品必须具有一定的知名度或吸引力。

（2）产品精美轻巧，便于携带。

（3）产品是有形的实体。

（4）产品质量优良，不怕客户反复摆弄、触摸。

尽管产品接近法有一些缺点，但只要使用得当，仍是比较有效的接近方法。如果配合其他方法使用，收效更佳。例如：当一位姑娘试穿服装时，推销员应适时赞美一句“真漂亮”。

（三）社交圈接近法

社交圈是指相互接近的人际关系。在现实生活中，每个人都以自己的方式接近他人，形成一定的社交圈，处在社交圈里的人具有良好的人际关系，相互之间比较容易接近。就人类共同的自然联系而言，整个人类便是一个大社交圈，这个世界就是一张由许多社交圈编织起来的巨大的社交网。

从社交理论上讲，接近是给人留下第一印象的时机，而第一印象是人们形成偏见和成见的主要原因之一。因此，如何给客户留下美好的第一印象是推销员必须研究的一件大事。

从推销学的角度来讲，不同阶层的人具有不同的需求和支付能力，而不同级别的推销员则需要接近不同的客户。推销员接近推销对象的层次和水平，在一定意义上代表着推销员的推销水平。在实际的推销工作中，推销员如能熟练地运用社交圈理论，正确使用接近方法，灵活机动地接近客户，就可以打进各种社交圈，成功地接近各类客户。

（四）利益接近法

利益接近法是指推销员抓住客户追求利益的心理，利用所推销产品的实惠引起客户的注意和兴趣，进而转入面谈的方法。一般说来，人们总希望在购买活动中获得一定的利益，包括增加收益、减少成本、发财致富等，利益接近法正是利用了人们的这种心理。

采用利益接近法时，推销员首先要使客户认识到购买产品所能获取的好处，紧紧扣住客户的心弦，使客户欲罢不能，只得接近推销员。在实际的推销工作中，一般客户很难在一开始就认识到购买推销的产品所带来的利益，同时为掩饰求利心理，也不愿意主动向推销员询问，往往装出一副不屑一顾的神情。如果推销员在接近客户时立即提示产品利益，一语道破天机，可以使产品的内在功效外在化，有助于客户对推销品的认识，迅速达到接近目的。

在使用利益接近法时，推销员应注意：（1）产品利益必须符合实际，不可夸大；（2）产品的利益必须是可以证明的，才能取信于客户。

总之，利益接近法是一种比较可行的接近方法，主要适用于推销各种消费品或具有较大实惠的产品，尤其适用于推销那些效益重大而又不为人知的新产品，如节能产品等。

（五）好奇接近法

好奇接近法是指推销员利用客户的好奇心去接近客户的方法。现代心理学的研究表明，好奇与探索是人类行为的基本动机之一，好奇驱动力是一种原始性动机。当人们遇到好奇的事物或处于新的环境时，往往会表现出注视等行为。

唤起客户好奇心的办法是多种多样的，推销员必须根据具体情况来设计具体的接近方法。在设计时应注意下列问题：

（1）无论推销员用语言、动作或其他方式引起客户的好奇心理，都应该与推销活动有关。

（2）必须做到真正的出奇制胜，否则就会弄巧成拙，增加接近的困难。

（3）方法应该合情合理，奇妙而不荒诞。

（六）震惊接近法

震惊接近法是指推销员利用令人吃惊的事来引起客户的注意和兴趣，进而转入面谈的方法。这种方法符合少数人认识事物的心理习惯。在实际生活中，确实存在许多令人吃惊但不为人所知的客观事物。有些人明知客观事实的存在，却熟视无睹。更有甚者，他们泥古不化，因循守旧，拒绝接受新观念，拒绝购买新产品。推销员有必要使这些人震惊一下，清醒一下他们的头脑，击溃他们的心理防线，顺利接近客户。

在使用震惊接近法时，推销员应注意：

（1）无论推销员用什么手段来震撼客户，都应该与推销活动有关。

（2）这种方法首先必须使自己震惊，确保奏效，一鸣惊人。

（3）应该适可而止，不应该让客户害怕。

（4）讲究科学，尊重客观事实。

（七）表演接近法

表演接近法是指推销员利用各种戏剧性表演来引起客户的注意和兴趣，进而转入洽谈的方法。这是一种比较古老的接近方法。使用这种方法时，推销员就是戏剧演员。

在实际推销工作中，推销员应注意：

（1）表演必须有戏剧效果，要能引起客户的注意与兴趣。

（2）表演应自然合理，打动人心。

（3）推销员应尽量使客户进入剧情中。

（4）表演过程中的道具最好是推销品。

（八）提问接近法

提问接近法是指推销员利用直接提问来引起客户的注意和兴趣，进而转入洽谈的方法。在实际推销工作中，提问接近法常与其他方法配合使用。推销员可以首先提出一个问题，然后根据客户的反应再提出其他问题，使对方无法回避。从理论上讲，提问接近法符合推销过程发展的一般规律。一方面，适当的提问可以引起客户的注意和兴趣，顺利转入洽谈；另一方面，推销员应该帮助客户发现问题、思考问题、解决问题。

在实际工作中，推销员应注意：

（1）问题应表述明确，避免使用含混不清或模棱两可的词句。

（2）问题应尽量具体，做到有的放矢。

（3）问题应以客户需求为重点。

（4）问题应重点突出。

（5）问题的提出应有较大的回旋余地，应全面考虑。

总之，提问接近法是一种比较常用而又有效的方法。以提问方式接近客户，帮助客户找出问题、研究问题，然后提供答案、解决问题，这正是现代推销观念的具体体现。发现了问题就找到了客户，成功的提问就是成功的接近，适当的答案就意味着成交。

（九）调查接近法

调查接近法是指推销员利用调查机会接近客户的方法。由于现代生产和消费一体化的迅速发展，推销员的信息媒介作用越来越重要。事实上，推销调查既是为厂家服务，又是为消费者服务；既有利于推销员收集市场情报，又有利于客户获得最佳推销服务。基于这一观念，推销员可以满怀信心地接近客户。只要推销员本着全心全意为客户服务的推销精神，切实做好推销准备，运用适当的调查方法，就一定可以成功地接近客户。

在采用调查接近法时，推销员应注意：

（1）推销员应运用专业知识及专业技能提出具体的调查对象与内容，争取客户的支持与协助。

（2）做好调查准备，尽量消除顾客的戒备心理。

（3）应使用科学的调查方法与技巧。

（十）赞美接近法

赞美接近法是指推销员利用客户的求荣心理来引起客户的注意和兴趣进而转入洽谈的方法。在实际生活中，每个人都有一些自以为是的东西，人们为此感到自豪和骄傲，并且希望为人所知、为人承认、被人提起、受人称赞。既然人们具有被承认和被赞美的需求，推销员就可以利用这一动机，承认客户、赞美客户、接近客户。而在美好的现实生活中，确实有许多值得赞美的东西，推销员应该热爱生活、赞美生活，主动挖掘客户身上一切美好的东西。

当然，推销员在进行赞美时应注意：

（1）尊重客户，讲究赞美方式。

（2）赞美应尽量切合实际，避免冒犯客户。

（3）赞美时态度要诚恳，语气要真挚，要使客户感到心情舒畅。

（4）要符合客户心理。

（5）要克服自卑心理，慷慨地赞美客户，不要吝啬赞美的语言。

在实际的推销活动中，推销员应认真做好接近准备，找出客户的优点，用真诚的语言加以适当赞美，千万不要吝啬你的赞美，不要以为抬高对方就是贬低自己，但也不可过分吹捧。只要推销员能真诚地赞美客户，就一定可以设法接近客户，顺利进入洽谈。洽谈过程中适时地赞美客户，更有利于促成交易。

请教接近法

请教接近法是指推销员利用向客户请教的机会来接近客户的方法。一般说来，人们不会拒绝登门求教的人，就像老师不会拒绝好学的学生一样。特别是有些客户自恃清高、目空一切、唯我独尊、很难接近，但这类客户内心空虚、喜好奉承，推销员若能登门求教，自然会受到欢迎。

在使用请教接近法时，推销员必须注意：

（1）分析推销环境，明确推销重点。

（2）神情专注，洗耳恭听。

（3）美言在先，请教在后。

（4）请教在前，推销在后。

（5）请教过程中应注意分析客户的讲话内容，从中发现机会，进而确定推销重点。

馈赠接近法

馈赠接近法是指推销员利用赠品来引起客户的注意与兴趣，进而转入洽谈的方法。馈赠接近法符合一些客户求小利的心理。一般说来，人们总希望无偿地获取一些东西。甚至有的西方学者认为，贪小便宜是人类共同的心理动机，馈赠接近法正是利用了这一动机。这种看法虽然很片面，但也不无道理。

从实际推销工作来看，馈赠接近法有利于推销员接近客户，造成融洽的推销气氛，发展双方关系，有利于促进推销。但在实际应用中，馈赠接近法往往会碰到许多棘手的问题，使推销员望而生畏。其实，只要严格遵守国家的有关规定，正确运用馈赠接近法，也是无可非议的。

一般说来，在使用馈赠接近法时，推销员应注意：

（1）慎重选择馈赠礼品，投其所好。

（2）礼品仅用作接近客户的见面礼与媒介，绝不能当作恩赐客户的手段。

（3）不可把馈赠变成贿赂（应注意礼品的价格不能太贵）。

（4）礼品尽量与推销的产品有某种联系。

聊天接近法

聊天接近法是指推销员利用各种关系和机会主动与客户搭讪而接近客户的方法。每个人的社会联系总有一定的局限性，个人社交圈远不能适应推销接近圈的客观需求。因此，推销员必须跟个人社交圈以外的人打交道，不断结识新朋友、接近新客户。在实际推销工作中，推销员必须主动与客户搭讪，充分利用各种关系和机会，随时随地接近客户。

在使用聊天接近法时，推销员应注意：

（1）找准对象，主动接近客户。

（2）选准时机。

（3）树立信心，积极主动。

（4）尽量紧扣主题。

反复接近法

反复接近法是指推销员在一两次接近不能达成交易的情况下，采用多次销售拜访来接近客户的方法。该方法一般在交易额度较大的生意中采用。采用该方法时，一方面，要求推销员有恒心、有信心；另一方面，推销员要特别注意与客户建立起良好的人际关系。通过反复接近将交易关系变成朋友关系，以促进交易的达成。

服务接近法

服务接近法是指推销员通过为客户提供有效并符合其需求的某项服务来博得客户的

好感，赢得客户的信任来接近客户的方法。具体的服务内容包括维修服务、信息服务、免费试用服务、咨询服务等。采用这种方法的关键在于服务应是客户所需要的，并与所销售的产品相关。

二、实施各种接近法时的注意事项

接近是实质性推销活动的开始，推销员应充分注意推销接近。在实施各种接近法时应注意：(1) 推销员必须以不同的方式去接近不同的客户，这是一个基本的原则。(2) 接近客户时要减轻客户的心理压力，避免向客户硬性推销。(3) 接近客户时应讲究必要的推销礼仪，文明接近客户。(4) 推销员应注意控制接近时间，不失时机地转入正式洽谈。(5) 推销员必须具有接近客户的勇气和信心，克服接近恐惧症。

总之，接近是推销过程中的一个重要环节，是决定整个推销工作能否成功的一个关键步骤。寻找客户是为接近指明方向，而客户资格审查、接近准备和约见都是接近的前奏。推销员应灵活运用各种接近方法，打进各类接近圈，以不同的方式去接近不同类型的推销对象。在正式接近客户时，推销员应始终保持勇气、信心、耐心、礼貌、诚心，保持良好的心态，关心客户，消除客户的心理压力，取得客户的好感和信任。只要推销员从大处和远处着眼，严于律己，宽以待人，就会影响、感染和教育客户，顺利接近客户。

【案例分析】

冯永中的工作是向建筑承包商推销建筑材料。关于推销工作，他曾这样说道："有时候，我真头疼，不知道该怎么办才好。往往在我还没有设计好洽谈的主要内容时，客户就打断我的话，他要我送一份书面的销售建议给他看。"

思考：

(1) 客户的这种反应能说明推销员的工作是不必要的吗？

(2) 你如何防止这种情况的出现？碰到这种情况时你会怎么办？

项目训练

想一想

1. 在什么情况下，你应事先通知客户你去拜访他？在什么情况下，又可以不必告诉他？

2. 在商定业务洽谈时间时，为什么要提出两个约会时间供客户选择呢？

3. 在对客户进行第一次拜访时，你应拜访何人？是真正的客户还是名义上的客户？

4. 接近客户的目的是什么？

5. 接近客户时要注意哪些方面？

6. 怎样才能避免在走廊同客户开展业务洽谈？

做一做

1. 示范一下用电话约见客户。

2. 制定一份接近目标客户的方案。

测一测

一、单项选择题

1. 推销员利用产品的某些特征来引发客户的兴趣，从而接近客户的方法，被称为（　　）。

A. 产品接近法　　B. 介绍接近法

C. 社交圈接近法　　D. 馈赠接近法

2. 通过推销员的自我介绍或他人介绍来接近客户的方法，被称为（　　）。

A. 产品接近法　　B. 介绍接近法

C. 社交圈接近法　　D. 馈赠接近法

3. 介绍接近法的缺点是（　　）。

A. 对产品的要求比较高

B. 接近客户太突然，双方没有感情基础和同化目标的中介

C. 不符合国家的有关政策规定

D. 易引起客户的反感

4. 推销员通过引发客户的好奇心来接近客户的方法，被称为（　　）。

A. 好奇接近法　　B. 请教接近法

C. 问题接近法　　D. 调查接近法

二、多项选择题

1. 推销员在接近客户时要完成的任务包括（　　）。

A. 了解客户的具体需求　　B. 了解客户真正的购买动机

C. 向客户介绍自己和企业的有关情况　　D. 引起客户的注意和购买的兴趣

2. 接近客户的方法包括（　　）。

A. 赞美接近法　　B. 反复接近法

C. 服务接近法　　D. 利益接近法

3. 产品接近法适用于（　　）。

A. 具有某些吸引力和突出特点的产品　　B. 便于携带的产品

C. 习惯性购买的产品　　D. 寻求多样化的产品

4. 推销员在示范过程中应该（　　）。

A. 邀请客户加入　　B. 适时采用新奇的动作

C. 有选择地示范产品　　D. 只顾自己操作而不注意客户的反应

三、实践操作题

请结合案例和所学的知识回答问题。

小王是一名打字机推销员，在做好充好的推销准备工作以后，他决定拜访客户。为了顺利达到拜访目的，他制定了一个周密的拜访计划，并决定采用信函法来约见客户。10月24日，他顺利地与客户见面。小王认为客户的兴趣主要集中在打字机的使用价值上，他通过精彩的示范使客户了解了该品牌打字机的优良性能。小王进一步激发了客户的购买欲望，取得了成功，与客户签订了一份500台打字机的销售合约。

问题：

（1）一般说来，示范存在缺陷的原因有哪些？

（2）你认为在介绍产品时，客户对产品的兴趣集中点主要有哪些？

项目五
推销洽谈

【建议学时】

14 学时

【学习目标】

知识目标

- 掌握推销洽谈的基本原则、推销洽谈各程序的具体内容和要求
- 掌握每个洽谈阶段可以使用的洽谈策略
- 掌握提问、叙述、答复、倾听和说服等语言技巧
- 掌握顾客异议的基本类型
- 掌握顾客异议的产生原因
- 掌握处理顾客异议的原则与策略
- 掌握处理顾客异议的常用技术

能力目标

- 具备制定洽谈计划的能力、组合洽谈人员的能力、掌控全局的能力
- 具备临场分析、应变的能力
- 具备在洽谈中熟练运用各种洽谈策略的能力
- 具备灵活运用各种洽谈语言技巧的能力
- 具备敏锐的观察能力
- 具备判断顾客异议的类型和性质的能力
- 具备分析顾客异议产生根源的能力
- 具备灵活使用策略成功处理各种不同类型的顾客异议的能力

素质目标

- 有助于培养学生对推销员职业素养的感性认识与理性思考
- 有助于学生锻炼自身的抗压能力
- 有助于学生提升沟通技巧
- 有助于学生具备爱岗敬业和积极向上的精神
- 有助于学生具备良好的服务意识、较强的情绪自控力
- 有助于学生具备团队合作精神

【营销师考点】

- 推销谈判的原则
- 谈判策略
- 让步策略
- 顾客异议的处理

【案例导入】

黄新宇经过多次与A公司马经理的拜访接触后，马经理对黄新宇公司的某款空压机表现出了极大的兴趣。“你报个价吧!”马经理说，黄新宇小心翼翼地报了一个价格：“这款空压机报价为16.7万元。”马经理立马说：“我们公司的预算只有15.2万元，你看怎么样?”15.2万元几乎是公司的成本价了，这时候，黄新宇为了表示他的诚意，立马爽快地答道：“15.2万元就15.2万元，成交了!”

买完之后，马经理开始后悔自己出价太低了，并怀疑自己是否上了当，那款空压机到手后他横看竖看总觉得有问题。过了不久，他又低价转让了出去。每当他提起这笔交易时，仍认为是自己上当了。而黄新宇觉得对方是得了便宜还卖乖。请思考，这笔交易为什么会使大家都不愉快呢？如果你是黄新宇，应该如何展开推销洽谈呢？

任务一
了解推销洽谈

在推销员实现了与顾客的成功接近之后，推销活动便进入了推销洽谈阶段。推销洽谈是推销员最重要的工作之一，它是实现成交的过程和手段。推销洽谈的成功与否对买卖双方最后能否签约具有至关重要的影响。在推销过程中，交易的达成都需要一个洽谈的过程，尤其是在对立型的洽谈中，交易各方通过不同的目的、不同力量的抗衡和较量，来实现各方的利益与需求。

一、推销洽谈的概念

推销洽谈是指推销员运用各种方式、方法和手段向顾客传递信息，并设法说服顾客购买推销品的协商过程。推销洽谈具有特定的含义，是一项具有丰富内容的复杂活动。推销洽谈的目的是向顾客传递推销信息，诱发顾客的购买动机，激发顾客的购买欲望，说服顾客，达成交易。

二、推销洽谈的构成要素

明确推销洽谈的各项构成要素，便于从全局上把握洽谈的主动权，在洽谈过程中做到有的放矢、攻防有度、进退自如，达到预期目的。推销洽谈的构成要素包括洽谈主体、洽谈客体、洽谈目的、洽谈环境、洽谈行为和洽谈结果六个方面。

（一）洽谈主体

洽谈主体是在推销洽谈中的洽谈当事人。其构成是非常广泛的，可以是自然人、法人，也可以是其他组织实体；可以是自身利益的代表，也可以是一个组织、实体利益的代表。

（二）洽谈客体

洽谈中的洽谈标的和议题即为洽谈客体。推销洽谈的议题是洽谈双方共同关心并希望解决的问题，是买卖双方利益的体现。它的内容十分广泛，因洽谈的目的、对象、环境的不同而异。推销洽谈的议题应围绕洽谈双方所关心的问题来确定，主要有产品的质量、价格、销售服务、结算条件、装运及保险条款等。

（三）洽谈目的

没有洽谈目的就不能构成真正的洽谈活动，洽谈各方面鲜明的目的性决定了洽谈活动具有较强的冲突性和竞争性。

（四）洽谈环境

洽谈活动要在特定的环境下进行。这种环境包括外部的大环境，如政治环境、经济环境、竞争环境等；也包括小环境，包括洽谈的时间、地点、场所、交往空间等。推销洽谈之前，双方要就洽谈的时间或期限进行选择和规定，以便于有效地安排洽谈内容，选择洽谈策略，达到有效的洽谈效果，以避免人力、物力和财力不必要的浪费与损失。推销洽谈的双方不仅要对洽谈的时间作出选择和规定，而且要对洽谈地点进行确定。通常有 4 种方式确定洽谈地点：主场洽谈、客场洽谈、主客场轮流洽谈、中间地洽谈。

（五）洽谈行为

洽谈行为主要是指洽谈的行为主体围绕洽谈议题而进行的一系列有意识的活动，如商定推销洽谈程序、交流洽谈信息、磋商有关问题等，是解决推销洽谈中“谈什么、怎么谈”的问题，是推销洽谈的内容、方法、策略的体现。

（六）洽谈结果

一项完整的洽谈活动必须有洽谈结果。若洽谈没有结果，要么是洽谈不了了之，要么说明洽谈还有进一步谈判的可能。

三、推销洽谈的种类

（一）零和洽谈和双赢洽谈

零和洽谈和双赢洽谈是推销洽谈的两种基本类型。

1. 零和洽谈

零和洽谈也叫分配洽谈，就是有输有赢的洽谈，即一方所获得的任何收益恰恰就是另一方所付出的代价，反之亦然。其本质是对于一份固定利益谁应分得多少进行洽谈（如买卖商品时的讨价还价）。零和洽谈能够成功在于双方的目标都有弹性并有重叠区存在，重叠区就是双方和解达成协议的基础。图 5—1 为零和洽谈标示图（抵触点表明最低可接受的水平，在此点以外就会中止洽谈）。

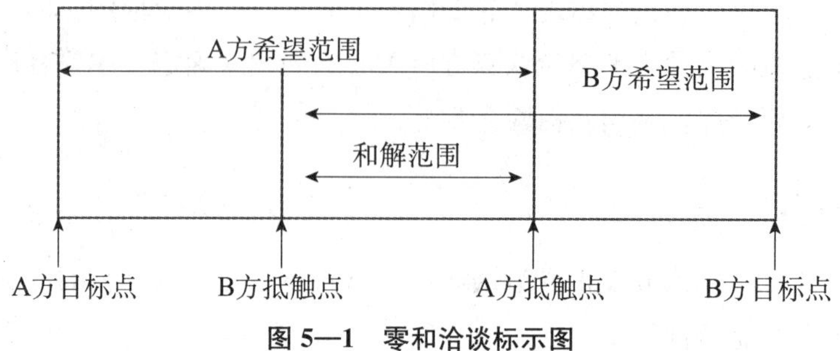

图 5—1　零和洽谈标示图

进行洽谈时，你的战术主要是试图使对手同意你的具体目标点或尽可能接近它。例如：劝说你的对手达到他的目标点毫无可能性，而在接近你的目标点上达成和解则是明智的；申辩你的目标是公正的，而对手的则不是；试图激发对手感情用事，使他觉得应该对你慷慨，从而使达成的协议接近你的目标点。

2. 双赢洽谈

双赢洽谈是指洽谈结果对双方而言都达到了彼此的预期目标。这种洽谈要求一方对另一方的需求十分敏感，各自都比较开放和灵活，一方都对另一方有足够的了解和信任，在此基础上通过开诚布公的洽谈，就可能找到双赢的方案，从而建立起牢固的长期合作关系。它将洽谈双方团结在一起，并使每一方在离开洽谈桌时都感到自己获得了胜利。

（二）单一型洽谈和综合型洽谈

单一型洽谈和综合型洽谈是按洽谈的主题划分的类型。

1. 单一型洽谈

单一型洽谈是指推销洽谈的内容围绕一个主题进行，如推销品的质量、交货期、货款结算方式等问题。只要洽谈双方在某一问题上达成共识，推销洽谈就大功告成。

2. 综合型洽谈

综合型洽谈是相对于单一型洽谈而言的，即推销洽谈的主题是多方面的，凡是能够满足洽谈双方利益需求，促成双方达成共识，有利于交易成功的因素都可以成为洽谈的主题。

（三）一对一洽谈和小组洽谈

一对一洽谈和小组洽谈是按参加洽谈的人员数量划分的类型。

1. 一对一洽谈

一对一洽谈是指在一个卖主与一个买主之间进行的洽谈，常用于交易额度较小的推销洽谈。对推销员来说，一对一洽谈是最为困难的洽谈。因为推销员单独作战，没有助手的任何帮助，一切都是自己独立地分析与决断，所以要求推销员具备较全面的业务知识、专业技能等综合素质。

2. 小组洽谈

小组洽谈是指买卖双方各有两人以上同时参加的推销洽谈，常适用于洽谈项目规模较大或内容较复杂的推销洽谈。对小组洽谈而言，重要的是合理配备洽谈小组的组成人员，应由精通经济、技术、财务、法律等方面的人员组成，成员之间分工协作，取长补短，形成整体优势。

四、推销洽谈的基本原则

（一）针对性原则

针对性原则是指推销洽谈应该服从推销目的，具有针对性。一般包括以下几个方面：

（1）针对顾客的动机特点开展洽谈。推销洽谈应该从顾客的动机出发，加以引导。顾客需要什么，推销员就推销什么。按照顾客的渠道分类：有些是中间商，他们的动机是市场上适销对路、量大从优；有些是最终消费者，他们的动机是多种多样的，如求实、求廉、求新、求美、求异等，因此，推销员应该以此为基础，组织洽谈内容。

（2）针对顾客的心理特征开展洽谈。不同的顾客具有不同的个性心理特征。例如：有的内向，有的外向；有的随和，有的顽固；有的自卑，有的自傲；有的慎重，有的草率；有的冷淡，有的热情。推销员只有针对不同个性心理的顾客采取不同的洽谈策略才能取得实效。

（3）针对顾客的敏感程度开展洽谈。不同的顾客对产品的敏感程度是不一样的。例如：有的顾客对价格特别敏感，尤其是一些中间商；有的顾客对产品的质量非常敏感。推销员在组织洽谈的过程中，必须根据顾客的特点设计合理的洽谈方案，增强产品的竞争能力，从而力争取得成功。

（二）鼓动性原则

鼓动性原则是指推销员在推销洽谈中用自己的信心、热心和诚心，以自己的丰富知识有效地感染顾客，说服和鼓动顾客采取购买行动。作为一名推销员，始终要抱定成功的信念，相信自己的产品和服务，热爱自己的事业、自己推销的产品和自己的顾客。同时在推销洽谈中要表现出专家的风范，不仅要用广博的知识去说服和鼓动顾客，更要善于用具有感染力和鼓动性的语言去生动形象地传递非理性信息，打动顾客的心。

（三）客观真诚的原则

同人类其他活动一样，洽谈从本质上讲也是人们的信息传递活动，所不同的是，洽谈的各方处于相互对立面。这种对立关系使得洽谈者在既定的立场、自身利益和强烈感情的支配下，更容易固执己见，甚至陷入某些偏见的泥潭中。一旦陷入窘境，相伴而生的做法就是：不顾事实，远离客观真相，一意孤行，从而离洽谈的目标越来越远。因此，洽谈取得成功的首要原则就是要遵循客观真诚的原则，也就是要服从事实，讲道理。

（四）平等互惠的原则

从平等互惠的原则出发，有助于企业同外界建立良好的业务往来关系，是维持长期业务关系的保障。洽谈各方的需求都要得到满足。因为需求，才使洽谈各方走到一起来，也正是因为彼此需求上的分歧，才使大家坐下来进行交流。因此，成功的洽谈就是要在洽谈结束后，各自的需求都有所满足，此即洽谈的互惠原则。

（五）倾听性原则

倾听性原则是指推销员在推销洽谈过程中，不要只向顾客传递推销品的信息，而是要注意倾听顾客的意见与要求。为了达到推销的目标，推销员切忌滔滔不绝地从企业自身的角度去介绍产品；相反地，推销员要善于倾听，善于观察顾客的需求。许多成功的推销经验告诉我们，有时推销员说得越多反而越会使顾客产生反感情绪；相反地，尽量让顾客去表达自己的意愿，少说多听有时会取得意想不到的效果。

（六）参与性原则

参与性原则是指推销员在推销洽谈过程中，积极地设法引导顾客参与推销洽谈，促进信息双向沟通。推销员要与顾客打成一片，使顾客产生认同感和归属感，以提高推销效率。有时，推销员还要设法引导顾客积极参与洽谈过程。例如：引导顾客发言，请顾客提出和回答问题，认真听取顾客的意见，让顾客试用推销品等。这些活动都能使顾客参与推销活动，使顾客满意，从而充分调动顾客的积极性和主动性，创造有利的洽谈气氛，提高推销洽谈的成功率。

除了上述基本原则外，业务洽谈还应遵循理智、灵活的原则、讲究效益的原则以及最低目标原则等。

五、推销洽谈的成功模式

一场成功的或理想的洽谈应该是：通过洽谈，双方的需求都得到了满足，且这种较为满意的结果是在高效率的节奏下完成的，与此同时，洽谈双方的友好合作关系得以建立或进一步发展和加强。实施成功洽谈模式的前提是：双方必须树立正确的洽谈意识，要把洽谈看做一种协商活动，双方是互助合作的关系，需要处理好洽谈中的人际关系，且洽谈人员要有战略眼光，需要将眼前利益和长远利益结合起来，洽谈的结果要符合双方的利益需求。

推销洽谈的成功模式由五个部分组成，包括制定洽谈计划，建立洽谈关系，达成洽谈协议，履行洽谈协议，维持良好关系。推销洽谈的成功模式按照制定洽谈计划→建立洽谈关系→达成洽谈协议→履行洽谈协议→维持良好关系这个五个步骤进行循环（见图5—2）。而成功模式不仅在于它经过了这五个步骤，更重要的是通过此循环就可获得洽谈的成功，而且本次循环可为下次循环打下坚实的基础。

从成功模式可以看出，洽谈是一个持续不断的过程，而不是一个独立的、互不联系的、单独的过程，所以单次交易的成功将会导致今后交易的不断成功。这就是成功模式的绝妙之处。

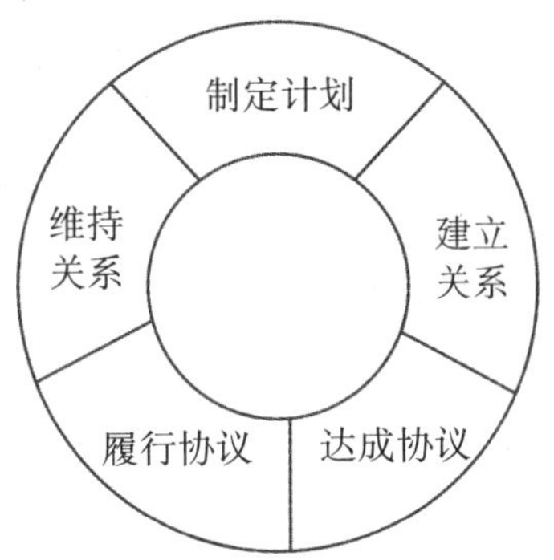

图 5—2　推销洽谈成功模式的循环

六、推销洽谈的成功心理

在推销洽谈中，洽谈人员所具有的力量包括物质力量和精神力量两个方面。物质力量是客观的，而精神力量在洽谈桌上往往具有决定性的作用，洽谈人员对洽谈成功的坚定信心、对洽谈的诚意、在洽谈中的耐心等都是保证洽谈成功不可或缺的心理因素。所以推销洽谈的成功心理包括洽谈者的自信心、诚意和耐心这三个基本心理因素。

（一）自信心

所谓自信心就是相信自己的实力和能力。成功的信念是人们从事一切洽谈活动必备的心理要素。只有具备了成功信念，才能使洽谈者自身的才能得到展示，充分释放潜能。自信当然不是盲目或唯我独尊，而是在充分准备、全面掌握信息和对双方实力科学分析的基础上产生的，确定自己要求的合理性、所持立场的正确性以及说服对手的可能性。

（二）诚意

诚意是一种负责的精神、合作的意向，是诚恳的态度，也是双方合作的基础。洽谈需要诚意，诚意应当存在于洽谈的全部过程与环节之中，受诚意支配的洽谈心理是保证实现洽谈各方目标的必要条件。有了诚意，双方的洽谈才有坚实的基础，此外，诚意还能强化洽谈各方的心理沟通，保证洽谈气氛的融洽、稳定。在双方基本目标和原则、立场不受影响的条件下，双方求大同、存小异，建立彼此之间互相合作、友好往来的关系。

（三）耐心

由于洽谈过程复杂而漫长，因此洽谈人员必须有抵御挫折和打持久战的心理准备。耐心是在心理上战胜洽谈对手的一种战术与谋略。在旷日持久的洽谈较量中，谁缺乏耐心，谁就失去了控制权。有了耐心，洽谈者就不易被对手所牵制和影响，令自己能够始终理智地把握正确的洽谈方向。耐心也是对付意气用事的洽谈对手的武器，能达到以柔克刚的目的。

任务二 推销洽谈的程序

一般来说，正式的洽谈活动从开始到结束，可划分为五个阶段：准备阶段、开局阶段、报价阶段、磋商阶段、成交阶段。

一、准备阶段

商务洽谈是一个复杂的、具有丰富内容和循序渐进的活动过程，受诸多可控因素和不可控因素的影响，特别是对大中型洽谈来说，局面更加错综复杂。因此，洽谈各方要有效地去应对这种局面，充分的准备工作必不可少，而且十分关键。事实证明，大部分重要的洽谈工作是在准备阶段完成的。

（一）信息资料的准备

在洽谈的准备工作中，推销员要尽可能多地获取相关信息资料，其中包括洽谈双方的优劣势、产品的信息资料、竞争对手的情况、市场行情以及洽谈对手的详细情况等。洽谈中谁掌握的信息越多、越关键，越有利于展开洽谈。

（二）制定洽谈方案

洽谈方案是指在洽谈开始之前，在充分了解产品、市场、顾客的基础上，对洽谈目标、洽谈议程、洽谈人员、洽谈策略等具体内容和步骤预先所做的安排。它对于洽谈活动的顺利进行具有重要的指导意义。制定洽谈方案时，一般包括以下内容：

1. 确定洽谈目标

洽谈目标是洽谈方对洽谈所要达到的结果的设定，它是指导推销洽谈的核心，是制定洽谈方案时首先要明确的事项。目标是推销洽谈的前提，只有在明确、具体、可行的目标指引下，推销洽谈才能有目的、高效地进行。洽谈的要点是争取自己想要的东西。人们发现，仅仅靠确立目标这样一个举动可以使洽谈者的表现提升25%以上。没有洽谈目标，就像一辆汽车不知要开往何方。而在洽谈中新的信息会不断涌现，洽谈者往往很容易分心。

如果你不随时查看自己的目标，实现目标的可能性会越来越小。

洽谈目标的分类

(1) 最优目标。是通过洽谈达到最理想的目标，能最大限度地满足洽谈方的利益和需求，如最优价格目标、最优销售目标、长期合作目标等。这一目标在实际推销洽谈中很少有实现的可能，一般作为洽谈的起点，俗称“发盘”，然后逐步后退。最优目标作为己方利益和对洽谈要求的集中概括，为洽谈者的活动指明了方向。

(2) 满意目标。是比较实际的、有实现可能的洽谈目标，在特定力量对比下最大限度地满足了己方利益。因此，洽谈者要正确地选择、制定洽谈目标，最好要有一定的弹性，规定一个可以上下浮动的界限。在实际的推销洽谈中，只要环境允许，洽谈方要力争实现这一目标，不要轻易放弃。

(3) 最低目标。是推销洽谈中必须保证达到的最基本的目标，是洽谈成功的最低界限，如最低成交价格、分期付款的次数与期限、交货期限等。只有实现这一目标，洽谈方才能获得一定的利益。显然，最低目标是一个下限目标，是宁愿洽谈破裂也不能放弃的要求或立场，因此又称“底线”或“底盘”。

实践证明，洽谈者越能分清主次目标，掌握越充分的多重目标之间出现冲突时的解决办法，他在洽谈过程中获得的最终利益就会越大；相反，如果洽谈者对某一商务洽谈的主次目标划分不清，并且对多重目标之间可能出现的冲突也没有充分准备，那只能在洽谈中处于被动地位，而自身的利益最终也很难实现。

2. 组织洽谈人员

洽谈人员是洽谈方案的具体执行者，也是企业形象的代表者，选择具备优秀素质的洽谈人员，是洽谈成功的前提条件。推销洽谈的人员是洽谈方案的具体执行者，是企业利益的维护者。选择优秀的洽谈人员并加以恰当配备，组成优化的洽谈班子，是推销洽谈成功的重要组织保证。

(1) 洽谈人员的选择。洽谈人员是参与推销洽谈的各关系主体派出的优秀人员，代表己方的利益而与对方“交锋”。因此，推销洽谈从一定的角度来讲是人才的较量，是洽谈人员知识、能力、品质等综合素质的较量。优秀的洽谈人员应具有的主要条件包括：1) 具有良好的思想素质和优秀品质，具有高度的原则性、责任感和纪律性，具有较强的法律意识，遵守法律和社会公德，具有廉洁奉公、不牟私利的高尚品格。2) 具有宽广的社会知识与较深的专业知识结构，知识面越宽，洽谈中的应变能力越强；专业知识越深，越能适应洽谈的要求。3) 具有优良的心理素质。推销洽谈是一种短兵相接、为各自利益需求而战的激烈角逐。它不仅是洽谈人员知识、技巧的较量，而且是其意志、毅力和胆识的较量。能否在错综复杂的洽谈局面中做到从容不迫、思维缜密、灵活应对、敢于决策，与洽谈人员优良的心理素质密切相关。另外，洽谈人员还应具有善于观察、记忆、推理判断及思辨等能力，以及较好的语言、文字表达能力等。

（2）洽谈人员的配备。要想组成一支高效而强有力的洽谈队伍，关键是对经过精心挑选和培养的洽谈人员进行优化组合，使洽谈班子形成一个群体优化的整体。这样，在组建洽谈小组时，要做到洽谈人员之间权责清晰、分工明确，知识结构、性格结构良好配合。除此之外，还要考虑费用与成本的经济性以及整体配合的精干与高效等问题。每一个洽谈者都有明确的分工，都有自己适当的角色，各司其职。洽谈人员之间的思路、语言、策略应互相协调、步调一致，要确定各类人员之间的主从关系、呼应关系和配合关系。这样组建的团队，不仅能使各小组成员出色地完成本职工作，而且能够建立起较强的团队意识，形成强大的凝聚力，发挥团结协作、彼此策应、层层推进、步步为营的团队战斗力，取得预期的洽谈效果。

3. 制定洽谈战术

洽谈人员应根据洽谈目标制定出具体的洽谈战术。洽谈人员应该充分发挥自己的创造性，制定灵活的战术来保证洽谈目标的实现和洽谈方案的贯彻实施。

例如：采用红白脸术。红白脸术是指在商务洽谈过程中，利用洽谈对手既想与你合作，但又不愿与有进攻性的对方人员打交道的心理，两个人分别扮演“红脸”和“白脸”的角色，诱导洽谈对手妥协的一种战术。使用该战术之前，应进行仔细的策划和排练。重要的问题在于选择角色。“白脸”必须真正具有进攻性和威慑力，使人望而生畏并易于被人激怒，而“红脸”必须善于逢场作戏，左右圆滑，十分理智。“白脸”是强硬派，在洽谈中态度坚决，寸步不让，咄咄逼人，几乎没有商量的余地。“红脸”是温和派，在洽谈中态度温和，拿“白脸”当武器来压对方，与“白脸”积极配合，尽力撮合双方合作，以至达成于己方有利的协议。

4. 确定洽谈议程和洽谈地点

洽谈议程的安排对洽谈双方非常重要，议程本身就是一种洽谈策略。洽谈议程一般包括洽谈时间的安排和洽谈议题的确定。议程可由一方准备，也可由双方共同准备，协商确定。洽谈议程包括通则议程和细则议程，前者由洽谈双方共同使用，后者则由己方使用。洽谈议题就是洽谈双方提出和讨论的各种问题。洽谈时间的安排，即确定洽谈在何时举行，时间长短，若是分阶段的主客轮流洽谈还需要确定分为几个阶段、每个阶段所花时间大约是多少等。

商务洽谈的地点主要有三种类型：一是在己方所在地洽谈，俗称“主场”；二是在对方所在地洽谈，俗称“客场”；三是在双方地点之外的第三地洽谈，俗称“第三地”。不同的地点会影响洽谈者的心态，各自承担的责任和费用开支也有一定的差异。不同的地点均有各自的优点和缺点，要求洽谈者充分利用地点优势，克服地点劣势，促使洽谈成功。

在己方地点洽谈对己方的有利因素：己方洽谈者有较好的心理态势，自信心比较强；己方洽谈者不需要耗费精力去适应新的地理环境、社会环境和人际关系，从而可以把精力更集中于洽谈；“台上”人员与“台下”人员的沟通、联系比较方便，洽谈队伍可以非常便捷地随时与高层领导联络，获取所需资料和指示；作为东道主，可以通过安排洽谈之余的活动来主动掌握洽谈进程，并且从文化上、心理上对对方施加潜移默化的影响；洽谈人员免去了鞍马劳顿，可以以饱满的精神和充沛的体力去参加洽谈。对己方的不利因素：不易与公司工作彻底脱钩，经常会由于公司事务需要解决而干扰洽谈人员，分散洽谈人员的注意力；由于离高层领导较近，联系方便，会产生依赖心理，一些问题不能自主决断而频繁地请示领导，也会造成失误和被动；己方作为东道主要负责安排洽谈会场以及洽谈中的各种事宜，要负责对客方人员的接待工作，所以己方负担比较重。

在对方地点洽谈对己方的有利因素：己方洽谈人员可以全身心投入洽谈，避免主场洽谈时来自工作单位和家庭事务等方面的干扰；在高层领导规定的范围，更有利于发挥洽谈人员的主观能动性，减少洽谈人员的依赖性和频繁地请示领导；可以实地考察一下对方公司的产品情况，获取直接信息资料；己方省却了作为东道主所必须承担的招待宾客、布置会场、安排活动等项事务。对己方的不利因素：由于与公司本部相距遥远，某些信息的传递、资料的获取比较困难，某些重要问题也不易及时磋商；洽谈人员对当地环境、气候、风俗、饮食等方面会出现不适应，再加上旅途劳累、时差不适应等因素，会使洽谈人员身体状况受到不利影响；在洽谈场所、洽谈日程的安排等方面处于被动地位，己方也要防止对方过多地安排旅游等活动而消磨洽谈人员的精力和时间。

在双方地点之外的第三地洽谈对双方的有利因素：由于在双方所在地之外的第三地洽谈，对双方来讲都是平等的，不存在偏向，双方均无东道主优势，也无作客他乡的劣势，策略运用的条件相当。对双方的不利因素：双方首先要为洽谈地点的确定而洽谈，地点的确定要使双方都满意也不是一件容易的事，在这方面要花费不少时间和精力；第三地洽谈通常被相互关系不融洽、信任程度不高的洽谈双方所选用。

二、开局阶段

洽谈双方在做了各种准备工作之后，就要开始面对面地进行实质性的洽谈工作了。洽谈过程可能是多轮次的，双方要经过几轮洽谈；洽谈过程也可能要经过多次的反复，双方才能达成一致。不论洽谈过程的时间长短，洽谈双方都要各自提出自己的交易条件和意愿，然后就各自希望实现的目标和相互间的分歧进行磋商，最后消除分歧、达成一致。

洽谈开局对整个洽谈过程起着至关重要的作用，它往往关系到双方洽谈的诚意和积极性，关系到洽谈的格调和发展趋势，一个良好的开局将为洽谈成功奠定良好的基础。这一阶段的目标主要是对洽谈程序和相关问题达成共识；双方人员互相交流，创造友好合作的洽谈气氛；分别表明己方的意愿和交易条件，摸清对方情况和态度，为实质性磋商阶段打下基础。为达到以上目标，开局阶段主要有三项基本任务：

1. 具体问题的说明

所谓具体问题的说明主要包括 4P，即目的（Purpose）、计划（Plan）、进度（Pace）及成员（Personalities）四个方面的内容。洽谈双方初次见面时，首先要互相介绍参加洽谈的人员，包括姓名、职务、洽谈角色等情况。然后双方进一步明确洽谈要达到的目标，这个目标应该是双方共同追求的合作目标。同时，双方还要磋商确定洽谈的大体议程和进度，以及需要共同遵守的纪律和共同履行的义务等问题。具体问题说明的目的就是促使洽谈双方友好接触，统一共识，明确规则，安排议程，掌握进度，把握成功。

2. 建立适当的洽谈气氛

洽谈气氛会影响洽谈者的情绪和行为方式，进而影响洽谈的进展。洽谈气氛受多种因素的影响，洽谈的客观环境对洽谈气氛有重要影响，因此双方应做好充分准备，尽可能营造有利于洽谈的环境气氛。洽谈人员的主观因素对洽谈气氛的影响是直接的，洽谈开局阶段的一项重要任务就是发挥洽谈人员的主观能动性，营造良好的洽谈气氛。洽谈气氛的形成有赖于双方相互介绍、寒暄，以及双方接触时的表情、姿态、动作、说话的语气等方面。洽谈气氛的营造既表达了双方洽谈者对洽谈的期望，又表达了洽谈的策略特点，因此也是双方互相摸底的重要信息。

3. 开场陈述

双方各自陈述己方的观点和愿望，并提出己方对问题的理解，即己方认为洽谈应涉及的问题及问题的性质、地位，己方希望取得的利益和洽谈的立场。开场陈述的目的是使对方理解己方的意愿，既要体现一定的原则性，又要体现合作性和灵活性。然后，双方各自提出各种设想和解决问题的方案，并观察双方合作的可靠程度，设想在符合商业准则的基础上寻求实现双方共同利益的最佳途径。

三、报价阶段

报价阶段是推销洽谈双方分别提出协议的具体交易条件，又称发盘，是开局阶段中开场陈述的具体化，它涉及洽谈双方的基本利益。

洽谈一方在向另一方报价时，首先应该弄清楚报价时机与报价原则。一般而言，应在对方对推销品的使用价值有所了解后才报价；对方询问价格时是报价的最好时机；报价时，既要尽可能最大限度地实现己方利益，又要有被对方接受的可能性。在报价时要做到表达清楚、明确，态度坚定、果断，不事先对报价加以解释和说明。

通常情况下，卖方报完价之后，买方会要求报价方进行价格解释。在做价格解释时，卖方必须遵循一定的原则：一是不问不答，买方若不主动问起不作任何解释；二是若买方提出相关问题，则要一一作出证明回答；三是对本方报价中比较实质的部分应多讲一些，对于比较虚的部分或者说水分含量较大的部分，应该少讲一些，甚至不讲；四是若能用口头表达和解释的，尽量不要用文字白纸黑字书写出来。

在对方报价过程中，要认真倾听并尽力完整、准确、清楚地把握住对方的报价内容。在对方报价结束之后，对某些不清楚的地方可以要求对方予以解答。同时，应尽可能地将己方对对方报价的理解进行归纳和总结，并力争加以复述，以便对方确认自己的理解正确无误，之后方可进行下一步。

在进行完价格解释之后，针对对方的报价，有两种行动选择：一是要求对方降低其要价。这是一种比较有利的选择，因为这实质上是对对方报价的一种反击，如果反击成功，即可争取到对方的让步，而己方既没有暴露自己的报价内容，也没有作出任何相应的让步。二是提出自己的报价。除非特殊情况，否则采用此法对己方不利。

四、磋商阶段

在经过报价阶段以后，双方各自提出了交易条件。在双方交易条件的对比中，必然会存在某些分歧和矛盾，双方为了解决这些分歧和矛盾，就必须讨价还价，这就进入了磋商阶段。所以磋商阶段也称讨价还价阶段，是指洽谈双方为了各自的利益、立场，寻求双方利益的共同点，并对各种具体交易条件进行磋商和商讨，以逐步减少彼此分歧的过程。在这一阶段，双方都极力阐述自己的立场、利益的合理性，施展各自的策略和手段，企图说服对方接受己方的主张或作出一定程度的让步。磋商阶段是双方利益矛盾的交锋阶段，也是推销洽谈过程中的一个关键步骤，是整个洽谈过程中最困难、最紧张的阶段之一，需要双方付出较大的努力。在磋商阶段，洽谈的策略与技巧是最丰富多彩的。磋商阶段的策略与技巧主要体现在让步、阻止对方进攻，以及有效处理洽谈僵局等方面的策略与技巧上。

（一）让步的艺术

在磋商阶段，洽谈双方之间存在分歧或彼此处于对立状态是不可避免的，它是影响双方顺利达成交易的障碍。因此，双方要积极采取各种有效的策略与方法，谋求分歧的解决。积极的、充分的、恰到好处的妥协与让步是解决彼此分歧、达成协议的一种基本策略和手段。妥协与让步都必须是积极的，应该与己方特定的目标相联系，应该是调动对方趋近己方以达到实现己方利益的手段。在没有真正把握对方意图和想法的时候，不可轻易作出妥协、让步。让步应坚持以下原则：不作无利益的让步，不作同等幅度的让步，不要过早地让步，每次让步幅度不宜太大、太快。

洽谈中的让步是要达到某种预期的目的和效果，为此，必须把握好让步的尺度和时机。假设推销中让步空间总价值为 6，打算分 4 次进行让步，会形成以下几种让步模式（见表 5—1）。

表 5—1　　九种常见让步模式

让步模式	第一次让步	第二次让步	第三次让步	第四次让步
1	0	0	0	6
2	6	0	0	0
3	1.5	1.5	1.5	1.5
4	0.8	0.3	1.7	3.2
5	3.2	1.7	0.3	0.8
6	2.6	2	1.2	0.2
7	4.9	1	0	0.1
8	5	1	1	−1
9	0.8	1.3	1.7	2.2

1. 正拐式让步模式

正拐式让步模式是最为坚定的让步模式，在前面几步中丝毫不让步，却在推销洽谈的最后关键时刻，一下子让出全部利益。

优点：一开始态度坚决，寸步不让；在坚持了几次不让价后，一次让出较大利益，会使对方觉得胜利得来不易而倍加珍惜，同时可使推销处于高潮状态，因而能较快地成交；给人一种意志力强、行为果断爽气、出手大方的大家作风；一般买卖双方对成交结果都比较满意。

缺点：风险较大，极可能提早停止洽谈；给人一种缺乏诚意的表面印象，会影响谈判的良好气氛；遇上老练的买主可能会使谈判陷入僵局。

适用范围：推销员为此次推销洽谈付出的时间、精力、交易数额不大的情况。

2. 反拐式让步模式

反拐式让步模式是一种诚恳的让步模式。在讨价还价一开始，立即让出全部可让利益，然后无论对方如何要求，绝不作亏本买卖。此种让步模式的特点是：态度诚恳、务实、坚定、坦率。在洽谈进入让步阶段，一开始就亮出底牌，让出全部可让利益，以达到以诚制胜的目的。

优点：充分表现出己方洽谈的诚意，务实、坦率与希望成交的愿望；先发制人；为谈判奠定了基调，作出了榜样；具有很大的吸引力，有利于长期合作。

缺点：给对方的期望值极高，易产生负面效应；给对方一个软弱可欺的感觉，易出现僵局；一下子让利到底，失掉了争取较好利益的机会。

适用范围：适用在被动式推销洽谈中，或是推销一方处于劣势时，可以表明己方诚意，有助于双方重新商讨问题；熟悉的顾客也可以使用，可以提高推销效率。

3. 阶梯式让步模式

阶梯式让步模式又称为“色拉米”香肠式让步模式或等额让步策略，即每次让步幅度相等，平均让出全部利益，让步方往往慎重小心。

优点：符合妥协的步步为营的原则；可随时在双方认为满意的协议点上达成交易；每

次让步步子不大，不会让对方轻易占上风；可以获得较为有利的成交结果。

缺点：会使对方认为只要有耐心，就可以获得更大利益；推销洽谈没有高潮，会使对方失望而不能成交；时间长，效率低。

适用范围：没有经验的谈判新手；对对方的情况不熟悉，步步为营；面对时间、耐心与知识都缺乏的对手。

4. 山峰式让步模式

山峰式让步模式是一种高潮迭起的让步模式，灵活而富有变化。这种让步模式的特点是：比较机智、灵活、富有变化。在商务洽谈的让步过程中，能够正确处理竞争与合作的关系，在较为恰当的起点上让步，然后缓速减量，给对方传递一种接近尾声的信息。这时，如果买方已经知足，即可收尾。如果买方仍要穷追不合，卖方再大步让利，在一个较高的让步点上结束洽谈。

优点：能够处理谈判中出现的问题，掌握谈判节奏；起点好，能保证谈判的顺利进行；高潮迭起，成交机会多；比较灵活。

缺点：让步没有一定规律，会令对方得寸进尺；不利于长期推销；不诚实的感觉在推销员多变的让步幅度中得到加强。

适用范围：有丰富经验的推销员；因外部不可控因素的变化而引起谈判有破裂的风险，使推销方处于连对方都明显感到不利的局势下。

5. 低谷式让步模式

与山峰式让步模式正好相反，低谷式让步模式是一种从高到低，再到微高的让步模式。这种让步模式的特点是：合作为首，竞争为辅；诚中见虚，柔中带刚。在洽谈初期就以高姿态出现，并做出较大的礼让，向前迈进两大步，然后再让微利，以向对方传递已无利再让的信息。这时如果买方一再坚持，并以较为适中的让步结束洽谈，效果往往不错。

优点：起点高，合作型谈判的开局；递减的状态能较快促成交易；有意外惊喜之感。

缺点：使对方信心增强，对推销员的合作态度产生怀疑。

适用范围：以合作为主的洽谈。由于双方是建立在互惠互利的基础上进行洽谈，因此卖方开始的时候会作出较大的让步，有利于制造良好的成交氛围。

6. 虎头蛇尾让步模式

让步幅度由大到小，渐次下降的让步模式，符合推销的一般规律。这种让步模式往往给人以和谐、均匀、顺理成章的感觉，是洽谈中最为普遍采用的一种让步模式。

优点：开头让出较大利益，诚恳让利；让步节奏和谐、匀称、顺理成章；较易促成交易；防止推销一方产生让步上的失误。

缺点：可能形不成高潮，缺乏新鲜感。

适用范围：是最为惯用的让步模式，几乎适用于任何谈判。

7. 断层式让步模式

断层式让步模式是近似软弱的让步模式，让步方表现出一种诚挚、可信的态度。

优点：第一步让步很大，表现出较大的诚意；后两步让步使对方的好感有加深的作用；能形成高潮；表现出争取长期合作，尽量满足对方需求的态度。

缺点：可能失去本来可以争取的利益；易被对手认为是软弱可欺的；第三步很难掌握。

适用范围：谈判整体形势于推销方不利；推销方急于成交；顾客防卫意识不是很强。

8. 钓钩式让步模式

钓钩式让步模式是在断层式让步模式的基础上发展起来的一种模式，风格果断诡诈、富有戏剧性、风险性、冒险性。在这种让步模式中，卖方首先果断地让出绝大部分可让利益，第二次让步时再让出一小部分利益，使己方可让的利益全部让完。第三次让步时并不消极地拒绝，而是诱惑性地让出本不该让的一小部分利益，然后再从另外的角度进行讨价还价，以收回不该让的部分利益，以换取自己所需的部分。可见，这是一种具有很高技巧的让步模式，只有具有丰富洽谈经验的人才能灵活运用。

优点：挽救有失败可能的让步模式；可能会产生其他模式所没有的吸引力，吸引对方。

缺点：难以在平等互利的基础上成交；风险较大，可能丧失此次推销机会与友谊。

适用范围：陷入僵局及危难性的推销洽谈。

9. 高峰式让步模式

高峰式让步模式是一种开头让利小，逐步增加让利幅度的先低后高的让步模式。此模式不符合顾客的砍价心理，开始让步太小，不能吸引对方；后面的让步又会无限增大地吊起对方的胃口。所以一般在推销谈判中不采用这种模式。

（二）有效处理洽谈僵局

洽谈僵局是指洽谈双方就所洽谈的问题出现了较大的争议，双方都不作任何让步的僵持局面。这时如果处理不好，就有可能使洽谈走向失败。相反，如果能够恰当地应用某些策略和方法，还是可以达成交易的。

遇到僵局时，洽谈者信心动摇、气馁沮丧，这是洽谈中的大忌。关键是有信心地去面对僵局，对症下药打破僵局。僵局并不总是由于重大问题导致的，许多僵局甚至是许多细微的事情引起的，如洽谈者的性格差异、好面子、公司内部纠纷、缺乏决断能力、文化差异等。

为了避免僵局的产生，洽谈人员在洽谈中需要保持冷静的态度、诚恳地谈话；在出现较大分歧时，洽谈人员需要有较强的情绪控制能力，避免发生情绪上的对立；采用横向互惠式洽谈方式，即同时讨论有待解决的各个项目，如价格、付款条件、售后服务及交易条件等，由于各个具体项目之间有较大的伸缩性可以调整，当其中一项遇到困难时，可以移到另一项进行讨论，这项做法尽管进展缓慢，但可以减轻洽谈双方的压力，以此来避免洽谈僵局的产生。

而僵局一旦形成，洽谈人员可以采用以下方法打破僵局：

1. 休会策略

休会是洽谈人员平息愤怒的基本策略之一。在洽谈出现障碍时，双方或者一方可以提出休会的请求，可以使双方有机会恢复和调整。有经验的洽谈者一般都会在僵持不下的情况下，主动提出暂停。暂停的时间可以依据洽谈的实际情况而定。洽谈人员可以利用休会期间集中考虑一些问题，研究洽谈策略，并作出重新部署。

2. 转换话题

转换话题，包括谈论一些轻松的话题，或者一些新闻、幽默故事等，以缓解紧张的气氛。聪明的洽谈者还可以通过这些看似不相关的话题，引起对方的兴趣和共鸣，并逐渐将话题引到正题上，使对手在不知不觉中进入己方的设想程序，从而为打破僵局、抢占洽谈主动权赢得先机。

3. 更换洽谈组成员

打破僵局、减轻对方压力时，可以让那些可能刺激对手的成员从己方的洽谈小组中离开，以作出让步。因为在洽谈中会使用到“红白脸术”，暂时地让“白脸”退出，可能换来更大的胜利。甚至有时会把洽谈组负责人更换，以期打破僵局，为了达到推翻以前承诺或向对方提出新的要求而主动换将。

4. 容忍发泄，以柔克刚

有时候人们只要发发牢骚，宣泄一下，就可以得到心理的平衡，平息感情的冲动。例如：在洽谈中，洽谈对手突然情绪失控，甚至破口大骂，发动人身攻击的情况下，一定要保持冷静，若以怒制怒势必导致矛盾激化。不如等对方宣泄完了，冷静下来后，对对方能够说出自己的观点表示欣赏。这样的反应会让洽谈对手后悔自己的失态，并以加倍的顺从来弥补自己的过失。

【案例分析】

奇瑞汽车股份有限公司（以下简称奇瑞公司）拟从德国波尔公司进口一批钢板，考虑到公司产品的市场销售状况良好，而钢板市场供不应求，奇瑞公司欲与波尔公司建立长期的业务关系，准备签下3年期的合同。波尔公司根据市场态势，既想接下这一笔大生意，又想赚取巨额利润，因而在价格上待价而沽，开出了高出市场价格20%的高价。奇瑞公司的洽谈人员以缩短供货期、减少采购量威胁，均未成功。这时从澳大利亚回国的公司营销部经理提出通过公司网站进行国际招标采购，中止原来的洽谈。波尔公司马上拿出了新方案，承诺按市场价成交。但是，由于钢材的市场价格波动较大，双方对未来的市场价格走向都拿不准，洽谈又陷入讨价还价的僵局。经过反复的磋商，最后双方同意坚持客观标准原则，以期货市场价格作为参照标准，以奇瑞公司钢板到港为计价标准时间，奇瑞公司签下了采购波尔公司 2.5 万吨钢板的 3 年期合同，波尔公司也赢得了这一大单生意。

五、成交阶段

推销洽谈的成交阶段是洽谈的最后阶段。当洽谈双方进行实质性的磋商后，经过彼此的妥协让步，意见逐步统一，趋势逐渐明朗，重大分歧基本消除，最终双方就有关的交易达成了共识，于是推销洽谈便进入了成交阶段。

在这一阶段，当洽谈双方都产生成交的愿望，而又都不愿意直接说出来的时候，推销方应把握好时机，用声明或行动向对方发出成交的信号。当买方明确表示愿意成交时，推销方应对最后成交的有关问题进行归纳和总结，双方要根据已经讨论的各项内容起草一份协定备忘录。备忘录并不作为合同或已达成的协议，它只是双方当事人暂时商定的一般原则，是以后达成正式协议的基础。协定备忘录一经形成，就代表双方的承诺，整个洽谈过程基本结束，下一步工作就是签订合同或协议。

签约是洽谈人员以双方达成的原则性协议为基础，对洽谈的内容加以归纳、总结、整理，并用准确、规范的文字进行表述，最后由洽谈双方代表正式签字生效。正式协议的条款要求具体、明确、规范、严密，价格、数量、质量要准确，支付方式、交货期限、售后服务及履约责任要明确，标的名称要标准化、规范化。当洽谈协议经审核通过之后，洽谈双方都要履行正式的签约手续。因为双方在洽谈中获得的利益只有用书面形式予以肯定，才能受到法律、法规的保护。没有一个双方都签署的洽谈文书，洽谈活动及其结果往往是空中楼阁。

任务三
推销洽谈的策略分析与应用

推销洽谈中常见的策略如下：

一、选择开局策略

（一）一致式开局策略

一致式开局策略是指在洽谈开始时，为使对方对己方产生好感，以协商、肯定的方式，创造或建立起对洽谈的一致感觉，从而使洽谈双方在愉快、友好的气氛中不断将洽谈引向深处的一种开局策略。现代心理学研究表明，人们通常会对那些与其想法一致的人产生好感，并愿意将自己的想法按照那些人的观点进行调整。这一研究结论正是一致式开局策略的心理学基础。一致式开局策略的目的在于创造取得洽谈胜利的条件。运用一致式开局策略的具体方式还有很多，例如：在洽谈开始时，以一种协商的口吻来征求洽谈对手的意见，然后，对其意见表示赞同或认可，并按照其意见进行工作。运用这种策略时，应该注意的是：用来征求对手意见的问题应是无关紧要的问题，即对手对该问题的意见不会影响到本方的具体利益。另外，在赞成对方意见时，态度不要过于献媚，要让对方感觉到自己是出于尊重，而不是奉承。一致式开局策略的运用还有一种重要途径，就是在洽谈开始时以问询方式或补充方式诱使洽谈对手进入你的既定安排，从而在双方间达成一种一致和共识。所谓问询方式，是指将答案设计成问题来询问对方。例如："你看我们把价格及付款方式等问题放到后面讨论怎么样?"所谓补充方式，是指借以对对方意见的补充，使自己的意见变成对方的意见。采用问询方式或补充方式使洽谈逐步进入开局。

（二）保留式开局策略

保留式开局策略是指在洽谈开局时，对洽谈对手提出的关键性问题不作彻底、确切的回答，而是有所保留，从而给对手造成神秘感，以吸引对手进入正式洽谈。注意采用保留式开局策略时不要违反商务洽谈的道德原则，即以诚信为本，向对方传递的信息可以是模糊信息，但不能是虚假信息。否则，会使自己陷入非常难堪的局面之中。

保留式开局策略适用于低调气氛和自然气氛，而不适用于高调气氛。保留式开局策略还可以将其他的洽谈气氛转为低调气氛。

（三）坦诚式开局策略

坦诚式开局策略是指以开诚布公的方式向洽谈对手陈述自己的观点或想法，从而为洽谈打开局面。坦诚式开局策略比较适合于有长期的业务合作关系的双方，双方对于以往的合作都比较满意，双方彼此比较了解，不用太多的客套，减少了很多外交辞令，节省了时间，直接坦率地提出己方的观点、要求，反而更能使对方对己方产生信任感。

采用这种开局策略时，要综合考虑多种因素，如自己的身份、与对方的关系、当时的洽谈形势等。

坦诚式开局策略有时也可用于洽谈实力弱的一方洽谈者。当本方的洽谈实力明显不如洽谈对方，并为双方所共知时，坦率地表明自己一方的弱点，让对方加以考虑，更表明己方对洽谈的真诚，同时也表明对洽谈的信心和能力。

（四）进攻式开局策略

进攻式开局策略是指通过语言或行为来表达己方强硬的姿态，从而获得洽谈对手必要的尊重，并借以制造心理优势，使得洽谈顺利地进行下去。采用进攻式开局策略一定要谨慎，因为在洽谈开局阶段就设法显示自己的实力，使洽谈一开局即处于剑拔弩张的气氛中，对洽谈的进一步发展极为不利。

进攻式开局策略通常只在这种情况下使用，即发现洽谈对手在刻意制造低调气氛，这种气氛对本方的讨价还价十分不利，如果不把这种气氛扭转过来，将损害本方的切实利益。

（五）开局策略中常见的失误

（1）在建立恰当的洽谈气氛之前就迅速进入实质性洽谈。双方一见面，马上就进入实质性洽谈，这对洽谈是相当有害的，应当视为禁忌。为了使洽谈成功，一开始需要建立一种适当的洽谈气氛。例如：最常见的是建立融洽的洽谈气氛，这需要在洽谈开始时选择轻松、非业务性的话题，如旅途见闻、新闻时事等，这样的开场白可以使双方找到共同的兴趣点，为心理沟通做好准备。

（2）在开局阶段，概述时间过长。开局阶段的发言内容要简洁，把握重点，切忌某一方滔滔不绝。双方享受均等的发言机会。

（3）开局阶段气氛紧张，使对方感到己方不合作、不愿接受对方的意见。开场白之后应留下一些时间让对方表达意见。达成协议之前，努力做到谈话时间与倾听时间基本相等，要乐于接受对方的意见。在开局阶段，只要对方的建议是合理、可行的，己方就应尽量表示同意。

二、确定报价策略

（一）价格起点策略

价格起点策略包括两种：

吊筑高台（欧式报价）：是指卖方提出一个高于本方实际要求的洽谈起点来与对手讨价还价，最后再做出让步达成协议的洽谈策略。原则是喊价要狠，让步要慢。

抛放低球（日式报价）：是指卖方先提出一个低于己方实际要求的洽谈起点，以让利来吸引对方，试图首先去击败参与竞争的同类对手，然后再与被引诱上钩的买方进行真正的洽谈，迫使其让步，达到自己的目的。

（二）除法报价策略

以商品价格为除数，以商品的数量或使用时间等概念为被除数，得出一种数字很小的价格，使买主对本来不低的价格产生一种便宜、低廉的感觉。

（三）加法报价策略

在商务洽谈中，有时怕报高价会吓跑顾客，就把价格分解成若干层次渐进提出，使若干次的报价最后加起来仍等于当初想一次性报出的高价。

（四）差别报价策略

差别报价策略是指在商务洽谈中针对顾客性质、购买数量、交易时间、支付方式等方面的不同，采取不同的报价策略。

（五）对比报价策略

对比报价策略是指向对方抛出有利于本方的多个商家同类商品交易的报价单，设立一个价格参照系数，然后将所交易的商品与这些商家的同类商品在性能、质量、服务与其他交易条件等方面做出有利于本方的比较，并以此作为本方要价的依据。

（六）报价策略中常见的失误

（1）报价过低或者过高。开盘价绝不能开得过低，而必须是“最高的”，但必须合乎情理，不是高得离谱让对方看不到诚意。应实施“最高可行价”的原则，而此价格不是一个绝对的数字，而是取决于特定的具体场合的相对数字。

（2）报价只报价格。报价通常要包括一系列内容。商务洽谈的开盘价不单是价格问题，还包括交货条件、支付手段、质量标准和其他一系列内容。

（3）报价时犹豫、含糊。开盘价要坚定而果断地提出，没有保留，毫不犹豫。这样才会给人留下己方是诚实而认真的洽谈伙伴的印象。报价要非常明确，以便对方准确地了解己方的期望。且报价时不必做任何解释或说明。

三、磋商中的实施策略

（1）出其不意策略。这种策略表现为手段、观点或方法的突然改变。遇到这种情况时，应保持冷静，以免丧失心理平衡，多听、少说，必要时叫暂停，分析对方奇袭的用意。

（2）不开先例策略。不开先例是指在洽谈中，握有优势的当事人一方为了坚持和实现自己所提出的交易条件，以没有先例为由来拒绝让步，促使对方就范，接受自己条件的一种强硬策略。这种策略是拒绝对方又不伤面子的两全其美的好办法。

（3）期限策略（最后通牒）。是指在商务洽谈中，实力强的一方向对方提出的达成协议的时间限期，超过这一限期，提出者将退出洽谈，以此给对方施加压力，使其尽快作出决策的一种策略。

（4）吹毛求疵策略。是在商务洽谈中，针对对方的产品或相关问题，再三故意挑剔毛病使对方的信心降低，从而做出让步的策略。使用的关键点在于提出的挑剔问题应恰到好处，把握分寸。

（5）以柔克刚策略。是指在洽谈出现危难局面或对方坚持不让步时，采取软的手法来迎接对方硬的态度，避免正面冲突，从而达到目的的一种策略。

（6）疲惫策略。是指通过马拉松式的洽谈，逐渐消磨对手的锐气，使其疲惫，以扭转己方在洽谈中的不利地位和被动的局面，到了对手精疲力竭、头昏脑涨之时，己方可反守为攻，抱着以理服人的态度，摆出己方的观点，促使对方接受己方条件的一种策略。

（7）欲擒故纵策略。是指在洽谈中的一方虽然想做成某笔交易，却装出满不在乎的样子，将自己的急切心情掩盖起来，似乎只是为了满足对方的需求而来洽谈，使对方急于洽谈，主动让步，从而实现先“纵”后“擒”的目的的一种策略。

（8）走马换将策略。是指在洽谈桌上的一方遇到关键性问题，或与对方有无法解决的分歧，或欲补救己方的失误时，借口自己不能决定或其他理由，转由他人再进行洽谈的一种策略。

（9）先苦后甜策略。是指在洽谈中先用苛刻的条件使对方产生疑虑、压抑等心态，以大幅度降低对手的期望值，然后在实际洽谈中逐步给予优惠或让步，使对方的心理得到了满足而达成一致的一种策略。

（10）声东击西策略。是指一方在商务洽谈中，为达到某种目的和需求，有意识地将磋商的议题引导到无关紧要的问题上故作声势，转移对方注意力，以求实现自己的洽谈目标的一种策略。

（11）先声夺人策略。是在洽谈开局中借助于己方的优势和特点，以求在心理上抢占优势，从而掌握主动的一种策略。

（12）投石问路策略。是指买主在谈判中为了摸清对方的虚实，掌握对方的心理，通过不断地提问来了解直接从卖方那里不容易获得的诸如成本、价格等方面的尽可能多的资料，以便在谈判中做出正确决策的一种策略。

（13）故布疑阵策略。是指谈判一方利用向对方泄露己方虚假信息的手段，诱人步入迷阵，从而从中谋利的一种策略。作为使用者，不到万不得已的情况下，一般不宜采用这种策略。因为它有损于己方的诚意，一旦在谈判中被识破，会影响谈判气氛，甚至导致谈判失败。日后被发现后，也将失信于人。

四、常见的失误

（1）臆测对方的观点和动机，对对方的答复加以评论。在磋商开始阶段，千万不要主观臆测对方的观点和动机，千万不要代别人说话，不要对对方的答复加以评论。

在开局阶段，买方需要采取两个步骤：一是明确对方如此报价的原因，二是对洽谈形势做出判断。在报价阶段，买方必须清楚对方在洽谈中的期望，即必须弄清楚卖方开出的是什么价。但此时的重点是搞清楚报价内容，暂不用考虑卖方为什么如此报价。在磋商阶段，就需要追根问底，需要逐渐了解如何在谋得己方利益的同时让对方满足。与此同时，还必须研究哪些方面对于对方来说是必须得到的，而哪些是对方希望得到但不是非得到不可的，对方报价中哪些方面的利益是比较次要的，而这些正是对方可以让步的。

（2）让步速度太快、幅度太大。在磋商过程中，双方都会作出一定的让步。但是无论哪一方，其让步速度都不能太快，让步的幅度不要太大，不要作单方面的让步（即使单方面让步，也必须是有原则的）。在磋商过程中，正确的让步原则如下：1）一方的让步必须与另一方的让步幅度相同。2）双方让步要同时进行。如果一方先做了一些让步，则在对方做出相应让步前，就不能再让步了。为了尽可能地满足对方，不惜做适当让步，但让步是为了换取己方的利益，必须让对方知晓，己方每次做出的都是重大的让步。

（3）出现僵局时的失误：1）不采取措施，而是一味地相互攻击、激烈地争吵；2）为了打破僵局，在对方的压力下，轻易改变自己原来的立场，作出原则性让步；3）玩弄花招，企图强硬地征服对方。

正确的行动是：尽可能避免出现僵持局面。但是，一旦发现已经陷入僵局，就需要设法解决双方的真正分歧问题，可使用打破僵局的策略来处理。

（4）时间期限上的失误：1）盲目地给自己一个洽谈截止期，加重自己的心理负担；2）把自己的实际截止期告诉对方；3）缺乏耐心，焦躁不安，盲目采取行动。

如果己方已经知道对方的真正的截止期，而对方尚不知道己方的截止期，那么此时己方就能掌握优势。据此，可得出关于时间期限战术的几个要点：1）永远不要给自己盲目地设定一个截止期。应该知道，截止期本身就是洽谈的结果。既然截止期是洽谈得出的结果，那么结果是可以洽谈的。2）在相互对立的洽谈中，千万别向对方暴露自己的实际截止期。向对方暴露自己的截止期，就如同把自己的压力点告诉了对方。3）耐心观察和发现对方的实际截止期，即使对方表现得平静而冷淡，但他们总是有一个截止期的。要有忍受紧张压力的耐心，控制自己、掌握时机。当你不知道应该做什么的时候，最好的办法就是什么也不做。同时也要考虑接近或超过截止期会带来什么负面影响。

任务四 推销洽谈的语言技巧

推销洽谈的语言艺术集中体现在洽谈者进行提问、叙述、答复、倾听和说服的技巧上。

一、提问技巧

在推销洽谈中常常需要运用提问技巧来引起对方的注意，同时获得自己不知道的信息和资料，传达自己的感受，控制洽谈的方向。提问的关键在于问得是否巧妙、是否恰到好处。推销员应根据洽谈对象、内容和目的的不同，采用不同的提问方式。在一般的洽谈场合，提问主要分为封闭式提问和开放式提问两大类型。

（一）封闭式提问

封闭式提问是指由特定的领域带出特定答复的问句，一般用“是”或“否”作为回答。例如：“上次到公司没看见您，您是否出差了?”这类问句可以使发问者得到特定的资料或信息，而答复这类问题也不必花时间思考。但这类问句含有相当程度的威胁性，往往带给人们不舒服的感觉。这类问句分为以下几种情况：

（1）选择式问句。即给对方提出几种情况让他从中选择的问句。例如：“您需要的颜色是银白色还是浅灰色?”“给您来一杯茶，还是一杯咖啡，或者一杯冰水?”等等。这都是提出两个以上的条件供对方任意选择，但对方只能在指定范围内选择。

（2）澄清式问句。即针对顾客的答复，重新措辞以让其证实或补充的一种问句。例如：“您说这类设备要订购100台，决定了没有?”“您说您想买一部电脑，是不是?”这种问句目的在于让顾客对自己的话进一步明朗态度。

（3）暗示式问句。这种问句本身已强烈地暗示出预期答案。例如：“这种款式现在市场供不应求，价格还会上涨，您说是吗?”这类问句中已经包含了答案，无非是敦促对方表态而已。

（4）参照式问句。即把第三者的意见作为参照而提出的问句。例如：“经理说，今年把采购量提高10%，你们认为怎么样?”这类问句中，如果第三者是对方熟悉的人，对洽谈对手会产生重大的影响。

（二）开放式提问

开放式提问是指在广泛的领域内提出具有广泛性的答复的问句，通常无法用“是”或“否”等简单的措辞作出答复。例如：“您看我们的洽谈应当怎样开展才好?”“您对明年的市场变化有什么考虑?”等等。这类问句因为不限定答复的范围，所以能使对方畅所欲言，使自己获得更多的信息。

开放式问句有以下一些句式：

（1）商量式问句。是和对方商量问题的句式。例如：“下月与上海某厂有一项业务洽谈，您愿意去吗?”“这次给你方的折扣定为3%，您认为如何?”等等。运用这种提问方法时，应尽量用商量的口吻向对方提出，这样比较容易被对方接受。而且即使对方不接受你的条件，洽谈的气氛仍然能保持融洽，双方仍有合作的可能。这类问句一般和对方切身利益有关，属于征询对方意见的发问形式。

（2）探索式问句。是针对对方答复内容继续进行引申的句式。例如：“您提到洽谈中存在困难，能不能告诉我主要存在哪些困难?”运用这类问句，不但可以获取比较充分的信息，而且可以显出发问者对对方所谈问题的兴趣和重视。

（3）启发式问句。是启发对方发表看法和意见的句式。例如：“明年的物价要上涨，您有什么看法?”这类问句主要启发对方谈出自己的看法，以便吸收新的意见和建议。

（三） 选择合适的提问方法和技巧

在洽谈过程中，发问者要多听少说，多运用开放式提问，谨慎采用封闭式提问。发问者应事先了解对方情况，打好腹稿，注意发问的时机，取得对方同意后再进一步提问，由广泛的问题逐步缩小到特定的问题，避免含糊不清的措辞，避免使用威胁性、教训性、讽刺性的问句，避免盘问式或审问式的问句。

推销员的提问是了解对方的需求，获取所需信息的手段，也是沟通双方感情的一种比较好的方式。除了选择适当的提问方式外，还要注意以下技巧：

（1）简单、明确地提出问题。向对方提出的问题应简单、明确，使对方一听就能明白，便于回答。如果提出的问题不明确，含含糊糊，似是而非，对方会无所适从，不知如何回答。推销员每次提出的问题不宜太多，如果提的问题太多，对方会产生厌烦的情绪，不利于推销的进展。

（2）把握提问的时机，有针对性地提出问题。提问时推销员应注意把握时机，在对方方便答复问题的合适时间提问，不要打断对方的谈话。提问时不仅应针对对方关心的问题提问，而且要先从简单的问题入手，逐渐深入，转向特定的问题。

（3）对关键性的问题要善于追问。对关键性的问题对方回答得不完整或故意避而不答时，推销员应善于耐心地追问，或变换角度继续提问，直至弄明白为止。对某些重要问题或数据再次提问，除了表明自己重视外，客观上也是让对方明白自己的承诺，减少对方以后可能就此反悔的机会。

二、叙述技巧

叙述是一种不受顾客提出问题的方向、范围的制约，带有主动性的阐述，是传达大量信息、沟通情感的一种方法。它是在了解顾客需求、立场、观念等的基础上，通过陈述来表达对各种问题的具体看法，或告诉顾客应该购买这种产品或服务的理由，以便使对方有所了解。

叙述问题、表达观点和意见时，应当态度诚恳、观点明朗、语言生动流畅、层次清楚紧凑。具体来说，叙述的技巧有：

（1）叙述一定要围绕主题。在洽谈中，叙述要得体，一定要围绕主题。不要远离主题、随心所欲、信口开河；也不要哗众取宠，远离主题大发幽默之感。因为这样不仅于己无益，而且会使顾客感到厌烦，形成洽谈障碍。

（2）叙述应简洁，通俗易懂。在洽谈中，我们要达到的目的就是让顾客相信我们所说的内容均为事实，并使其接受我们所说的观点。要实现此目的，应尽量使用能使顾客明白的语言、术语，尽量使用“共同语言”，特别是对于一些专业性很强的专用术语，应尽量用简明易懂的话加以解释。每次叙述的时间不宜太长，如果你长篇大论，顾客会听不进、记不住、理不清，会产生不耐烦的情绪。

（3）叙述应主次分明，层次清楚，措辞得当。在洽谈中，叙述应主次分明，层次清楚。推销员不仅有责任把自己心中的所想表达清楚，而且要让顾客能听得明白，产生兴趣。在叙述的过程中，措辞要得当，言语要委婉、含蓄、幽默，尽量避免使用贬义的词语、否定的词语、刺激的词语、夸张不实的词语。例如：“你别讲了”、“我就料到会这样”、“你错了”等，这类语言会使人听起来很不舒服，容易使顾客产生反感。

（4）叙述应客观真实，让顾客相信并产生信任。在洽谈中，叙述的内容应客观真实，用事实和确切的数据，准确、形象地加以说明，不要使用空洞无据的话语。当遇到某些数据、资料不是很清楚或无把握时，推销员应尽量回避或等搞清楚后再作说明，不要信口开河、冲口而出或随便敷衍。因为推销员若说错了，以后想做更改会非常困难，还可能使顾客对你产生不信任。

（5）适当运用语言技巧及语调来加强表达效果。不同的语言表达方式会产生不同的效果。好的表达方式，会使讲者激昂，听者兴奋；讲者陶醉，听者自然愉快。因此，推销员说话时要抑扬顿挫，富有感情，适当调整说话的速度。陈述要点时要斟字酌句，在要点前后作适当的停顿等，可以增强表达、叙述的效果。

三、答复技巧

在推销洽谈中，答复既是回答顾客的询问，又是表明、解释或推销自己见解的过程。

答复问题是一件很不容易的事情，因为推销员对回答的每一句话都负有责任，都将被对方理所当然地认为是一种承诺。这便给推销员带来一定的精神负担和压力。因此，一个推销员推销水平的高低，很大程度上取决于其答复问题的水平。

一般情况下，在推销洽谈中应当针对对方的提问实事求是地正面回答。但是，由于推销洽谈中的提问往往千奇百怪、形式各异，都是对方处心积虑、精心设计之后所提出的，有一定的目的性。如果对所有的问题都正面回答，并非明智之举。因此，答复也要讲究一定的技巧。如果回答不当，顾客会觉得你缺乏诚意，或对你产生误解，或认为你不值得信赖，从而造成不利于洽谈的局面。要有效地回答好顾客的问题，推销员应掌握一定的答复技巧，具体有：

(1) 不要彻底答复对方的提问。答复者应将提问的范围缩小，或者不作正面答复，而对答复的前提加以修饰和说明。例如：对方询问我方产品质量如何，我方不必详细介绍产品所有的质量指标，只需回答其中主要的某几项指标，从而形成质量很好的印象即可。总之，对对方提出的某些问题，如果觉得全盘托出对我方不利，可以只作局部的答复，适当留有余地，以免让对方了解我方的底牌，使我方陷于被动。

(2) 针对提问者的真实心理进行答复。有时提问者有特殊的目的，有意识地含糊其辞，使所提问题模棱两可。此时，如果答复者没有认清提问者的真实心理，就可能在答复中出现漏洞，使对方有机可乘。因此，答复者在遇到这种情况时，一定要认真分析，揣摩对方的真实心理，然后针对对方的心理作答，切不可自作聪明，按自己的心理假设进行答复。

(3) 拖延回答。在洽谈中遇到一时难以回答或有待请示、查询的问题时，不必勉强作答，完全可以用“资料不全”、“需求考虑”、“待请示后再答复”等作为理由延缓回答，这并不是无礼的表现。

(4) 含糊应答。当遇到一些比较棘手，难以作确切回答，但必须予以答复的情况时，可以运用这种含糊的应答法，即借助一些宽泛模糊的语言，使自己既作了答复，又留有余地，具有某种弹性，即使在意外的情况下也无懈可击。例如：当对方询问我方是否能将价格再压低一些时，我方可以答复：“价格确实是大家非常关心的问题，不过我们的产品质量和售后服务都是第一流的……”

(5) 反诘诱问。对方提出某一问题后，我方虽掌握足够的资料却不直接答复，而是按照一定的思路步步为营、环环相扣地向对方发出反问，尽量使对方每问必答，而且不得不对我方的反问表示同意，从而进入我方预定的目标范围。然后我方再综合对方对反问的回答，概括出对方的结论作为我方的答复。这种答复方法由于充分利用了对方的答案，因此对方很难反驳，容易使对方折服。

(6) 不予理会。对一些明显不值得回答或不便回答的问题完全可以不予理会。当然，不要只是简单地沉默不语，最好是转移话题或以资料数据不齐为托词，拖延或拒绝回答。

四、倾听技巧

优秀的推销员是那些既能问出好问题，又能专心听顾客回答的人。洽谈成功的另一个重要条件就是要具备耐心倾听他人讲话的能力、欲望与耐性。倾听不仅能建立信任，而且能使推销员准确地获取信息。从人际关系的角度来讲，倾听是尊重对方、改善或加深人际关系的手段；在推销过程中，多听是一种重要的洽谈策略。当你发问的时候，你就获得了一个倾听的机会，而且你听得越多，顾客就越喜欢你、相信你，就越能接受你的话，并且会渐渐开始考虑你的产品或服务。有些推销员认为必须将产品的资料提供给买方，越多越好，而对买方喋喋不休地讲些不着边际的话，逐渐使买方失去耐心；对于买方的批评与质疑，采取戒备的态势；不喜欢听有关竞争对手的事情，只喜欢听内心期待听到的事情，没有听到对方真正讲的事情，其结果可想而知。推销洽谈中倾听的技巧有：

（1）使用目光接触。眼睛看着对方，思考的时候也不要看别的地方。想想看，当你在说话时对方却不看你，你的感觉是怎样的？大多数人会将其解释为冷漠和不感兴趣。其实与对方进行目光接触可以使你集中精力，减少分心，并能激励对方。顾客讲话的时候，你要坐得稍微向前倾；轮到你讲话的时候，就稍微向后，不时点点头，扬起眉毛笑一笑。

（2）不受其他事情干扰。顾客讲话的时候，不要对办公室东张西望，不要注意其他干扰的声音，别人走进来时也不要理睬。

（3）不要只说不听，尽量避免中间打断对方。大多数人乐于畅谈自己的想法而不是倾听他人所说。尽管说可能更有乐趣而沉默使人不舒服，但我们不可能同时做到听和说。一个好的推销员应该知道这个道理并且尽量少开口。对于每个问题，应让买方完整地说完他的看法，即使对于买方提的观点你有很好的答案，也不要打断他说话。等他讲完之后，再判断他说的真实含义。

（4）注意顾客的肢体语言。注意顾客说话的声调高低、强弱、语气、音量及表情、动作。想一想这些肢体语言传达出什么样的含义，想告诉你什么。另外，注意倾听顾客说话，不要表现出“还不就是这么回事”的态度，也不要评论顾客讲话的语调。

（5）让顾客不断讲话。当顾客讲得差不多了，但是你还希望他多讲一点时，可以用以下的方法：

1）重复买方最后一句话，转换成问句：“你不相信这问题有这么严重吗？”

2）如果顾客讲述的是一次特别情绪化的经验，要让他继续说下去，你可以问他：“这对你一定很（有趣/刺激/挑战/困难/痛苦）吧？”

3）使用非直接的问法：“真的？”“接着呢？”“还有呢？”“还有谁？”“你觉得如何？”

一个优秀的倾听者会分析自己所听到的内容，并提出问题。这一行为可以保证正确理解说话者的意图，并使说话者知道你在倾听。

（6）证实你确实注意听而且很感兴趣。如果你认为顾客该说的都已经说完了，将你听到的复述一遍，这个技巧可以使你收回发言权。复述是指用自己的话重述说话者所说的内容。优秀的推销员常常会使用这样的语句："我听你说的是……" 或 "你是否是这个意思?" 为什么要重述对方已经说过的话呢？有两个原因：1）它是核查你是否认真倾听的最佳手段。如果你在走神或在思考你接下来要说的内容，你肯定不能精确复述出对方所说的完整内容。2）它是精确性的控制机制。用自己的语言复述顾客所说的内容并将其反馈给顾客，可以检验自己理解的准确性，同时证明你确实在用心地听他说话。

（7）要避免分心的举动。表现对对方说话感兴趣的另一个做法是避免那些表明思想走神的举动。在倾听时，注意不要进行下面这类活动：看表、心不在焉地翻阅文件、拿着笔乱写乱画等。这会使说话者感觉到你很厌烦或不感兴趣。另外，这也表明你并未集中精力，因而很可能会遗漏一些说话者想传递的信息。

（8）抑制争论的念头。你和你的对手之所以成为对手，是因为你们之间有意见不一致之处。如果你打断顾客的谈话，抢着要表明自己的态度，或只是内心有此念头，也会筑起沟通的障碍。推销员应学会控制自己，抑制争论的冲动。

五、说服技巧

在洽谈中，最重要而难度最大的事情就是说服对方接受你的观点，这是因为洽谈双方各自的主张存在着利益冲突。因此，要让一方轻易放弃自己的主张而赞同对方的主张是不可能的。根据经验，如果双方发生了分歧，而谁也说服不了对方让步的话，就会形成僵局，给以后的洽谈带来阴影，导致双方洽谈失败。要在洽谈中发挥说服的作用，可掌握如下技巧：

（1）洽谈中讨论问题的顺序应当按先易后难的原则去安排。这样做容易取得成效，使双方从一开始就显示了合作的诚意和信任，从而减少彼此的戒备心理，增强双方对交易成功的信心与愿望，从而为洽谈的进展创造良好的气氛。对于双方意向差别较大的问题，可以放在较后的位置并安排较多的时间去讨论。这时由于前面的洽谈成果已增强了双方的合作意向，洽谈的困难会相对减少。

（2）在说服对方时免不了要陈述利害关系，一般应先讲"利"的一面，而且要讲深、讲透，然后再以委婉的口气陈述"害"的一面。这样做是因为洽谈者以追求利益为目标，十分注意利益的得失，我们首先迎合对方利益的需求，有利于激发对方的兴趣和热情。

（3）在洽谈中双方既有合作，又有冲突。因此，我们在说服对方时应该尽可能强调利益的一致性与互利互惠的可能性，这样有利于激发对方在认同自身利益的基础上接受建议。

（4）由于洽谈者的目标是要满足自己的需求，因此我们要在说服过程中尽量去发现对方的迫切需求或第一位需求。如果发现对方的需求正好与自己的提议相一致，双方往往一拍即合。

（5）为了快速、顺利地达成协议，在说服他人时不应仅仅强调未解决的争议问题，还应重点宣传已解决的问题，这有助于增强双方合作的信心和热情。

（6）要特别重视首尾两部分内容的安排及语言技巧的运用，因为开头与结尾给人留下的印象比较深刻，所以可把最重要的问题放在首尾部分。

（7）拿出充分的证据或有说服力的资料来证实自己的解释或要求，使对方在事实面前心悦诚服。

（8）在对问题作结论时不要推辞，应简单明了、准确无误地陈述结论。

谈判中的非语言沟通

传播学家艾伯特·梅拉比安曾提出一个公式：

信息的全部表达＝语调（7%）＋声音（38%）＋肢体语言（包括表情）（55%）

肢体语言包括我们的动作、表情、姿态和声音等，不同肢体语言传递着不同的信息。例如：柔和的手势表示友好、商量，而强硬的手势则代表要求服从；微笑表示友善和礼貌，而皱眉表示怀疑和不满；双臂环抱代表防御，紧握拳头可能代表生气，耸肩可能代表并不在意，敲击手指表明不耐烦；抑扬顿挫表明热情，停顿则是为了吸引注意力。

时空语言是指时间与空间因素在谈判中发出的信息。例如：谈判时对方能准时到达，显示出对方有修养、守信用。反之，则显示出对方傲慢、不尊重人。人与人之间的距离有亲热交往距离、私人交往距离、社交交往距离和公众交往距离。在商务谈判中，最常见、最实用的距离是社交交往距离（在1～3米）。过近的距离会引起对方的抵触情绪，影响谈判气氛。过远的距离中有声语言的沟通就会比较困难。所以，在谈判中谈判者应注意保持合适的距离，以便形成一种适合的心理氛围。

任务五
顾客异议的处理

一、识别顾客异议

从现代推销学的基本理论的角度来看，所谓顾客异议，也就是顾客对于推销员及其推销品和推销活动的一种反应。这种反应表现为妨碍推销活动顺利进行的各种阻力。因此，顾客异议也可称为推销障碍。如果说推销提示和推销演示是推销员向顾客传递推销信息的过程，那么，顾客异议就是顾客向推销员反馈有关购买信息的过程。换句话说，推销员的推销提示和演示过程、顾客提出购买异议的过程、推销员处理顾客异议的过程，实际上是一个统一的连续过程，是一个传递信息、接收信息、加工整理信息、反馈信息、再传递信息的循环过程。要想成功地消除顾客异议，首先需要对顾客异议进行准确识别。

（一）确定顾客异议类型

关于顾客异议的基本类型，不同的专家学者有各自不同的看法和不同的划分标准。我们这里按照顾客异议的具体内容将现代顾客异议划分为下述几种基本类型：

1. 需求异议

所谓需求异议，是指顾客自以为不需要推销品而形成的一种反对意见。需求异议属于顾客自身方面的一种异议，也是一种最常见的顾客异议。其主要根源在于顾客对于推销员及其推销品的认识水平，或根源于顾客的成见心理。就需求异议的性质来看，真实的需求异议是成交的直接障碍，推销中若遇到此种异议，表明推销员在顾客资格认定上出现了失误，应立即停止推销，变换推销对象。虚假的需求异议则是顾客拒绝推销员及其推销品的一种借口。最常见的表现有："我根本就不需要这种东西"，"我们已经有了"，"这东西有什么用"等。对此，推销员应该认真分析，妥善处理。

2. 财力异议

所谓财力异议，是指顾客以缺乏货币支付能力为由而提出的一种反对意见。财力异议也属于顾客自身方面的一种常见的异议。其主要根源在于顾客的财务状况和成见心理。就财力异议的性质来看，真实的财力异议是成交的主要障碍，虚假的财力异议是顾客拒绝推销员及其推销品的一种借口。一般来说，对于顾客的财力状况，推销员是比较容易了解的。在顾客资格认定和接近准备中，推销员就已经对顾客的货币支付能力进行过审查。因此，在掌握推销对象资料比较准确的情况下，很容易区分推销中所遇到的财力异议是真是假。真实的财力异议是推销难以克服的障碍，发生该障碍是对顾客资格认定的失误；虚假的财力异议只是一种借口，只要方法得当是很容易排除的。

3. 权力异议

所谓权力异议，是指顾客以缺乏购买决策权为由而提出的一种反对意见。例如："这东西既经济又实用，只是我爱人不在家"，"你的建议很好，不过，这样大的事情，我不能做主"等。权力异议属于顾客自身方面的一种常见异议，其主要根源在于顾客的决策能力状况和成见心理。一般说来，推销员已对顾客的决策能力进行过审查，是比较了解真实状况的。就权力异议的性质来看，真实的权力异议是成交的主要障碍，虚假的权力异议则是顾客拒绝推销员及其推销品的一种借口。对于前者，推销员应根据自己掌握的有关情况来加以妥善处理，如果推销员在进行顾客资格审查和接近准备时出现差错，则应该及时纠正。对于后者，推销员应该有根有据地加以驳回。

4. 产品异议

所谓产品异议，是指顾客认为推销品本身不能满足自己需求而形成的一种反对意见。这种反对意见往往表现为顾客对推销品有一定的认识，且具有较充分的购买条件，就是不愿意购买。例如："这种东西的质量太差"，"这件衣服的颜色不好看"等。产品异议属于推销方面的一种异议，也是一种最常见的顾客异议。产品异议一般是在需求异议、财力异议和权力异议之后提出来的。当顾客提出产品异议时，往往表明这位顾客有意愿购买这类产品且有决策权，只是不愿意购买眼前的这种推销品。产品异议的产生根源十分复杂，顾客的认识水平、广告宣传、购买习惯以及其他各种社会成见等因素，都可能导致产品异议。从产品异议的性质来看，有竞争性的产品异议，也有非竞争性的产品异议。对于前者，推销员应该着重说明本推销品的特殊性用途，树立产品形象；对于后者，推销员则应该着重介绍推销品的使用价值及其利益。

5. 价格异议

所谓价格异议，是指顾客以推销品价格过高或过低为由而拒绝购买的一种反对意见。例如："这个价钱，买不起呀"，"别人比你更便宜"等。价格异议也属于推销品和推销政策方面的一种异议。当顾客提出价格异议时，往往表明这位顾客愿意购买这种推销品，只是认为推销品价格太高，或者讨价还价、千方百计地迫使推销员降低售价。价格异议是推销洽谈中最常见的现象，其根源也比较复杂。在现代推销环境中，顾客也必然会提出各式各样的价格异议。无论是什么性质的价格异议，推销员都必须慎重对待，分析异议的真实根源，运用各种有效处理技术，妥善地加以处理。

6. 货源异议

所谓货源异议，是指顾客自以为不应该向推销员及其所代表的有关公司购买推销品的一种购买异议。例如："我要去正规商店买"，"你们交货不及时"，"我已决定购买一家大公司的产品"等。货源异议属于推销员方面的一种顾客异议。当顾客提出货源异议时，往往表明这位顾客愿意按照推销员的报价来购买这种推销品，只是不愿意向眼前这位推销员及其所代表的公司购买。引起货源异议的原因十分复杂，例如：卖方商业信誉不佳、推销态度不良、推销服务不周、同业竞争激烈等，都可能导致货源异议。在一定的推销环境中，有些顾客会利用货源异议的方式来跟推销员讨价还价，甚至利用货源异议来拒绝推销员的接近。货源异议具有一定的积极意义。推销员应该认真分析顾客所提出的货源异议的真正根源，努力提高推销服务工作质量，不断改进服务态度，提高推销信誉。

7. 推销员异议

所谓推销员异议，是指顾客因推销员个人原因而不肯购买的一种反对意见。例如："怎么又是你，请你以后别来了"，"上次就是上了你的当"等。这种异议是推销员本身造成的，例如：推销员态度不好、礼仪不周、信誉不高、人际关系不良等，都会导致推销员异议。这种异议有一定的积极意义，可使推销员及时发现自己的不足，改进服务态度，提高个人信誉。克服这一异议，一方面要求推销员加强自身修养，提高工作质量；另一方面要求推销员注意观察顾客行为，分析顾客心理，设法消除误会，争取顾客的谅解和合作。

8. 购买时间异议

所谓购买时间异议，也叫拖延异议，是指顾客有意拖延购买时间来达到某种目的的一种反对意见。例如："让我先仔细想一想，下个月再告诉你"，"我们还要仔细研究研究，然后再作决定"等。购买时间异议属于顾客方面的一种购买异议。当顾客提出购买时间异议时，往往表明这位顾客愿意购买这种推销品，只是想推迟购买时间。不过，也有些顾客利用购买时间异议来拒绝推销员的接近和面谈。因此，对于顾客所提出的购买时间异议，推销员要具体分析，认真处理。

此外，按照不同的划分标准，顾客异议还可划分为其他不同的类型。例如：按照真实性可分为真实异议和虚假异议，按照显露程度可分为公开异议和隐藏异议，按照正确性可分为正确异议和错误异议，按照顾客的意图可分为试探性异议、针对性异议和强辩性异议，按照在推销洽谈中的地位可分为重要异议和次要异议等。

总之，各类顾客异议都是相互影响、相互转化的。从顾客异议的内容来看，无论属于什么类型，都是顾客对于推销员及其推销行为和推销品的异议。

（二）分析顾客异议

形成顾客异议的原因很多，既有产品的质量、功能、价格、外形等方面的，又有推销员的利益、态度、言谈举止等方面的，还有顾客本身的个性、情感、意志等方面的。尽管顾客异议的成因错综复杂，推销员难以完全了解形成异议的最终原因或全部原因，但是可以通过一定的方法找出某一异议的主要成因，从而主动、有效地预测、控制和消除各种异议。这里，我们将形成顾客异议的原因归纳为顾客方面的原因、产品方面的原因、推销员方面的原因和其他方面的原因。

1. 顾客方面的原因

顾客是推销的对象，也是推销的双重主体之一。购买商品的是顾客，提出异议的也是顾客。因此，顾客异议首先表现在顾客方面，来源于顾客方面的障碍的根源主要表现为：

(1) 顾客的需求。顾客的需求是顾客产生购买行为和形成顾客异议的最基本原因。顾客的需求是多方面、多层次的，包括生理需求和心理需求、物质需求和精神需求、有形产品需求和无形产品需求等。顾客的需求是不断变化的，它会因不同的产品、不同的时间、不同的购买场所而不断变化。顾客需求的多样性、层次性、伸缩性，必然导致其购买行为的多样性和变化性，这主要表现为推销过程中顾客必然会以各种不同的反对意见来“约束”其购买行为的顺利实现。从推销学的角度讲，这就是顾客异议。

(2) 顾客的认识。顾客的认识是十分复杂的，尤其表现在推销品上，每个顾客的认识都具有个性色彩。由于每个人的知识经验、价值观念、个性特征、情感及购买目的等各不相同，看待具体问题的角度不同，同一种产品在不同的顾客心中会形成不同的认识。由认识所导致的异议直接表现为顾客的成见和偏见。消费心理学认为，任何顾客都具有一定的成见，这与顾客个人的文化水平、社会经历、社会交往以及广告宣传、社会舆论有关。顾客的成见往往带有强烈的感情色彩，通常是对事物（推销、产品、推销员）缺乏公正、客观、全面的评价。顾客的成见往往会导致各种类型的异议，且难以在短时间内通过说理的方式消除。

(3) 顾客的购买习惯。从心理学的角度讲，顾客在购买了一次产品后，会对购买活动留下不同的感受。这些感受中有成功的经验，也有失败的教训。经过多次或长期购买，在经验与教训的积累过程中，沉淀出购买经验，这些经验往往会影响其下一次的购买行为。购买习惯是顾客认识和学习的结果，是一种感情上的执著，要改变顾客的购买习惯是很困难的事情。心理学家认为，反对改变是人类行为中的自然倾向。对许多人来说，熟悉的东西比不熟悉的东西更容易接受。当推销活动与顾客的购买习惯不一致时，顾客就会对推销品、推销员、推销活动等提出各种反对意见。推销员既要善于利用顾客的习惯来发展顾客关系，以促进推销，又要善于处理根源于购买习惯的各种顾客异议，以促成交易。

(4) 顾客的自我表现。由于自尊心的驱使，顾客往往会在不同场合以不同的方式、不同程度地表现自我。对于推销员所作的产品介绍，顾客往往认为没有必要，会自以为是。推销员越是在顾客面前介绍产品的优点和提出推销建议，顾客就越觉得自己有必要提出一些不同的看法，甚至试探一下推销员的能耐和见识。当推销员在言行举止中流露出自鸣得意的神情时，顾客则往往会采取自我表现的态度，以求得心理上的满足。

(5) 顾客的购买权力。无论是集体购买还是个人购买，都有一个权威中心点的问题。

购买产品的顾客或者是接受推销员推销的顾客，不一定就是购买的决策者。当顾客没有权力决定是否购买某一推销品，没有权力决定购买什么样的推销品时，或者没有权力决定在什么条件下才能购买某种推销品时，那么，他很有可能就购买权力、购买条件、购买时间等有关方面提出异议。如果顾客的确缺乏或没有足够的购买权力，那就说明推销员在对顾客资格认定和接近准备上出现了失误，所推销的对象不是你所要寻找的目标顾客或者准顾客。

（6）顾客的支付能力。支付能力是影响交易行为的一个重要因素，是实现交易的物质要素和物质保证。当顾客产生了购买意向后，决定其是否实现购买行为的关键因素就是购买力，即货币支付能力。一般来说，顾客购买力的大小往往与推销成交的顺利程度成正比，尤其是在购买欲望产生后更为明显。顾客往往根据自己的支付能力来决定是否购买某一产品，购买什么样的产品。当某一推销品价格偏高时，顾客往往会提出相关的反对意见。在推销中，由于购买力不足所导致的顾客异议，往往会被顾客利用其他异议来进行掩盖，如吹毛求疵、故意挑毛病、提出一些无关的异议等。

2. 产品方面的原因

产品是推销的客体，是一个多因素的集合体。构成产品的要素主要包括质量、效用、功能、品种、规格、花色、式样、包装、商标、价格、服务等。因此，来自产品方面的异议也是多方面的。

（1）产品质量。质量从广义上说是一个大的概念，包括内在质量、外在质量和服务质量。这里作为产品要素而言，指的是狭义上的质量，即产品的内在品质。在推销过程中，推销员最忌讳又不能回避的首先是产品质量，顾客最关心的最终也会归结到质量上来。虽然推销员应该注意把产品能够满足顾客特殊需求的适用性放在首位，但同时必须注意产品应符合商业销售、顾客使用等最基本的质量要求。否则，产品的销路必然非常狭窄。实践证明，优质产品在推销中所遇到的异议比劣质产品要少得多，也容易排除得多。源于质量上的异议主要表现在两方面：一是没有处理好质量与价格的关系。按质—价矩阵分析，质优价高、质次价廉、质价相符的产品有销路，质优价廉的产品不愁销路，质次价高的产品没有销路。当推销员提供的产品质次价高时，顾客必然会提出反对意见。当产品质优价廉时，也是一种质价不相符，顾客也可能提出异议，但此类异议属于顾客心理方面的或价格方面的异议。二是没有处理好质量与需求的关系。这是一个关于质量应与目标市场的条件和要求相一致的问题。在消费水平较高的市场上，质次价低的产品未必有销路；而在购买力有限的市场上，质优价高的产品也未必有人问津。当企业或推销员没有能够处理好质量与需求的关系时，顾客必然会提出相应的反对意见。

（2）产品的功能与效用。产品是供顾客使用的，它必须具有使用价值，具有它应当具备的最基本的功能和效用，能够满足顾客的某种需求，否则，再好的产品也无法为顾客所接受。产品的功能与产品的价值成正比，但它并不一定与顾客需求成正比。功能太多、功能太少或功能不齐全，都会引发顾客提出反对意见。在这里，产品的功能直接表现为产品应具有的适用性。产品的效用是产品的自然属性，也是顾客之所以购买它的最根本的衡量标准。在这里，产品的效用则表现为产品应具有的实用性。对于顾客而言，产品的适用性与实用性最为重要。产品的功能、效用越符合顾客的需求，产品就越有销路，否则，即使质量再好也无人问津。

（3）产品外形。产品外形包括产品的品种、规格、花色、式样、包装、商标等。产品的外部形态构成形式上的产品，是产品在顾客眼中的直观形象。顾客购买产品的行为方式直接表现为望、闻、问、试，观察产品的外形首当其冲。推销员所推销的产品在品种、规格、花色、式样上，一要做到齐全，二要做到适销，三要做到对路；在产品包装和商标上应做到新颖、别致，具有吸引力，能够唤起顾客的注意，诱发顾客兴趣。如果产品在外形上存在问题，不能满足顾客的特定需求，在推销过程中推销员就会遇到有关的顾客异议。

（4）产品价格。产品价格是形成顾客异议最常见的原因之一。顾客一般认为价格太高，并通过讨价还价取得能够接受的价格，实现交易。顾客一般认为价格太高的原因主要有：顾客的支付能力不允许他购买价格高的产品；顾客认为产品价格高于其价值太多；市场上同类产品价格较低；顾客爱挑剔，喜欢表现自己，为难推销员；顾客害怕吃亏，想试探价格的虚实；顾客没有真正的购买意图，以价格高作为拒绝的借口。

有时，顾客也会因推销员推销的产品价格太低而拒绝购买。当顾客认为产品价格过低，在没有正当理由说明的情况下，只会加大推销的难度。顾客认为价格太低的原因主要有：顾客经济情况好、消费水平高；顾客的社会地位高，处于上层阶级；顾客好表现自己，买高不买低；顾客认为一分价钱一分货，便宜没好货；顾客觉得价格低说明产品已过时，或失去其功效。

（5）产品服务。服务是产品的附加利益，包括售前服务、售中服务和售后服务，它直接影响推销的绩效。在现代企业竞争中，产品的品质、价格、功效越来越接近，企业之间竞争力的强弱越来越表现在服务上面。产品的品质、价格、功效都存在着一定的限度，不能随意超越；而服务却没有限度，服务项目越多，花样越新，顾客就越欢迎。服务的竞争是现代企业的主要竞争方式，谁能提供优质的服务，谁就能赢得顾客。如果顾客感到服务不周，一般不会就服务直接提出异议，而是通过货源异议或推销员异议来拒绝推销。

3. 推销员方面的原因

推销员是企业形象的代表，推销员的行为在一定程度上代表企业行为。顾客面对推销员时，往往会联想到推销员所在的企业及其推销品。如果推销员自身存在着某些主观或客观上的问题，必然会引起顾客的反感，并因此而流露出反对情绪或提出反对意见。一般来说，来源于推销员方面的原因表现在以下几个方面：

（1）推销员的素质低下。作为一名合格的推销员，他必须具备良好的思想品质和职业道德，顾客至上的推销观念和忘我的敬业精神；精通业务，能熟练地运用推销技巧，具有全面的市场知识和产品知识；除具备一般能力外，还应具备能吸引顾客、诱导顾客的特殊能力。当推销员不具备上述条件时，必然会引起顾客反感，从而导致顾客异议的产生。

（2）推销员的形象欠佳。这里主要是指相对于内在气质而言的外部形象。尽管推销员的外部形象在相当大的程度上取决于遗传，但作为推销员是可以通过内在气质的衬托和形象设计来弥补的。优秀的推销员往往会巧妙地设计个人形象，并逐步在顾客心目中形成较为固定的形象，以促使推销的顺利进行。如果推销员不拘小节、不修边幅、不讲究礼仪，往往会引起顾客的冷遇，遭到顾客的排斥。

（3）推销员的方法不当。一种推销策略和技巧运用之所以成功了，那是因为运用者选择了恰当的时间、恰当的地点、恰当的对象。同样的策略和技巧，不同的人去运用，最后取得的结果是不相同的。这说明，推销方法的运用是有条件的。因此，当推销员选择了错误的时机去运用“正确”的方法时，结果可能适得其反。此外，推销员在方法运用上的某些误区，也容易引起顾客异议。例如：推销员往往会认为推销员应运用三寸不烂之舌竭力推销，因此忽略了给顾客表达想法的机会；推销是以推销员自己为中心的单方面的行为，因此忽略了另一个推销主体——顾客。

（4）推销员受顾客排斥。这是一个具有双重性质的问题，它反映的是推销员与顾客的有效配合问题。顾客排斥推销员，犹如顾客排斥广告宣传一样，这是顾客所持有的偏见造成的，可以视为常规性的障碍。此外，某些顾客排斥推销员并非是单纯地排斥产品或所有的推销员，而是只排斥某些特定的推销员，即排斥某一性别、某一年龄段或某一类型的推销员。这种排斥是一种非常规的排斥，它既可以归结为由顾客原因所引起的顾客异议，也可以归结为由推销员的原因所引起的顾客异议。

4. 其他方面的原因

除顾客、产品、推销员方面的原因外，引起顾客异议的原因还包括推销信誉不佳、推销信息失真、推销环境不良等。

（1）推销信誉不佳。在实际的推销的工作中，有些推销员及其所代表的企业沿袭了旧商人身上的不良习性，或未能转变传统的营销观念，对顾客不负责任，不信守合同，甚至采取欺骗的手段坑害顾客，在市场上失信于顾客。

（2）推销信息失真。推销的过程是信息“发射”和“接收”的过程。信息的“发射”是由推销员完成的，信息的“接收”则是由顾客完成的。但顾客在“接收”信息的时候，往往会出现偏差或者认为译出信息的一方有偏差，这就必然会出现信息沟通的障碍。当推销员“发射”的信息失真时，顾客必然会提出反对意见。有时，由于顾客的接受能力和理解能力不同，他会感到推销员“发射”的信息不足，自己无法有效地“接收”，从而提出异议。

（3）推销环境不良。有效的、成功的推销是以一定的推销环境为条件的，推销活动必须符合推销环境的基本要求。一般来说，顾客的购买能力、购买习惯、群体的消费水平、消费结构、竞争的规模和激化程度等因素，会因推销环境的不同而发生改变。如果推销员在一个不适合的环境里进行推销，势必会引起顾客的反感，遭到顾客的排斥。

总之，形成顾客异议的原因是非常复杂和多变的，各种因素之间又是相互联系、相互影响和相互转化的。推销员应认真分析、研究和掌握顾客反对意见的真正根源，以便有针对性地处理反对意见，排除顾客异议。

二、处理顾客异议的策略分析

（一）处理顾客异议的具体步骤

遵循以下处理顾客异议的步骤，能让推销员和潜在顾客的沟通更融洽、更顺畅。

第一步：认真听取顾客提出的意见。倾听反对意见是分析顾客异议的前提。

第二步：重复顾客的反对意见，确认自己理解了对方的意思。例如："你是说这豆浆机使用起来感觉比较麻烦，是吗?"

第三步：认同对方的感受，表示理解。这样双方就建立起了合作关系，而不是抵触的情绪。例如：潜在顾客："李先生，你们的产品价格太高了吧?"推销员："我理解你为什么会有这种感觉，让我们来谈谈这个问题吧。"

第四步：回答顾客异议。我们可以根据异议的类别，用合适的方式建议顾客采取行动。例如："这款产品不同于一般的豆浆机，是全功能型，还能打果汁、煮粥等，您是否试试看?"

第五步：等待顾客的回答。

（二）不同类型顾客异议的处理技巧

为了确定处理顾客异议所要采取的策略，推销员还必须掌握实现策略的基本方法。在实际工作中，处理顾客异议的方法多种多样，下面介绍一些最常用的处理技术和常见异议的处理技巧。

1. 需求异议的处理

如前所述，需求异议是顾客自以为不需要推销品所形成的一种异议。真实的需求异议是推销员对顾客选择的失误应中止推销，重新选择推销对象；虚假的需求异议则是以不需要推销品作为借口所形成的一种异议。对于这种异议的处理可选择运用下列技巧：

（1）渐进式推销。这是一种逐步推进式的推销方法。第一次拜访顾客时"点到为止"。第二次拜访时，找出合适的话题，让对方能够接纳你，并愿意和你交谈，以便进一步和顾客建立关系。第三次拜访时，再转向推销事宜，并根据顾客反应逐步推向深入，过渡到洽谈上来。

（2）公共式推销。这是一种通过建立公共关系，赢得顾客好评，进而进行推销的方法。推销员遭到顾客拒绝后，应先找出顾客感兴趣的话题，让顾客在思想上与自己保持一致，在感情上产生共鸣。当交谈逐渐深入后，把握时机提出正题。在运用这种"拉关系"式的推销时，应注意寻找对方感兴趣的话题，同时注意寻找拜访顾客的适当事由，不可盲目登门造访。

（3）再次拜访。推销员第一次拜访顾客后，顾客拒绝接受推销品，这是很正常的。如果你确认顾客确实需求并有购买能力时，必须坚持再次拜访，并力求下次拜访时推销有所进展，哪怕进展很小。当然，有些人并不赞成“马拉松”式的推销方式。但推销员对于已确认的准顾客，应不怕其拒绝，持之以恒进行推销是非常必要的。

（4）适时告辞。对于推销员来说，面对有需求异议的顾客，适时告辞非常重要。当顾客拒绝推销品时，推销员宁可说“打扰您了，真是抱歉，那我改天再来拜访”，而不要等顾客下逐客令之后再离开。重要的是一定要告诉对方你“改天再来”。同时，在告辞时推销员要注意控制情绪，态度要好，不要来时笑脸，走时冷脸，令对方感到厌恶。

2. 产品异议的处理

产品异议也就是推销品异议。处理这一异议时，推销员应从如下几方面着手：

（1）强调产品适合顾客需求。推销员所推销的产品必须与顾客的特定需求相适应。当顾客提出产品异议后，推销员应先分析顾客的需求和动机，然后将其与产品的特性联系起来，以引导顾客认识到该产品正符合其特定需求。

（2）介绍产品的使用价值。一件产品只有当它被顾客使用并能满足其特定需求时才能发挥其作用。因此，推销员在推销产品时不能单纯地向顾客介绍产品，而应重点介绍产品的使用价值。只有让顾客了解产品的使用价值、功能效用，才能有效地刺激顾客的需求，转化产品异议。

（3）围绕产品质量进行重点推销。按现代营销理论的大质量观念，产品最佳质量是当质与价、质与求、质与量相符时的质量。推销员应找准顾客对产品质量中最感兴趣的关键点，并围绕这一关键点展开重点推销。

总之，排除产品异议可运用前面所介绍的各种方法，重点在于对顾客进行循序渐进的引导。

3. 价格异议的处理

价格异议可以说是推销中最为重要和最为常见的异议，这主要是由于价格直接关系到交易双方的实际利益。推销员能否处理好价格异议，直接关系到交易的成败和利益的得失。

（1）顾客的价格心理与价格策略。为了在推销的讨价还价中成功地运用价格策略，首先应研究一下顾客的价格心理以及可能会运用的价格策略，并以此作为推销员作出报价和运用讨价还价策略的依据。

1）顾客的价格价值观心理。顾客的价格价值观心理是指顾客以自己的价值观去衡量产品价格的心理。不同的顾客有不同的价值观，以不同的价值观去看待同一产品的同一报价，会得出不同的结论。确切地讲，顾客的价格价值观心理是顾客以自己的价值观及其取向标准去看待产品报价的心理。如果推销员介绍的产品优点，或者顾客自己发现产品的某个优点与顾客的价值观正向取值一致，顾客就会认为这个产品是有价值的，即使是出高价也是值得的。例如：对于周杰伦的歌迷来说，用 500 元购买一张周杰伦的演唱会门票是很正常的，但对不喜欢周杰伦的顾客而言，会认为“这个价格太高了，无法接受”。

2）顾客的价格需求心理。顾客的价格需求心理是指顾客往往会以产品能否满足自己最迫切的需求为标准去衡量产品价格高低的心理。这主要有三方面的表现：

a. 顾客需求越迫切，就越不计较价格。产品价格的最高限额亦会随着顾客对产品需求的迫切程度与重视程度的提高而提高，正向相关。就像情人节的玫瑰价格要比平时高几倍。

b. 越能满足顾客基本需求的产品，顾客越能出高价。在顾客的需求层次中，对于越能满足顾客最基本需求的产品，价格对购买决策的影响越小。

c. 越能满足人们优势需求的产品，人们就越不计较价格。不同的顾客有不同的优势需求，对于越能满足优势需求的产品，顾客越愿意出高价购买。而不同的时期，顾客总是有一个优势需求需要满足，这就是推销员报高价的时机。

3）顾客的价格预期心理。顾客的价格预期心理是指顾客对价格的未来变化趋势进行预测后产生的心理活动。顾客为了保护自己的利益，降低成本，总是会对价格的变化趋势进行预测。在实际的经济活动中，顾客会出现两种心理：

a. 顾客的价格预期紧张心理。顾客的价格预期紧张心理是指顾客在价格看涨时因为害怕价格上涨而产生的一种紧张心理，这种心理会促使顾客在物价上涨时抢购。

b. 顾客的价格预期等待心理。顾客的价格预期等待心理是指顾客在产品价格看跌时，等待价格再降的心理。本来产品价格下降应是购买的好时机，但是顾客认为价格还会进一步下降，于是采取了持币待购的策略。这时，即使推销员让价推销，顾客一般也不会因降价而购买。即使目前需求较迫切，顾客往往会向推销员提出降价保证与补偿损失的要求。这种买涨不买跌的心理，就是典型的顾客价格预期等待心理。

4）顾客的价格质量心理。顾客的价格质量心理是指顾客把产品价格与产品质量联系起来进行考虑的心理。大致有以下几种情况：

a. 重视质量不重视价格的心理。一些对产品质量要求很高的行业与企业，为了获得符合要求的高质量产品，往往是不惜下大本钱求购的。

b. 以价格衡量质量的心理。这是顾客把价格当作产品质量衡量标准的一种心理。有些对产品及其质量不甚了解的顾客，会把产品的价格高低当作判断产品质量高低的一个标准。一个不懂业务的采购员，为了保证产品的质量，往往会购买价格高的产品，所以对于新手采购员，推销员应报高价。

c. 以产品质量功能价格比作为购买决策的依据。一些专家型购买者采取理智的购买行为，把多个产品的价格性能比、价格质量比进行货比三家，反复衡量后，才下决心拍板决策。如果推销员不能向这些顾客提供足够的产品功能与质量等的技术资料及证明文件，就只好降价出售。

5）顾客的价格参考心理。顾客的价格参考心理是指顾客以事先掌握的价格尺度作为购买标准去衡量产品报价所产生的心理活动。一些购买新产品的顾客，由于对新产品的价格与行情不了解，首先往往会多方面征询意见。例如：他们会向已购买的顾客了解、向专家咨询、向权威部门请教、向上级请示等。然后结合自己的要求与经济实力确定购买产品的价格范围。这是一个参考价，也会成为购买的起点价、界点价。在推销洽谈中，如果推销员报出的价格与顾客的预定价格接近，顾客就易于接受；相反，推销员的报价距离顾客的预定价格比较远，就会引起顾客对价格的猜疑。报价高了，顾客会认为推销员在漫天要价，有意欺诈；报价过低，顾客会认为产品质量、功能等方面有问题，甚至会怀疑是否是假冒伪劣产品。两种心态都不利于顾客购买。

6）顾客的价格折射心理。顾客的价格折射心理是指顾客会把产品价格高低看成是自身价值高低的反映。例如：有的企业认为自己是名厂、名店，是有地位、有影响的企业，因此，总是购买那些名牌或自认为是名牌的产品，尽管价格高许多，也毫不犹豫。有的企业也以购买名家产品来抬高自己的社会地位和扩大自身的影响，看重的不是价格，而是名望、档次、等级等。一些个人顾客也把购买与消费名牌产品当作实现自我价值的一个标志，当成名望与地位的折射镜，希望名牌的光辉使他们也高大起来。

7）顾客的价格制度心理。顾客的价格制度心理是指顾客把购买产品的价格高低与财务会计的限制制度比较后而产生的心理活动。一些开支受财务制度限制的购买者，在采购与洽谈中，敏感的问题往往不是价格，而是开支金额是否与财务制度相符合。有的购买者往往使尽手中的权力以达到某种显示作用。例如：一个领导有 10 000 元的购买审批权力，如果推销员向其推销的产品总值在 5 000 元以下时，他会不高兴。他或许会认为：这个数目下级就可以解决了，何必来麻烦我，于是就会采取消极态度。如果报价为 9 980 元左右，他也许会觉得这个数只有他才可以批，而且又在财务制度规定的范围内。这时，他感到权力与人生价值得到了最大的实现，他很可能会采取积极配合的态度。但对于一个不愿越权的管理者，产品一次总报价超过 10 000 元，哪怕只超过一点点，也会造成购买审批者的心理压力而不敢拍板。

8）顾客的价格方案比较心理。顾客的价格方案比较心理是指顾客在进行价格比较后产生的心理活动。由于中间商的经营利益主要来自购销差价，因此，对于他们而言，只要卖得出，他们不太关心产品质量。如果有可观的差价，他们可以进任何质量等级的产品。

有的顾客认为卖方总是漫天要价。当他们对价格与产品不了解时就会提出一个近似荒唐的低价，如只相当于要价的 1/2 或是 1/3 等，并要求成交。顾客使用这个策略大多出于成见、经验与过度的防止上当受骗的心理。

同时，一些顾客为了证明自己的精明或能言善辩，证明对产品的熟悉与对市场价格的了解，他们会尽力砍价，借以向上级、同事或亲朋好友显示自己的能力，并因此而获得心理的平衡与满足。当推销员在顾客砍价的压力下，降价幅度过大，降价速度过急过快，都会使顾客产生轻视推销员的心理活动。于是，顾客就会得寸进尺，进一步压价。

9）顾客的降价怀疑心理。顾客的降价怀疑心理是指顾客因为推销员一下子降价过大而对产品的性能、质量，甚至对推销产生怀疑的心理。

【案例分析】

有对夫妇在一本杂志封面广告的背景中发现了一座古董钟，觉得买回来放在客厅或者过道里很合适，于是决定寻找并购买这座古董钟。由于广告中没有标价，夫妻俩商定价格高于500元就放弃。经过整整3个月的寻找，终于在一家古董商店的橱窗里发现了这座钟。妻子高兴地大叫道："找到了，就是这个钟。"丈夫过来看看，也说："是的，是这个钟。"他还叮嘱妻子："记住，绝不付500元以上的钱。"两人走进商店，妻子看到标价牌上写着的价格，说道："标价是750元，我们商量过的，我看算了，我们还是回去吧！"丈夫说："别忙，我们可以试着压压价，毕竟我们找了这么久了。"俩人商量后决定由丈夫去砍价。丈夫鼓起勇气对售货员讲："我看到你们这里有一座钟，也看到了它的价钱，但看到钟上蒙了一层灰。"他停了停后又说："现在我告诉你我要做什么，我出一次价，只此一次，可能会吓你一跳。"他又停了停，说："好吧，我出250元。"谁知他的话音刚落地，售货员立刻就说："可以，这座钟是您的了。"结果，那个先生并没有兴高采烈。他的第一个念头是：我真笨，我应该出150元；第二个反应是：这个钟一定有问题。当他抱着钟走出店铺时，又想，这座钟这么轻，一定少了零件。当然，他们还是把钟带回家，摆在他家的客厅里。其实这座钟看起来蛮不错，走时也很准，可是，这位丈夫与他的妻子却很不安。临睡前，俩人想：这个钟会不会突然停下？结果，在这天夜里，他们总共起来3次，总觉得听不到钟在走的声音。如此折腾了几天后，他们的精神非常疲惫，健康状况也受到了影响，令他们百思不得其解的是：为什么售货员这么爽快地只要了250元就把钟卖给他们了？于是，他们变得疑神疑鬼，有点神经质了。

分析：

这个例子很值得推销员思考：

假如卖方允许他们以495元的价格买这座钟，结果又会如何？

假如卖方在表示了同情、好心、高尚、讲友情的情况下，把价格定在了250元，使他们省了很多钱，结果又会如何？

假如卖方不那么快答应，而是跟这对夫妇闲谈，待彼此建立起信任后，再把钟的价格定在250元，以表示有赠送的成分，结果又会如何？

假如卖方与夫妇二人谈起古董钟的知识，以及与这个钟的历史有关的话题，结果又会如何？

假如卖方不仅就价格问题，还就其他方面与夫妇二人谈一谈，结果又会如何？

（2）处理价格异议的基本原则。综上所述，在推销洽谈的过程中，顾客的价格心理多种多样，策略各异，推销员在价格洽谈中应把握下列几条原则：

1）科学定价原则。科学的价格是让价的基础，是处理顾客压价的前提与依据。科学的定价应考虑多种因素：产品总成本、市场供求、产品的市场需求弹性、竞争对手及竞争态势、顾客的购买心理、企业的市场定位与企业市场经营目标、市场环境等。

2）稳定与坚持价格原则。推销员在讨价还价中，要首先树立一个坚持原定报价的原则。必须对所推销的产品价格有信心，推销员不应对价格有质疑，而应在洽谈中尽量坚持并稳定价格。

3）坚持先价值后价格的原则。推销员应先介绍产品价值与使用价值，产品能令顾客需求得到满足的程度与好处，不到最后成交时刻不谈价格。

4）坚持相对价格的原则。推销员与顾客共同比较与计算价格，从而得出的价格相对于产品的使用价值而言最为合理、低廉。产品的相对价格可以从以下几个方面的比较中得出：相对于购买与消费产品后顾客所获得的各种利益、好处、需求的满足等产品的使用价值而言；相对于生产产品所需原材料辅料的取得与多品种、产品加工制作的复杂程度等条件而言；相对于产品的整体效果概念；相对于推销企业及推销员所给予顾客的各种优惠条件与服务而言；相对于产品的整个使用过程而言；相对于进口产品、其他替代品而言。

（3）“太贵”的含义与应对方案。顾客在购买产品时，如果在价格上挑毛病，认为价格太高，推销员应该清楚地知道顾客为什么会这样说。顾客认为产品价格太高可能有各种各样的原因，推销员需要根据具体情况进行分析，然后针对不同情况采取应对方案（见表 5—2）。

表 5—2　　顾客说“太贵”的原因与应对方案

原因	分析	应对方案
顾客总的经济状况不佳	真正原因可能是顾客早已决定购买其他品牌的产品，或者顾客不愿意动用存款	若此种情况并非属实，需要继续说服顾客，让他意识到产品价值，产生购买欲望；若确实如此，最好的解决办法是暂时停止向他推销，等他的经济状况有所好转时再向他推销
顾客目前的经济状况不佳	顾客暂时周转不灵	建议顾客使用别的支付方式，帮助顾客解决缺少现款的问题
顾客购买产品的支付能力	顾客手头没有足够的资金	安排货到付款或者让顾客在将来一个适当的时间再支付货款
顾客购买某一产品的资金计划	还没有引起顾客购买这一产品的强烈欲望	激发顾客的强烈欲望
顾客对产品价格的看法	顾客过低估计生产成本	推销员应强调产品质量，宣传产品的使用价值，以增强顾客对产品价值的认识
竞争对手类似产品的价格	竞争对手的价格更低	向顾客解释本企业产品价格制定的原因，并且指出顾客在进行价格比较时所忽略的方面
同类产品、替代品的价格	同类产品、替代品的价格低	用一些具体事例强调说明新产品与老产品、货真价实的产品与徒有虚名的产品之间的区别
顾客以前购买这种产品的价格	顾客要求得到特殊照顾	推销员必须向顾客作一番解释，说明推销的产品价格已经够低了，给予顾客的好处已经够优厚了，或者向顾客提供一些别的好处，如免费提供服务项目或尽快交货

续前表

原因	分析	应对方案
顾客总爱挑剔，总是对价格提出异议	某些顾客总是希望削价，习惯使然	对他们的反对意见置之不理，将你的中心话题集中在所提供的产品的优点上
顾客想试验一下你对价格的态度是否坚定	顾客想方设法迫使你报低价	合理地制定价格并坚持与稳定价格
顾客寻找不购买产品的借口	顾客对价格提出的反对意见往往是其他真正反对意见的借口	对借口应不予以理睬，查找其反对的真正原因
顾客极不愿意掏腰包	顾客对你推销的产品没有兴趣	唤起顾客的购买欲望
顾客企图阻止你达到推销目的	顾客想把你从主要目标引开，他就会找出某种借口来掩饰他提出的反对意见	推销员只有找出顾客反对的原因，他才能获得推销的成功
顾客感觉受到你的推销压力迫使他向你订货	顾客有顾虑	同顾客进行坦率的交谈，并在交谈中详细地向顾客介绍情况

4. 货源异议的处理

如前所述，货源异议不同于产品异议。货源异议是顾客已经接受了某一产品，只是不愿意向某一推销员及其代表的企业购买，是一种竞争性的异议；而产品异议在于顾客对产品本身有异议，顾客还没有接受该产品。处理货源异议时，推销员应根据异议的特点分别采取不同的处理措施。

（1）顾客强调已有供货单位时。当顾客强调自己已有供货单位或准备向其他卖主购买时，表明顾客对推销员所提供的新的货源存在疑虑。因此，推销员在处理这种异议时应注意：

1）持之以恒，以诚相待。一般来说，顾客对货源的选择因素中购买经验的影响较大。因此，推销员与顾客接触越多，相互了解就越多，感情和关系就越容易建立。这就要求推销员持之以恒，锲而不舍，设法与顾客多接触，不能一遇挫折就心灰意冷；要善于运用情感投资战术，笼络顾客，建立关系；同时，在接触顾客时要以诚相待，以达到“金石为开”的目的。

2）不要贬低竞争对手及其产品。某些推销员为了达到让顾客购买其产品的目的，往往极力贬低竞争对手及其产品，这种做法是非常错误的。这不仅不符合商业道德，而且会使顾客产生反感，增加疑虑，不利于异议的转化。因为顾客与竞争对手的关系是建立在相互信任的基础上的，对其进行贬低也是在暗示顾客智力低下，顾客会认为推销员不正派，所推销的产品也不见得好，否则就不会贬低别人来提高自己及产品的身价。如果顾客要求将你的产品与竞争对手的产品做比较，应以客观公正的态度进行评价，并注意强调自己所推销产品所特有的优点。

3）向顾客明示竞争的益处。推销员应向顾客表明，增加一条进货渠道是有益无害的。货源越多，可选择性越强，风险性就越小。推销员应强调如果顾客多渠道进货，则可以通过比较分析，在价格、质量、服务、交货期等方面获得益处，同时选择余地大，即使某一条渠道出现意外，也不至于中断货源。这样，通过站在顾客的角度向其明示多渠道进货的好处，较容易促成顾客异议的转化。

（2）原有顾客因货源原因要停止合作时。如果推销员推销的对象是曾经合作过的顾客，当顾客对推销员及其企业在交货时间、产品质量、规格和售后服务等方面提出不满，而表示要中断双方原来的合作关系，暂停采购时，推销员应注意从两个方面着手进行处理：

如果顾客提出该异议属于非竞争性的异议，且确实本企业在供货问题上存在缺陷，就应解决好如下问题：首先，要实事求是，敢于承认顾客指出的问题。同时，要对顾客讲清存在问题的原因，以及可以在本次合作中采取的补救措施，以赢得顾客的信任与谅解。其次，不要轻易许诺。轻易许诺而后又轻于践诺，会使顾客失望以致丧失将来合作的机会。正确的做法是少承诺多干事，通过实际工作而非许诺使对方的需求得到满足，才能长久维持与顾客的合作关系。最后，委婉化解。就是采用适当的比喻和类推的方法，将出现问题的原因向顾客委婉说明，以求得顾客的谅解；或者运用幽默的语言技巧，避其锋芒，待对方冷静后再解释说明。

如果顾客提出该异议是属于竞争性异议，则应首先摸清竞争对手采用了什么策略而使顾客的合作意向发生了动摇，以便有针对性地加以处理。同时，向顾客强调珍惜友谊与长期合作的重要性，以及失去合作后的损失，消除顾客以货源为借口变更卖主的想法。

（3）顾客货源选择具有习惯性心理时。有些货源异议源于顾客习惯性心理，即顾客存在偏见。例如：有的顾客只买国有企业的产品而不买其他企业的，有的顾客只买进口产品而不买国产的，有的顾客只买已有品牌产品而不买新品牌的产品等。针对这种货源选择的习惯性心理，采用低价竞争或不正当手段推销产品，都是不可取的。有效的处理方法是通过各种方式来证明所推销产品的质量优势、供应能力、服务水平等，以获得顾客的认可和信任，消除顾客的成见。具体地讲，可采用下列措施：

1）提供本企业与其他企业（尤其是顾客有习惯性偏向的企业）的有关资料及产品规格说明书。

2）建议顾客到企业实地考察和评估。

3）进行产品示范表演，请顾客试用或试销该产品。

4）提出质量保证及售后服务措施。

有些顾客提出的货源异议只是讨价还价的借口，或者只是作为讨价还价的铺垫。对于这种异议，推销员可以不予理睬，待其露出真实意图时，再采用相应的异议处理技巧去处理。

5. 推销员异议的处理

推销员异议是一种顾客排斥推销员，拒绝推销员推销，而非对产品有看法的异议。处理这种异议时可应用两大策略：

（1）预防——塑造良好的个人形象。这一策略旨在避免推销员异议的形成。推销员应注意加强自身修养，同时要注意外部形象的塑造。从推销员的外表，顾客可以看出他的为人和内心世界。常言说，要想推销商品必先推销自己，就是这个道理。塑造良好的个人形象，给顾客留下良好的第一印象，关键在于衣着打扮。为此，推销员应注意以下几个问题：

1）衣着打扮与身份相一致。推销员设计个人形象时，其衣着打扮一定要体现自己的身份，尤其要注意不可超越身份打扮。

2）衣着打扮与洽谈性质相一致。从洽谈性质来看，推销洽谈可分为正式洽谈和非正式洽谈两种。正式洽谈在国际上被看做是一种规范化的洽谈，而非正式洽谈是一种随意性的接触活动。因此，正规化是正式洽谈的主要特征；大众化、随意化是非正式洽谈的主要特征。与此相适应，推销员的服饰、打扮也应加以区别对待。一般来说，正式洽谈讲究的是严肃性，非正式洽谈讲究的是融洽性，在两种情况下的衣着打扮不可颠倒对待。

3）衣着打扮与身体和心理相一致。服饰是身体的外部装扮，是心理的外在表现。因此，推销员的衣着打扮一定要得体，除了注意衣服及饰物的色彩、式样、规格和质地外，更重要的是，不宜在洽谈时穿着刚刚购买的全新衣服，佩戴全新的饰物。这会给顾客留下做作的感觉，传递不利于推销员的信息。

4）衣着打扮与固定形象相一致。尽管服饰有其时尚性与流行性，但作为推销员尤其是女性推销员，千万注意不可过于标新立异。在与顾客接触和洽谈的过程中，特别是当对方是常客、老顾客时，应该尽量固定自己的形象。这样，可以使顾客感到熟悉、亲切和贴近。

（2）纠正——加强与顾客的感情联络。当顾客对推销员产生了拒绝心理，不接受推销员的推销时，推销员除了继续预防顾客成见加深之外，重要的是要及时进行纠正。纠正推销员异议最重要的手段是加强与顾客的感情联络，感化顾客，转化异议。与顾客进行感情联络，采用感情投资战术时，推销员应注意处理好如下几个问题：

1）注意投资量的积累。这是指推销员在采用绝对感情投资法时，必须明确只有达到一定的量变才会引起质变。不能寄希望于一两次投资即有回报，而应持之以恒。

2）增加联络的次数，减少每次联络的时间。这样做既能起到投资量的积累作用，同时避免让对方过于了解自己。一般地说，与顾客保持若即若离的关系比让其看透效果更好，因为有距离才会有引力。

3）注意出乎意料的感情投资。这是指推销员运用相对感情投资法时，应注意投资的意外效果。人们受感动的程度与投资量成正比，但与其期望值成反比。越是期望得到的若得到了，并不容易引起感动；越是没有指望得到的若得到了，则更容易受感动。因此，相对感情投资法是现代推销员更为欣赏的方法。

4）注意感情投资与回报的“时间差”。这里需要推销员处理好两个问题：一是投资与回报的先后问题，投资时间应先于回报时间，先索取回报而后再补偿是行不通的；二是投资与回报能否同时进行的问题，正确的做法是将投资与回报分开进行，要想通过投资而马上得到回报，一般来说是不可能的，因为异议的消除需要一个过程。

6. 购买时间异议的处理

购买时间异议是一种申明下次再买或暂时不买的反对意见。处理这类异议（作为借口的时间异议）时应注意如下方法：

（1）时机激励法。推销员可以根据掌握的市场信息、情报资料，向顾客说明马上购买的时机性，让顾客感到马上购买是一种机会，“机不可失，时不再来”，以此来刺激顾客的购买欲望，有效转化顾客异议。运用这一方法，推销员应实事求是，不可故弄玄虚，欺骗顾客，否则只能适得其反。

（2）时间价值法。一般来说，物价水平总是随着时间的推移而在总体趋势上呈上涨态势。推销员可以利用物价指数的上涨这一客观事实，告诉顾客，如果拖延购买时间，则意味着今后要花费更多的钱来购买同等数量的产品。推销员通过理性分析和劝导，敦促顾客早做决定。

（3）利益得失法。利益得失法是指推销员通过对顾客早购买和晚购买在利益上的得与失的比较分析，诱导顾客及时购买的一种方法。这种方法是想让顾客明白这样一个道理：及时购买推销品，将会获得经济上的利益和实惠；反之，则会使经济利益受损。即早购买早受益，多受益；晚购买晚受益，少受益。

（4）竞争诱导法。如果顾客提出暂时不买或需要考虑后再作决定时，推销员可以向顾客指出，他的竞争对手已经购买了同类产品，倘若再不尽快购买就会在竞争中处于劣势。通过这种分析来诱导顾客的竞争意识，激起竞争的欲望，从而促成异议的消除。

三、顾客异议处理的常见方法

（一）但是法

但是法是指推销员根据有关事实和理由来间接否定顾客异议的一种处理方法。

1. 但是法的适用条件

但是法的语言形式是：“……（同情或赞成），但是……（用事实和理由否定）”。因而这种方法也称为间接否定法。它具有很广的适用性，是处理顾客异议常用的一种方法。对于有一定道理的异议，对于无效异议（作为借口的需求、价格、财力等异议），以及各种不便于直接否定的顾客异议，都可以采用这一方法。

2. 但是法的优点

由于但是法是一种间接否定法，因而具有很多优点：

（1）有利于保持良好的人际关系和推销气氛。

（2）推销员先附和对方，尊重对方，态度委婉，先退后进，顾客容易被说服。

（3）可以转移顾客注意力，为推销洽谈留有一定余地。

3. 采用但是法应注意的问题

但是法虽然有很多优点，但也有缺点与不足，过分使用这一方法往往会引起顾客的防御行为。为了有效运用但是法，更好地处理相关异议，推销员必须注意以下问题：

（1）间接否定顾客异议，做到语气委婉，转折自然，保证处理异议的气氛友好、融洽。

（2）注意推销引导，积极提供更多的推销信息，用真实可靠的例证消除顾客成见。

（3）使用转折词时尽量少用“但是”，语气也不应过分强调转折意思，防止顾客警觉。

（4）可以将西方推销员总结的“3f 法”，即“感觉（feel）——感受（felt）——发觉（found）法”运用到但是法中，其基本句式是：“我很了解您的感觉，以前我访问过的许多人也有同样的感受，然而，当他们使用了产品之后发觉……”

（二）补偿法

补偿法是指推销员一方面同意顾客提出的异议，另一方面寻找顾客异议以外的有关优点和好处，来补偿或抵消顾客异议的一种处理方法。

1. 补偿法的适用条件

补偿法适合于处理各种有效的反对意见。当顾客异议符合实际、实事求是时，推销员一味设法否定是不明智的，应该承认顾客是正确的。同时，将顾客提出的异议列出来，并设法寻找顾客认可的异议之外的某些优点和好处，将二者进行比较，用以抵消或补偿顾客异议。补偿法适用的前提是：推销品、推销员或推销活动本身具有隐藏或显露的问题与缺陷，顾客异议是真实的、有效的。否则，不需要运用补偿法。

2. 补偿法的优点

补偿法有很多优点，主要表现在：

（1）推销员不是否定顾客异议，而是肯定和补偿顾客异议，有利于改进推销员和顾客的关系。

（2）推销员实事求是，承认缺点，提示优点，能使顾客在一定程度上达到心理平衡。

（3）推销员在承认缺点时提示优点，引导顾客从产品优点考虑问题，便于实施重点推销。

（4）补偿法在承认问题的基础上，向顾客作必要的说明或提出附加条件，不至于出现纯粹的让步。

3. 采用补偿法应注意的问题

为了用好补偿法，推销员应注意如下问题：

（1）认真分析顾客异议，找出顾客异议的根源，确定顾客异议的性质。

（2）敢于承认顾客提出的真实的有效异议，使顾客达到心理平衡。

（3）无论是对推销员来讲还是对顾客而言，补偿法是一种求得平衡的方法，可以以得补失，也可以以失补得。

（4）推销员应学会重点推销，以少补多，以次补重，并非顾客提出的所有有效异议都要一一找到相关条件去补偿。

（三）利用法

利用法是指推销员直接利用顾客反对意见本身正确的一面来处理顾客反对意见的一种处理方法。

1. 利用法的适用条件

利用法的理论依据是顾客异议的二重性，即顾客异议既有正确的一面，也有错误的一面。因此，利用法适用于具有二重性的顾客异议。当推销员发现顾客异议具有破绽时，可利用这一破绽，找出顾客异议的矛盾，将顾客拒绝购买的理由转化为说服顾客购买的理由。

2. 利用法的优点

（1）用顾客异议来处理顾客异议，以子之矛攻子之盾，推销员无须回避顾客异议。

（2）推销员可以改变有关异议的性质和作用，把顾客拒绝购买的理由转化为说服顾客购买的理由，把顾客异议转化为推销提示，把不利因素转化为有利因素。

（3）推销员用以说服顾客的理由不是推销员自己的想法，而是顾客自己提出来的，顾客容易被说服，使异议不攻自破。

3. 采用利用法应注意的问题

利用异议来处理异议，可能会使顾客产生抵触情绪，如果滥用，会导致顾客提出更多异议，弄巧成拙，适得其反。因此，在运用这一方法时推销员必须注意以下问题：

（1）不能直接否定顾客异议，而应尊重、肯定、承认、利用和转化顾客异议。

（2）善于找出顾客异议的内在矛盾，解决矛盾应有说服力，能使顾客信服。

（3）转化矛盾时注意语言艺术，做到刚柔并济，曲直结合。

（四）询问法

询问法是指推销员利用顾客异议来询问顾客，以了解顾客反对的理由和真实需求的一种异议处理方法。在大多数情况下，顾客异议的根源与异议的类型并不完全一致，推销员甚至顾客自己都无法找出每种异议真正的根源。顾客异议的这种不确定性是询问法的理论依据。

1. 询问法的适用条件

询问法主要是通过询问来了解顾客异议，当顾客提出异议后，推销员通过追问“为什么”来寻找异议根源。因此，这种方法一般适用于处理那些不确定型的顾客异议。当然，当顾客异议是确定的，而推销员想借此掌握对方更多的信息，或要解决其他相关问题时，也可采用该方法。

2. 询问法的优点

（1）通过询问可以得到更多信息，以便摸清对方的底细，查出异议根源，明确异议性质。

（2）采用该方法，推销员直接询问顾客，请教顾客，有利于进一步处理好顾客异议。

（3）由推销员主动发问便于把握洽谈的主动权，化接收异议的被动地位为主动地位。

3. 采用询问法应注意的问题

运用询问法处理顾客异议，从其开展上来看是一种间接处理方法，即推销员不直接回答顾客异议，而是利用询问让顾客回答来代替自己的答复。如果处理不当，容易引起顾客的反感，甚至冒犯顾客。为了有效运用该方法，推销员必须注意如下问题：

（1）必须灵活善变，及时追问顾客，查出异议的根源和性质。

（2）询问必须有针对性，不得询问无关问题，以免节外生枝。

（3）追问顾客应适可而止，不能穷追不舍，寻根究底。

（4）讲究必要的推销礼仪，尊重顾客个性，避免冒犯顾客。

（5）讲究询问的语言艺术，采用请教式的询问方式。

（五）反问法

反问法是指推销员直接反问顾客，使实际反对意见转变成为购买理由的一种异议处理方法。

1. 反问法的适用条件

在推销过程中，推销员为了证明顾客的看法是错误的，要进行必要的说明、说服和论证；而顾客不愿意被人说服，坚持已见。此时，双方都不认输，甚至可能会发生争执，其结果还是无济于事。在这种情况下，推销员可运用反问法，向顾客提出反问，让顾客回答其自己提出的反对意见，以便进一步弄清顾客的心理活动，把顾客异议变成推销基点。也就是说，反问法主要是用于处理哪些次要的、不确定型的购买异议。

2. 反问法的优点

（1）运用反问法，把问题推给顾客，变被动为主动。

（2）反问会给对方造成一定的压力，形成一种非答不可的气势。

（3）利用反问法可以消除不必要的争执，防止洽谈气氛恶化。

3. 采用反问法应注意的问题

反问法是一种借力回击的方法，必须运用恰当。

（1）反问法虽不同于询问法，但反问法并不等于质问，注意不要冒犯顾客。

（2）运用此方法时应注意观察顾客情绪的变化，尤其是在双方发生争执后运用更应适可而止，不可火上浇油。

（六）反驳法

反驳法是指推销员根据有关事实和理由来直接否定顾客异议的一种处理方法。反驳法不同于反问法，它是一种更为直接的否定异议的方法。反问法的运用在于避免争执，反驳法则是针锋相对，有理必争。

1. 反驳法的适用条件

从现代推销观念的角度来讲，推销员应尽量避免直接与顾客发生冲突。但是，在有些情况下，推销员必须利用反驳法来直接否定顾客的反对意见。一般地说，当顾客无端指责推销员或其所在企业涉及不道德的事，而推销员知道此事并不真实时，可以加以反驳；当顾客提出的异议与事实大不相符，而推销员又熟悉并且掌握了大量材料时，也可以予以反驳。

2. 反驳法的优点

（1）通过摆事实、讲道理，可以增强推销的说服力量，增强顾客的购买信心。

（2）直接说明有关情况，澄清是非，可以节省推销时间，提高推销效率。

（3）有利于消除顾客的各种借口，促使顾客尽快接受推销。

3. 采用反驳法应注意的问题

由于反驳法是一种针锋相对的直接否定法，运用不恰当会使顾客反感，形成不良的推销气氛。因此，推销员采用此方法时必须注意：

（1）注意该方法的适用条件，若顾客异议有一定道理或符合事实，利用反驳法只会降低推销品、推销员及企业在顾客心中的信誉度。

（2）推销员应始终保持良好的推销态度，既要关心推销的效果，也要关心顾客的情感和行为。

（3）摆事实，讲道理，有理、有据、有节地加以反驳，让顾客心悦诚服，切忌盲目否定和想当然。

（4）顾客提出有悖事实的异议可能源于顾客的偏见或无知，推销员应注意在反驳时进行推销教育。

（5）当顾客十分欣赏自己的观点而此意见并不重要，或顾客异议属于无关异议时，推销员不应采用该方法。

（七）拖延法

拖延法是指推销员将顾客异议暂时予以搁置，拖延到适当的时候再予以答复的一种处理方法。

1. 拖延法的适用条件

拖延法适用于不确定型顾客异议的处理。当推销员无法分辨出真正的异议时，最好拖延一下再回答；当顾客不断提出反对意见，特别是顾客带着情绪提问，或者顾客不愿意继续谈下去时，应采用拖延法，待到有把握回答或时机成熟时再予以答复。

2. 拖延法的优点

（1）能为推销员争取时间，有利于弄清顾客异议的真实根源，并让推销员思考对策，以便作出圆满的回答。

（2）当顾客提前提出某种异议时，推销员采取拖延法处理，便于执行推销计划，不至于打乱推销说服程序。

（3）有利于推销员把一些综合性的反对意见划分成若干部分，有条理地回答。

（4）将顾客异议拖延一段时间，有时能使顾客异议不答自解，或者顾客会意识到其意见不合理而收回。

3. 采用拖延法应注意的问题

推销员必须注意重要的异议不能用此法。同时，应注意分寸和效率，不可拖延太久，甚至不予回答。此外，采用拖延法一定要善于转移话题，以免引起顾客猜疑或者逼迫推销员马上作出答复。

总之，处理推销异议的方法很多，与前述策略相应的方法还有不予理睬法、引导法、预防法、削弱或减轻法、证据法、归谬法、合并法、承认次要异议法、环顾左右而言他法、迂回辩解法等，不一而足。在实际工作中，推销员应随机应变，灵活运用，只有这样才能妥善处理异议，有效地促成交易。

项目训练

想一想

1. 在洽谈开局阶段，洽谈者应该如何去营造特定的洽谈气氛？

2. 洽谈僵局的处理策略有哪些？

3. 洽谈中可以采取哪些策略迫使对方让步？哪些策略可以帮我们有效阻止对方的进攻？

4. 什么叫顾客异议？如何理解和认识？

5. 如何有效处理顾客的价格异议？

做一做

将学生分为3～5人一组，针对下述情景，设计一套洽谈策略模式。

小吴大学毕业后进入一家商贸有限公司，该公司专门代理各类数控机床。在日常工作中，小吴经常与各类顾客打交道，与他们就交易条件展开洽谈。因此，如何筹划并安排洽谈活动、如何报价还价、如何解决顾客异议、如何达成协议，成为他每天需要面对的问题。

请你的小组为小吴设计一个产品销售时的洽谈策略模式，并与其他小组进行模拟洽谈。

测一测

一、单项选择题

1. 商务谈判以（　　）为谈判的核心。

A. 谈判主体　　B. 价值　　C. 谈判客体　　D. 价格

2. （　　）在注意与对方关系的同时，建议和要求谈判双方尊重对方的基本需求，寻求双方利益上的共同点，积极设想各种使双方都有所获的方案。

A. 价值型谈判　　B. 软型谈判　　C. 价格型谈判　　D. 硬型谈判

3. 在正式的谈判之前，（　　）应主动通知对方洽谈举行的时间、地点、具体安排以及有关注意事项，让对方心中有数，以便为洽谈进行相应的准备。

A. 东道主　　B. 中间人　　C. 被邀者　　D. 主谈人

4. 报价后作价格解释时，应遵循的原则不包括（　　）。

A. 不问不答　　B. 有问必答　　C. 避实就虚　　D. 能言不书

5. 买方不主动问及的问题不回答，这指的是报价解释中的（　　）原则。

A. 不问不答　　B. 有问必答　　C. 避实就虚　　D. 能言不书

6. 从（　　）的角度来理解谈判时，可以认为僵局的发生是伴随着整个合作过程随时随地都有可能出现的。

A. 长期　　B. 狭义　　C. 广义　　D. 短期

7. 在可能导致谈判僵局的主题中，最敏感的是（　　）。

A. 标准　　B. 价格　　C. 违约责任　　D. 技术要求

8. 在谈判实践中，产生僵局的首要原因在于（　　）。

A. 立场观点的争执　　B. 有意无意地强迫

C. 人员素质的低下　　D. 信息沟通的障碍

9. 谈判出现僵局的最主要原因是（　　）。

A. 谈判者的素质不同　　B. 谈判过程不合理

C. 谈判地点不妥　　D. 谈判者的利益出发点不同

10. 谈判过程中对方有无理要求时，我方应采取的行动是（　　）。

A. 据理力争　　B. 附和对方　　C. 中止谈判　　D. 直接交锋

11. 当顾客对你说“我不需要”或“我已经有了”之类的话时，表明顾客在（　　）方面产生了异议。

A. 商品质量　　B. 价格　　C. 需求　　D. 服务

12. 当顾客确实不需要或已经有了同类产品时，推销员应（　　）。

A. 立刻停止销售　　B. 继续劝说　　C. 再尝试一次　　D. 再接再厉

13. 当顾客说“我下次再买吧”之类的话时，表明顾客在（　　）方面提出了异议。

A. 商品质量　　B. 购买时间　　C. 需求　　D. 服务

14. 将顾客的几种意见汇总成一个意见，或者把顾客的反对意见集中在一个时间讨论，这种处理顾客异议的方法叫（　　）。

A. 转化处理法　　B. 委婉处理法　　C. 合并意见法　　D. 反驳处理法

二、多项选择题

1. 下列属于商务谈判种类的有（　　）。

A. 双边谈判和多边谈判　　B. 个体谈判

C. 群体谈判　　D. 软型谈判和硬型谈判

2. 按照参加谈判的人数规模可以将谈判分为（　　）。

A. 集体谈判　　B. 双边谈判　　C. 个体谈判　　D. 多边谈判

3. 商务谈判的基本原则主要包括（　　）。

A. 客观真诚的原则　　B. 平等互惠的原则

C. 求同存异的原则　　D. 公平竞争的原则

4. 成功商务谈判意识的内涵主要包括（　　）。

A. 将谈判看成各方之间的一种协商活动

B. 人际关系是双方实现利益关系的基础和保障

C. 谈判的重心应是避虚就实，要在本质问题上多下工夫

D. 将眼前利益和长远利益结合起来

5. 在谈判桌上，谈判人员所具有的实际力量包括物质力量和精神力量两个方面。物

质力量是客观的，而精神力量在谈判桌上往往具有决定性的作用，谈判的成功直接源于谈判者的心理因素，包括（　　）。

A. 信心　　B. 诚心　　C. 耐心　　D. 宽容心

6. 在进行报价解释时必须遵循的原则是（　　）。

A. 不问不答　　B. 有问必答　　C. 避虚就实　　D. 能言不书

7. 采取何种让步策略取决于很多因素，包括（　　）。

A. 洽谈对手的洽谈经验　　B. 准备采取什么样的洽谈方针和策略

C. 期望让步后对方给予何种反应　　D. 希望得到的利益

8. 多数人认为，谈判就是交换意见、达成一致看法、签订协议的过程。如果从这种狭义的角度来理解谈判，那么谈判僵局可划分为（　　）。

A. 谈判初期僵局　B. 谈判中期僵局　C. 谈判后期僵局　D. 谈判内容僵局

三、实践操作题（请结合案例和所学的知识回答问题）

1. 大发公司初步打算从环美公司买进100吨钢材，为此，双方举行了贸易谈判。环美公司的报价是每吨4 200元。在大发公司的要求下，环美公司对报价进行了应有的解释。双方经过激烈的讨价还价，环美公司的报价依次降为3 800元、3 750元、3 750元、3 680元。最后，大发公司接受了3 680元这一价格，但要求将付款期限再延长3个月。环美公司谈判代表声称他无权作出决定，而且公司规定里没有这样的特例。但是作为补偿，环美公司可以承担10%的运输费用。最后，大发公司接受了环美公司的条件，双方签订了协议。

问题：

(1) 环美公司在价格解释时应遵守什么原则？

(2) 环美公司的让步策略适用于什么情况？有什么缺点？

2. 王朝公司要从金山公司购买1万套软件，为此，双方展开了贸易谈判。金山公司的报价是100元每套。无论王朝公司如何讨价还价，金山公司的软件报价始终为80元。当王朝公司第五次要求降价的时候，金山公司的谈判代表称："对不起，80元是底价，我无权作出降价的决定，否则我们无利可图。"王朝公司的一位代表问："那你们的成本是多少？"金山公司的谈判人员称："对不起，这是本公司的商业秘密，无可奉告。"最后，谈判无法顺利进行，以失败而告终。

问题：

(1) 金山公司采用的是何种让步策略？适用于什么情况？

(2) 在选择让步策略时，金山公司应该考虑哪些因素？

3. 世纪公司要从长城公司买进1 000台计算机，双方就这一贸易问题进行谈判，长城公司的报价为每台1.5万元。经过激烈的磋商，长城公司每台电脑的价格逐渐降低，从1.5万元到1.4万元、1.3万元、1.2万元。当世纪公司要求其再降价的时候，长城公司的谈判人声称他无权作出再次降价的决定，而且1.2万元已经是底线了。世纪公司的一名谈判人员问道："那你们电脑的成本是多少？"长城公司的谈判人员称："对不起，这是本公司的商业秘密，无法告知。"最后，双方以1.2万元每台的价格成交，但允许世纪公司3个月后再付款。

问题：

（1）长城公司这种让步策略的优点是什么？

（2）在选择让步策略时，长城公司应该考虑哪些因素？

4. 甲公司是一家生产智能交换机的大型企业，其产品市场占有率较高，可以说，在现有市场上，其掌握着最核心的技术，竞争者极少。乙公司近期迫切需要购进高质量的交换机，但市场上的其他厂商生产的交换机并不符合其要求。经接触，双方约定进行谈判。因为双方在此之前从未有过接触，所以在谈判前，甲公司调查、研究了乙公司的谈判实力，分析发现，乙方的谈判实力相对于自己来说处于劣势。

问题：

（1）结合案例，如果你是甲公司主谈代表，在讨价还价中，你将采取的最优让步策略是什么？

（2）这种策略的缺点是什么？

5. 甲方是一家国际大型家电公司，其产品性能优良，可以说，在现有市场上，其在很多方面都掌握着核心的技术。乙方是国内屈指可数的大型家电连锁商店，其销售额占整个市场的1/10。在家电行业，竞争极其激烈，销售和市场占有率非常重要。双方约定进行谈判以订立新的合同。双方保持着长期、良好的合作关系，双方的实力相当，谁也不能忽视对方。

问题：

（1）结合案例，如果你是甲方主谈代表，在讨价还价中，可以采取的最优让步策略是什么？

（2）这种让步策略的优点是什么？

（3）在讨价还价中，甲方主谈代表拟采用从高到低、然后又微高的让步策略，你认为是否合适？这种让步策略的特点是什么？

（4）结合案例，谈谈突破谈判僵局的策略主要有哪些？

6. 小李是天利公司的一名谈判人员，他接触谈判领域时间不长，一直是跟着天利公司元老之一的老王学习谈判技巧。近期，红塔公司要从天利公司买进1 000台计算机，双方需要就这一贸易问题进行谈判。小李和老王一起就谈判进行了充分的准备。红塔公司是天利公司的老顾客，双方一直保持着很好的合作关系。这次红塔公司派出的谈判人员老刘是个雷厉风行又有点急脾气的人。在知己知彼的情况下，小李和老王制定了一系列的谈判策略。

马上要到谈判的日期了，老王突然接到公司命令需要出差一周，也就是说他不能参加这次跟红塔公司的谈判。公司决定，由小李担任此次谈判的主要谈判人员，老王随时听取小李的汇报并作出指导。

谈判开始时，小李给出的报价为每台 1.5 万元。红塔公司的老刘认为价格太高，急脾气的老刘气势逼人，要求小李立刻给他一个可以接受的价格。小李由于是第一次独自谈判，没有洽谈经验，而且对红塔公司也不如老王那么熟悉，一时间无法决定接下来的让步额度，于是小李提议休息一下。休息时，小李无意间听到对方两个随行人员的谈话，原来他们这次购买事宜较为紧急，并没有太多时间可供谈判。这时小李灵机一动，想出了绝妙的让步策略。

问题：

（1）结合案例，你认为小李应该采用何种让步策略，并请简要分析理由。

（2）这种让步策略的优点和缺点分别是什么？

7. 小李是天美服装公司的推销员，上门向一位年轻的小姐推销服装。这位小姐很喜欢这套服装的款式，但认为颜色过于朴素，显得过时了。小李很清楚，今年服装颜色恰好有返璞归真的趋势。顾客显然不太了解今年的潮流。但是小李不能指责顾客不懂潮流。

问题：

（1）小李应该怎样向顾客表达，才能既让顾客了解这套服装并不过时，而又不至于让顾客产生这样的想法“你在说我不懂流行趋势”？

（2）针对顾客的异议，小李可采取哪些方法处理？

8. 推销员小王所推销的主要产品是办公用品，包括打印机、扫描仪等。一天，他敲开顾客办公室的门时，顾客对他说：“对不起，我很忙，没有时间和你谈话。”这时，小王说：“正因为您忙，您一定想节约时间，我相信我的产品一定能够帮助您节约时间，为您提供更多的闲暇时光。”这样一来，顾客对小王的产品产生了兴趣，两个人交流起来。经过一段时间的交流，小王发现这个顾客有购买倾向。于是就说：“就打印机的颜色来看，您是喜欢纯白色还是浅灰色？”顾客说：“我比较喜欢浅灰色。”小王说：“浅灰色显得比白色更加稳重，现在正流行这个颜色呢。您的眼光真好！那么我是明天送过来还是后天呢？”顾客说：“就明天吧。”小王说：“好，那我明天早上八点给您送过来。”就这样，小王的推销取得了成功。

问题：

（1）处理顾客异议的策略有哪几种？

（2）在本案例中，小王使用的是哪种策略？

9. 王力正在向一名顾客推销沙发。在做了一系列的努力引发顾客的兴趣之后，他决定进一步激发顾客的购买欲望。双方展开了一场心理战。顾客抱怨沙发的颜色过时了。王力毫不紧张，答道：“您的记忆力的确很好，这种颜色几年前已经流行过了。如今，又有了这种颜色回潮的迹象。”顾客想了想后，对王力的态度明显好转。王力抓住这一有利时机，对顾客说：“先生，现在你如果花几分钟把购买手续办一下的话，这套沙发就是您的了。我们会在最短的时间内把它给您送到家里去。”顾客犹豫了一下，便点了点头。

问题：

(1) 王力用的是哪种处理顾客异议的方法？

(2) 这种方法有哪些特点？

10. 甲公司的推销员小黄按照约定时间来到H公司，他这次的目的是向H公司采购部的一个女经理推销他们最新生产的一款办公自动化产品。女经理一听小黄说完就要关门送客，这时小黄立刻说道："正因为您忙，您一定想过要设法节省时间吧。我们的产品可以帮助您节省时间，为您创造闲暇的机会。"女经理看了他一会，犹豫着让小黄进办公室细谈。

小黄取得了初步进展，便径直到办公室里面坐在了沙发上。女经理先说道："我时间不多，之前没有仔细了解你们公司的情况。"小黄简要地介绍了自己的公司后，女经理说："啊，你原来是甲公司的推销员，你们公司周围的环境可真差，交通也不方便呀！"小黄听到这些话有点气不过，但想到要推销产品，就没说回答什么，而是拿出产品对女经理说："××经理，请您看看产品。"女经理接过产品，小黄预计她可能对产品提出异议，便主动说道："我们的产品功能的确不太多，但说有基本功能保证都是齐全的。而且，我们的产品设计是便携式的，一般也不需要那么多功能。"

女经理研究了一会儿，认为产品的录制功能使用起来不是很方便，小黄应对道："这是此类产品的通病，目前国内还没有哪家企业能够彻底解决这个问题。但是，与其他同类产品相比，我们的产品在这方面是做得最好的。"女经理又询问了一些产品功能方面的问题，小黄觉得对方的购买欲望很强，他估计接下来双方要就价格问题进行商讨。果然，女经理说："你们的产品太贵了。"小黄回答："您说得很正确，与同类产品相比，我们的产品价格的确略高。但是物有所值，我们的产品采用目前最先进的技术制作而成，且保修五年，比其他产品的保修期要长两年。您看我们的产品价格略高是不是也有所值呢？"

最后，该经理同意先预订50台甲公司生产的产品，小黄出色地解决了一系列的顾客异议。

问题：

(1) 请结合案例中的具体谈话，找出女经理提出异议的类型，并且从顾客和产品方面分析这些异议的产生原因。

(2) 小黄采用了哪些方法处理了女经理的异议？

11. 一名顾客来到了小徐的服装店，小徐上前招呼顾客。小徐在和顾客的交谈中发现顾客性格比较开朗，十分容易相处，对小徐介绍的服装不仅感到很满意，而且没有否定小徐对店中服装做出的描述评价。小徐觉得这个顾客是有心来自己店买服装，她应该好好抓住这个机会，努力向顾客介绍自己店里的服装，促成交易。

小徐在和顾客交谈的过程中，了解到顾客想买一件上衣。小徐根据顾客的年龄、相貌和经济等特征，把新上货的一件上衣拿出来给顾客看，接着说："这是新出的一款上衣，它的款式设计是来自巴黎著名的服装设计师A，这件上衣挺适合您的，它仿佛就是为了您的行为举止和气质而设计出来的，价钱也十分合理，我们店讲的是一分钱一分货。”顾客这时开始认真地检查这件上衣，小徐立即向顾客做出服装的质量保证，还告诉顾客该店还会为顾客提供各种售后服务，从而打消了顾客对服装质量的疑虑。

问题：

(1) 在接受小徐推销时，该顾客提出了哪些异议？列举顾客异议的类型。

(2) 小徐在对该顾客进行推销时，针对顾客提出的各种异议，采取了什么处理方法？

(3) 如果该案例中顾客并不平易近人，而是对产品处处提出质疑，甚至对推销员的人品提出质疑，而你是这个推销员，你会怎么接待这种顾客？

12. 王林电脑应用技术研究所一行人到某大学推销“王林快码”输入软件。他们打算在大学举办“王林快码”讲座，以促进销售。

某日讲座准时开始，一位30多岁的先生走上讲台，首先向同学们表示问候，随后向同学们介绍目前电脑汉字输入的概况。汉字输入法种类繁多：拼音输入，虽然简单，但输入速度太慢；五笔输入，虽然熟练后速度快，但其复杂的字根及其记忆方法，让人望而却步；而“王林快码”克服了上述缺点，具有易学、输入速度快的优势，特别适合功课繁忙、时间紧张的在校大学生使用。他边讲边示范。随后，他开始讲解使用“王林快码”输入软件的具体方法。在讲座过程中，他还不断地提出一些问题让同学回答，还让现场的一个同学到前台的电脑上用“王林快码”输入软件敲出他提出的字，当该同学不费吹灰之力完成汉字输入时，全场一片掌声。其间，他还谈到在其他一些高校举办讲座时遇到的趣事。整个会场气氛相当活跃。

讲座中他突出讲述了“王林快码”输入软件获得的三项专利，以及它与同类输入软件相比的优势，通过示范他特别指出“王林快码”输入软件是汉字输入的首选软件。

最后，这位先生说：“大家一定很关心在哪里可以买到这种软件？各大商场以及电脑软件市场均有销售，零售价标准版每套380元，不过今天为了优惠同学，我们以每套50元的优惠价销售，而且买一套软件送一张‘王林快码’学习光盘和一本‘王林快码’使用手册。好吧，讲座到此为止，要买软件的同学请到前台来。产品绝对保证正版，如有质量问题，明天这时候，在这里我们无条件退款。”顿时，同学们一拥而上……

问题：

(1)“王林快码”输入软件的推销员采用了什么方法开始推销？

(2) 推销员在推销中采用了哪些方法说服大学生？

(3) 这个案例给你哪些启示？

13. 日本某光学公司的龟田先生有一次向某家造船厂推销公司的新产品阳画感光纸。虽然他知道这家造船厂的晒图纸消耗量极大，而且该厂又有法国进口的染色机、晒图机以及最好的厚纸，阳画感光纸想要打入这家造船厂是很困难的，但他还是决定试一试。

具有购买决策权的是该厂试验所的所长矾田先生。矾田先生是一位顽固且不通情达理的人。他对龟田先生说：“……虽然你从大老远的地方来，不过我们自己能够生产纸张，所以不必向外购买，请你不要多说了，多说也没用!”“不，我虽然不能天天来，但只要我有空，一定会再次登门拜访的。”龟田答道。

后来，龟田又陆续去了好几次，不过，有时候他们根本无法碰面。遇到这种情况时，龟田一定会留下一张名片，然后才离开。也许顾客会把名片丢到垃圾桶里，但至少他们会知道有谁来过。因此，一次拜访可能产生二次拜访的效果。回家之后，不论感到多么疲劳，龟田都要写信向对方致谢。

就这样，经过三番五次地拜访，矶田先生已知阳画感光纸的优点比晒图纸多，即使成本大一些，但仍有它的价值所在。但矶田先生仍固执己见，不想使用阳画感光纸。

一天，当龟田又去时，矶田对龟田说：“你虽然来回奔波，旅途劳累，但我今天很烦，不想陪你了。”说完，转身就走。龟田一直等了很久，也不见矶田先生的影子。在百般无奈之下，龟田一个人走到晒图机旁，观看晒图机的作业情况。就这样，时间一分一秒地过去了，他自己也不知道看了多久。

“你在干什么?”听到矶田先生的声音，龟田高兴地说：“这部机器相当不错，只是……不知道它还可以使用多少年……如果机器出现故障的话，你们是不是可以改用我公司的阳画感光纸呢?”“你居然想到了这件事?”矶田先生叹口气，只好说：“好吧，我们就试试你的阳画感光纸吧!”“哦，真的?”龟田高兴得不知道说什么好。龟田先生的推销终于成功了。

问题：

（1）龟田先生在推销过程中遇到了什么异议?试分析这种异议产生的原因。

（2）龟田先生是通过什么方式化解异议的?他的成功对你有什么启发?

（3）如果你在推销中遇到了类似的异议，你将如何处理?

14. 陶德利是一家机械设备公司的推销经理，他工作年限长，经验丰富，尤其熟悉各种推销方法。他说过这样一些话：“如果推销员向顾客提出问题，顾客接连三个回答都是否定的话，可以断定在整个业务洽谈中他对其余的问题只会作出否定的回答。”陶德利手下的一个推销员表示反对，他说：“在每一次业务洽谈开始时，顾客总会提出各种不同的看法。我们的工作正是要改变顾客的看法。”

问题：

陶德利和推销员的各自观点是否正确?请说明理由。

15. 一家食品罐头批发商向那些大批订购蔬菜罐头的经销商提供减价25%的优惠价格。这家批发商大肆刊登广告进行了宣传，并且准备了大量的存货，满以为顾客会纷纷前来抢购。然而实际情况却并非如此，减价后的销量一直保持在减价前的水平。

问题：

这里面存在什么问题?

项目六 推销成交

【建议学时】

8 学时

【学习目标】

知识目标

- 掌握成交的基本内涵、成交的基本原则
- 掌握成交信号的识别和条件的确认
- 掌握成交的基本方法
- 掌握合同中的必要条款
- 掌握合同签订时的注意事项

能力目标

- 具备敏锐的观察能力
- 具备把握成交机会的能力
- 具备灵活选择成交方法并促成交易的能力
- 具备综合使用多种成交方法的能力
- 具备拟定合同内容的初步能力
- 具备识别合同签订中陷阱的能力
- 具备熟练使用办公软件的能力
- 具备收集信息的能力

素质目标

- 有助于学生形成诚实、守信、尊重他人的职业素养
- 有助于学生拥有强烈的自信心
- 有助于学生形成严谨、认真的工作作风
- 有助于学生形成团队合作精神

【营销师考点】

- 推销成交信号的识别
- 推销成交的方法
- 有效合同的要件

【案例导入】

黄新宇在销售工作中最大的疑惑就是：每次当他娴熟地介绍了产品，并成功地解决了顾客的各种异议之后，接下来却不知道该怎样及时说服顾客，促成顾客的购买行为，顾客也总有一些托词使得最终成交的希望落空。你觉得黄新宇的问题出在哪里？如果你是黄新宇，在此关键阶段应该如何做才能完成最后的合同签订？

任务一
推销成交的技巧

一、识别推销成交信号

所谓推销成交是指顾客接受推销员的购买建议，从而完成产品交易的过程。成交是推销活动的直接目的与最终结果，是推销活动的最终阶段，也是最关键的时刻，这一阶段的技术和方式使用不当，也会使推销前功尽弃。在通常情况下，绝大多数的个人顾客或组织顾客即使有购买兴趣也不会主动提出购买要求，而是耐心地等待推销员首先提出成交要求。而成交的障碍不仅来自于顾客，有时还来自于推销员。例如：推销员存在畏难心理、急于成交、不恰当的表现和不合适的方法选择。在成交阶段，推销员不仅要继续接近和说服顾客，与顾客进行反复的信息沟通，而且要把握成交时机，采取有效措施帮助顾客做出最后的选择，促使其采取购买行动，直至履行成交的手续。

那什么时候是成交的合适时机呢？简单来说，就是顾客做好购买准备的时候。顾客已经处于购买心理过程的确信阶段，而此时顾客的这种心理通常会通过各种方式不经意地表现出来，向推销员发出成交信号。成交信号是指顾客在接受推销的过程中有意或无意流露出的各种成交意向，有意流露出的成交意向也称成交暗示。要有效地促成交易，推销员必须密切注意顾客所发出的成交信号。顾客所发出的成交信号有时稍纵即逝，需要推销员善于观察顾客的言行举止，从中捕捉到一些成交信号，把握时机，就有可能因势利导地及时达成交易。当成交机会还未到来时，即顾客还没有发出购买信号，这就说明推销员的工作还没有做充分，应该进一步刺激顾客而不宜过早地提出成交，推销员要耐心等待，随时捕捉机会；当成交机会已经出现的时候，推销员则要及时抓住机会，促成成交。把握时机是推销成交的关键要点。当潜在顾客开始对推销产品表现出浓厚兴趣和强烈欲望，才是成交的最佳时机，此时提出成交才不会使得潜在顾客感到唐突与尴尬。不合时宜地提出成交建议，轻则造成顾客的反感，重则直接造成推销中断。好时机的确认离不开对推销成交信号的精准捕捉，这些信号是顾客下意识发出的，推销员应该对成交信号具有高度的敏感性和捕捉能力。

（一）捕捉推销成交信号

顾客发出的成交信号的表现形式复杂多变，因人而异，通过分析，可以把它们分为语言信号、表情信号、行为信号和事态信号等。推销员可以通过察言观色，根据顾客的语言、表情、行为和事态等的变化来判断和识别顾客的成交意向。

1. 语言信号

语言信号是指顾客通过言谈、话语来表现自己的购买意向的信号，推销员可以通过这些信号来判断和识别顾客的成交意向。

言谈是判断和识别顾客成交信号的最为直接和明显的表现形式，话语则是判断和识别顾客成交信号的间接的表现形式。推销员可以从顾客有意无意中流露出的赞叹、喜欢、夸奖、信任、请教、询问、质疑等多种多样的言谈、话语中捕捉到顾客的成交意向和信号。例如：顾客提出并开始议论关于最快交货时间及限定条件；询问关于产品的使用与保养等注意事项和零配件供应等问题；开始讨价还价、要求继续试用及观察；对产品的一些问题，如包装、规格等提出较为具体的修改意见与要求；用假定的口吻与语气谈论购买事宜等。如果推销员发现顾客的语言从提出异议等转到谈论上述所列内容时，就可以认为顾客发出了成交与购买的信号。

具体来说，推销员可以从顾客不同的言谈、话语来判断和识别顾客的成交意向。

（1）顾客的要求。有时候，顾客在购买前会提出一些要求希望得到满足，一旦推销员能够保证完成，顾客就会购买产品。例如：顾客会提出“我希望洗衣机明天一定要送到我家”，“我们的员工需要免费接受如何使用该设备的培训”。顾客也会对产品质量及产品加工问题提出具体要求，尽管他们有时会把这些问题当作异议提出来，这恰恰说明顾客对该产品已有了深入的了解、一定的考虑和更具体的要求，这表明了他们要求成交的意向。

（2）顾客的认同。认同是指顾客对于产品或者销售相关因素的肯定表述。例如：“不错，我很喜欢这种样式”，“这种产品很适合我们的需求”，“别人也曾建议我买这样一件产品”等。顾客将对产品的兴趣、购买的信号隐藏在他们的措辞中，微妙地将购买信号传递给推销员。推销员要训练自己的敏感能力，从言谈、话语中找出顾客的真实感受，促成交易。

（3）顾客提出问题。有时顾客的成交信号是通过直接向推销员的询问表达出来的。例如：顾客询问新旧产品的比价问题、与竞争产品之间的价格差异问题、产品的成本价格问题，希望把价格定得更确切一点等。如果顾客询问什么时候能交货，对付款有何限制，对该产品的质量有何保证措施等，这往往表明顾客已很现实地考虑到要进入购买阶段了。顾客还会提出售后服务问题，当顾客提出如何维修、能否上门服务以及退换条件、实行“三包”等问题时，说明顾客已经在考虑购买产品以后的问题了，这是一种较为明显的成交信号。

2. 表情信号

人的内在心理活动包括其深层的心理活动总是要通过其外部行为，特别是通过其面部表情表现出来。当然，人的面部表情是很不容易捉摸的，人的眼神有时更加难以猜测，但是，经过反复的观察与认真思考，推销员仍然可以从顾客的面部表情中获得其成交的意向与信号。

（1）眼神变化。人的眼睛最富有表情，眼睛是心灵的窗户，从一个人的眼睛中往往可以窥探其内心世界。例如：眼睛转动由慢变快，眼睛发光，炯炯有神，或目光凝视某一产品并默默进行盘算时，就说明顾客对这个产品已经产生了兴趣，或者产生了购买的意向。

（2）面部表情。通过推销员彬彬有礼、实事求是的推销介绍，顾客的脸上露出赞许的微笑，由咬牙沉思或托腮沉思转变为脸部表情明朗轻松、活泼友好等，都暗示顾客有了较为明确的购买意向。

（3）情感转变。顾客刚开始时对推销员及产品大都表情冷淡、态度冷漠甚至言辞生硬、拒绝接受，但是经过推销员的推销介绍之后，顾客的态度逐渐好转，甚至有了 180 度的大转弯，变得自然、大方、随和、亲切，这说明顾客已经开始注意产品并对产品产生了一定的兴趣，暗示顾客有成交的意向。

3. 行为信号

推销员还可以通过观察顾客的体态、行为表现等来判断和识别顾客的成交意向。因为顾客一旦完成了认识与情感过程，拿定主意要购买产品时，他会觉得一个艰苦的心理活动过程结束了，自然而然地会在动作、行为上有所反映，会出现与推销员开始介绍产品时完全不同的动作。例如：

（1）顾客听了推销员的说明或介绍后频频点头称是。

（2）顾客身体自然前倾。

（3）顾客走近产品，用手触摸产品。

（4）顾客认真阅读推销资料和合同等。

（5）顾客拿出签字笔准备签字。

（6）其他成交的信号，如顾客比较各项交易条件、顾客有意杀价等。

总之，顾客的购买意向和信号总是掩藏在语言、表情、动作、行为的背后，推销员应学会细心观察和用心体验，善于及时、准确地捕捉到成交信号，抓住合适的机会有效地达成交易。

4. 事态信号

事态信号是推销员向顾客推销的过程中，随着推销活动的推进，周围的形势出现了发展和变化而表现出来的成交信号。

一般来说，事态信号主要表现在以下几种情况：

（1）顾客征求其他人的意见。

（2）顾客提出更换洽谈地点。

（3）顾客要求看销售合同书。

（4）顾客接受推销员的重复约见或主动提出会面时间。

（5）顾客主动向推销员介绍企业的有关负责人或高级决策人。

（6）顾客提出安排推销员的食宿。

（7）顾客的接待态度逐渐转好。

（二）结合条件判断成交信号

顾客所发出的成交信号有时是稍纵即逝的，需要推销员把握时机，及时捕捉。把握时机是实现推销成交的关键要点。但是推销员在推销产品时能否顺利与顾客达成交易，除了时机的把握之外，还需要具备一定的条件。这条件既包括推销员本身的因素，又包括顾客方面的因素。

1. 推销员应具备的条件

（1）熟悉产品。推销员要成功地向顾客推销产品，必须先对自己所推销的产品有深入的认识和了解。只有这样，才能够在推销时准确、详细地向顾客说明产品的特性和优点，才能详尽地向顾客介绍产品的价值和使用价值。

推销员应该熟知自己所推销的产品的以下几个方面的知识：产品的历史和种类、产品的生产制造工艺、产品的特性、交货期与产品的价格、产品能给顾客带来的利益、产品的竞争态势与优劣势比较、售后服务等。

（2）熟悉顾客。推销员除了应对自己所推销的产品有准确的认识和把握之外，还应该对推销对象（即顾客）有一定的熟悉程度。熟知产品知识是知己，熟悉顾客是做到了知彼。

（3）做好心理准备。推销员在推销产品之前，应该在心理上做好两手准备：一是做好最好即成交的准备，如果推销顺利，则是意外的收获；二是做好最坏即失败的准备，如果推销不顺，甚至失败，也能泰然处之。作为推销员，可以从以下 3 个方面做好心理准备：

1）遭到拒绝的心理准备。推销员拜访的可能是通情达理的对象，也可能截然相反。因此，如果碰到了蛮横无理的对象，即使你有万全之策，受到冷遇和拒绝是很正常的。再者，即使碰到通情达理的对象，也可能受到冷遇，如顾客碰巧情绪不佳，也可能变得不可理喻，推销员就可能莫名其妙地成为他的出气筒和“替罪羊”。一些推销员把顾客的一次拒绝视为整个推销的失败，故放弃继续努力。但研究表明，一次失败并不是整个推销工作的失败，推销员可以通过反复的努力来促成最后的交易。

2）推销失败的心理准备。推销成交的概率不是很高，据不完全统计，保险成交率一般为 17%，换言之，推销员每拜访 6 位顾客，其中 5 位可能失败。因此，推销员在推销之前必须做好失败的心理准备，在遭遇失败之后，不要灰心丧气、自怨自艾、畏缩不前，而应认真总结经验和教训，更加努力工作。失败是成功之母，是成功的敲门砖。

3）预演推销内容的准备。为了加强心理准备，推销员最好在推销之前能预演推销内容，假设顾客可能提出的问题，并给予解答，从而做到心中有数，把握推销主动权。一般而言，顾客可能提出如下问题：

听说同类某产品较好，你们的产品与之相比如何？

你们的产品特色是什么？

我能从产品的购买中获得什么样的好处呢？

你们的产品价格较高，最多能打几折？

你们的售后服务有什么保障？

2. 顾客应具备的条件

（1）对推销品已有较全面的了解和认识。理智的顾客一般不会在自己还没有完全了解产品（包括产品质量、价格、性能等方面）时，就接受推销员的购买建议。因此，顾客对推销产品是否有一个全面的认识和了解是决定能否进入成交阶段的基础。推销员可以通过提问的方式检查顾客是否了解产品，是否愿意成交。

（2）对推销员及其所代表的公司有信任感和依赖感。能够让顾客对他所面对的推销员以及推销员所代表的公司有信任感和依赖感，是达成交易的一个必不可少的条件。因为顾客购买时考虑更多的是产品的效果，如果推销员不能给顾客一个可靠的信誉保证，顾客不会轻易地签订购买协议。特别是那些推销不合格产品的推销员，顾客更不愿意和他们打交道。因此，推销品必须取得顾客的信赖。

（3）顾客对推销品产生兴趣和购买欲望。根据爱达模式，顾客只有先对产品发生兴趣，产生购买欲望，才能引导他们与推销员达成交易。推销员可以通过推销说明和推销演示来促使顾客对产品产生兴趣，进而产生购买欲望。

（三）创造成交机会

除了捕捉成交信号、发现成交机会之外，推销员也应通过营造有利的成交环境并克服自身的心理障碍勇敢地去创造成交机会。

1. 营造有利的成交环境

在销售成交阶段，周围环境会影响到成交的气氛，并在无形中影响着顾客的心情，甚至决定着交易成功与否。一般来说，有利的成交环境应当是安静舒适的，因为在这样的环境下，能使人心情舒适、心平气和，有利于顾客接受推销员的劝说和要求。所以在商谈成交事宜时，双方应远离电话、嘈杂的办公室等，以免被外界打扰，分散双方的注意力。最好只有推销员和顾客两人参与，避免闲杂人等，一来防止第三者打断正常推销程序，二来若第三者与顾客意见相左，会导致顾客重新作出决策，改变本来的购买决策。当成交环境不利时，推销员可找借口改变地点或者改变时间另约顾客商谈。

2. 克服成交的心理障碍

所谓成交的心理障碍是指推销员心中存在的不利于成交甚至阻碍成交实现的销售心理

因素。这些心理障碍若不解除，一定会阻碍成交，常见的心理障碍有：担心失败、职业自卑感、成交期望过高等，而这些障碍必须由推销员通过自身的主观努力加以克服。

二、推销成交方法

在识别出推销成交的信号之后，推销员需要根据具体的推销情景选择合适的成交方法，及时促成顾客购买推销产品。一些推销员在成交的最后关头不能抓住时机主动地向顾客提出成交要求，他们害怕提出成交要求后，如果顾客拒绝会破坏洽谈气氛，一些新手推销员甚至对提出成交要求感到不好意思。据调查，有70％的推销员未能适时地提出成交要求。许多推销员失败的原因仅仅在于他们没有开口请求顾客订货。美国施乐公司前董事长波德·麦克考芬说，推销员失败的主要原因是不要订单。不提出成交要求，就像你瞄准了目标却没有扣动扳机一样，这是错误的，没有要求就没有成交。顾客的拒绝也是正常的事。美国的研究表明，推销员每达成一次交易，至少要受到顾客的6次拒绝。推销员学会接受拒绝，才能最终与顾客达成交易。

一位推销员多次前往一家公司推销。一天，该公司采购部经理拿出一份早已签好字的合同，推销员愣住了，问顾客为何在过了这么长时间以后才决定购买，顾客的回答竟然是："今天是你第一次要求我们订货。"这个故事说明，绝大多数顾客都在等待推销员首先提出成交要求。即使顾客主动购买，如果推销员不主动提出成交要求，买卖也难以成交。

在推销洽谈的最后阶段，推销员应该密切注意成交信号，做好推销成交的准备，同时还要学会运用不同的技巧和成交方法。由于推销员所推销的产品的不同、推销对象的不同、所处的社会环境和条件都不尽相同，因而推销员所应该采取的方法和技巧也应有所不同。推销员应针对具体情况具体分析，运用相应的推销成交方法和技巧。

所谓成交方法是指在最后成交过程中，推销员在适当的时机，用以启发顾客作出购买决定，从而促进顾客购买的推销技术和技巧。常用的成交方法主要有以下几种：

（一）直接请求成交法

直接请求成交法是指推销员明确地、直接地建议和要求顾客购买产品的成交方法。这是一种最简单、最基本的成交方法，在许多场合下也是一种最为有效的成交方法。

推销员："请问这个问题已经解决了吗？如果解决了，请在合同上签字，谢谢！"

顾客："您认为可以的话，我们就可以签字了，祝合作愉快！"

推销员："这样可以吧？好！一言为定，成交！"

直接请求成交法体现了推销员的积极主动精神，符合现代推销的精神，是推销员应该掌握的最基本的成交方法。直接请求成交法看起来十分简单，但在实际应用中却存在着一定的难度，关键在于推销员是否存在成交心理障碍，是否敢开口请求顾客成交。因此，推销员应能够战胜自我，克服成交心理障碍，准确把握时机，主动提出成交请求。这时要达成交易，也是水到渠成、顺理成章的事情了。

直接请求成交法主要适用于已经具有明显的购买倾向，但仍在拖延时间的顾客；适用于在推销洽谈刚开始时，提出很多问题，现在所有的异议虽然都已经解决了，但却因为一时不好意思立即表示肯定态度而在等待的顾客。通常，直接请求成交法可在下列几种情况下使用：

1. 面对老顾客

对老顾客而言，买卖双方已经建立了较为长久和良好的人际关系，推销员对顾客的需求比较了解，同时顾客也接受过推销品，对推销品并不陌生。因此，顾客对推销员的直接请求一般不会提出反对意见。面对老顾客，推销员完全可以轻松地说："您好！近来生意不错吧！今天刚好有一批新货运到，您打算要多少？"

2. 在顾客发出购买信号时

如果顾客对推销品有好感，也流露出了购买的意向，但由于某些原因一时又拿不定主意，或者不愿意主动提出成交请求，这时，推销员就可以用直接请求成交法来促使顾客采取购买行动。例如：一位家庭主妇对推销员推荐的家用电热水器很感兴趣，反复询问它的安全性能和价格，但又迟迟不作出购买的决定。这时推销员可以用直接请求成交法帮助她作出购买决定："这种热水器既实用又美观，价格上又可以给您九折优惠，买下它吧，您一定会感到满意的。"

3. 在顾客对产品提出的问题已经得到答复，只差作出购买决策时

有时候顾客对推销品表示兴趣，但思想上还没有马上意识到成交的问题。这时推销员在回答了顾客的问题，或详细介绍完推销品后，可以接着说："清楚了吗？您看什么时候可以给您送货？"或者说："产品的质量我们实行三包，请您填一下订单。"其实，这样的请求并非一定就是要马上达成交易，而只是集中顾客的注意力，让顾客意识到是应该考虑是否购买这个问题了。

直接请求成交法可以有效地加快顾客进行购买决策的速度，促使顾客采取购买行动；可以借成交建议直接向顾客进行积极的提示或稍微施加成交的压力；可以节省时间，提高推销效率。

直接请求成交法是推销员经常选用的基本成交方法之一。但是，如果推销员盲目要求成交，使用方法不当，就可能产生成交高压，破坏成交气氛，造成顾客有意无意地抵制成交的后果和被动局面。例如：过早地直接提出成交，会破坏原有的良好的推销洽谈气氛；提出成交的语言使用不当，会给尚未下决心购买的顾客太大的心理压力，对推销产生副作用；推销员的语言表达太过急切时，顾客会误解推销员有求于他。

因此，推销员一定要看准时机，在顾客有明显的成交信号后提出成交。如果对顾客的某个动作与手势不明白，可以借询问顾客动作含义提出成交建议。例如："刘总的一挥手真有力！看来我们可以成交了，是吧？"推销员应该主动地提出成交，但注意语速与动作

都不要太夸张，以免给顾客太大的压力，必要时要给顾客减压。例如可以说：“您可以再考虑几分钟。”

（二）假定成交法

假定成交法是指推销员在假定顾客已经同意购买的基础上，通过与顾客讨论一些关于成交的具体问题而促成交易的一种方法。这也是基本的常用方法之一。当推销员确定顾客有较为明显的购买倾向时，可以立即与顾客讨论一些成交的具体问题。

推销员：“丁经理，我能不能借你的电话用一下？我问一下仓库是否明天就能给您把货送过来！”

顾客：“你用吧。”

假定成交法主要适用于老顾客、中间商进货以及依赖性强与决策能力低的顾客，适用于主动表示要购买的顾客。对于不太熟悉的顾客须谨慎使用，以免起到反作用。

采用假定成交法有利于节省推销时间，并提高推销效率。而且在整个推销过程中，顾客随时可能流露出成交意向，若推销员能及时觉察的话，就可正确使用假定成交法，将成交信号转化为成交行动，及时促成交易。但是，推销员若在时机把握上出现偏差，盲目假定顾客已有了成交意向而直接明示成交，很容易给顾客造成过高的心理压力，导致可能成功的交易走向失败。这种方法若使用不当，还会使顾客产生种种疑虑，使推销员陷入被动，增加成交的困难。

因此，在使用这种方法时，要注意以下事项：

（1）认真分析顾客，看准顾客类型。一般地说，对依赖性强、性格随和的顾客以及老顾客，可以采用这种方法；但对于自我意识强、过于自信的顾客，则不宜使用这种方法。

（2）判断成交信号，及时把握机会。在发现成交信号时，只有确信顾客必定购买，才可以使用这种方法，否则会弄巧成拙。

（3）委婉商量，制造推销气氛。尽量用委婉、温和与商量的口吻说出肯定的语言，保持原有的气氛，切忌语气咄咄逼人，形成推销高压气氛，使顾客望而却步。如果顾客确实不想成交，可以用开玩笑的方法缓解气氛，消除不良影响，例如：“不好意思，我以为您已经下决心要购买了”。

（三）有效选择成交法

有效选择成交法是指推销员为顾客设计一个有效成交的选择范围，使顾客只在有效成交的范围内进行成交方案选择的促成交易的一种方法。这种方法是假定成交法的发展和具体应用，其理论依据是成交假定理论，即推销员在假定成交的基础上向顾客提出成交决策的比较方案，先假定成交，后选择成交。顾客不是在买与不买之间选择，而只是在推销品不同的数量、规格、颜色、包装、样式、交货日期等方面作出选择，使顾客无论作出何种选择，最终的结果都是成交。以轿车推销为例：

推销员："以车身的颜色来说，您喜欢灰色的还是黑色的？"

顾客："嗯，如果从颜色上来看，我倒是喜欢黑色的。"

推销员："选得不错！现在最流行的就是黑色！那么，您是在明天还是后天来提车？"

顾客："既然要买，就越快就好吧！"

推销员："那么明天您就可以来提车。"

事实上，如果顾客作出上述答复，的确就是表示他已告诉推销员他要购买的产品了；如果他迟疑片刻而向推销员表示他尚未作最后的决定，推销员也没有半点损失，仍然可以继续提出新的成交比较方案进行推销工作。

有效选择成交法从表面上看，似乎是把成交的主动权交给了顾客，而事实上只是把成交的选择权交给了顾客，具有假定成交法的全部优点。通过提出几个实际的方案让顾客挑选，既调动了顾客决策的积极性，又控制了顾客决策的范围。顾客不是在买与不买之间选择，而只是在不同的方案间进行选择。

1. 有效选择成交法的优点

（1）既可以减轻顾客的心理压力，又使推销员有回旋的余地。有效选择成交法把成交的选择权交给了顾客，让顾客在一定的成交范围内作出自己的选择，主动参与成交活动。这样，既调动了顾客决策的积极性，又减轻了顾客的成交心理压力，创造了良好的成交气氛；同时，推销员掌握了成交的主动权，让顾客在成交范围内作出选择，使顾客很难全面地拒绝成交选择方案，给推销员留下一定的成交余地。

（2）成功地运用了选择提示的基本原理，让顾客在成交的范围内进行选择是一种有效的推销手段，把顾客的购买决策限定在目标范围之内，无论顾客作出什么样的选择，都在目标范围之内，从而实现了推销员的成交目的。

当然，推销员必须慎重、合理地使用有效选择成交法。如果不经过仔细分析和观察而滥用这一方法，则会对顾客造成成交高压，甚至使顾客失去购买信心，增加新的成交心理障碍。同时，还可能浪费时间，降低推销效率，不利于推销活动的开展。

2. 运用有效选择成交法应注意的问题

（1）针对顾客的购买动机和购买意向，把顾客的购买选择限制在有效的范围之内。这就要求推销员充分准备，提供使顾客产生积极心理效应的选择方案，但不要向顾客提供非成交性或否定性的方案。

（2）努力掌握成交主动权，积极促成交易。在运用有效选择成交法时，推销员既要把成交的选择权交给顾客，促使顾客主动成交，又要积极掌握成交的主动权，对顾客施加适当的成交压力，主动促成交易。

（3）主动当好顾客的购买参谋，帮助顾客作出正确的成交选择。面对众多的成交方案，有时顾客会感到无所适从，难以选择。为了提高成交效率，推销员应主动地向顾客介绍各种成交选择方案及其特点，帮助顾客作出正确的购买决策。

（四）小点成交法

小点成交法，也称为次要问题成交法或避重就轻成交法，是指推销员通过在一些次要的、小一点的问题上先与顾客达成购买协议或取得一致性的看法，再逐步促成交易的一种成交方法。所谓小点，即较小的、次要的成交问题，一般指有关产品的包装、运输、日期、保修等一些相对次要的或者是已取得一致性意见的问题。从顾客购买心理来讲，在进行重大的成交决策时，往往心理压力较大，因而比较慎重、比较敏感，一般不轻易作出明确的决策，甚至故意拖延成交时间，迟迟不表态；而在处理较小的成交具体问题时，则处于相对轻松的状态，心理压力较小，比较果断，容易作出明确的购买决策。小点成交法正是利用了顾客这一心理活动规律，避免直接提示重大的、顾客比较敏感的成交问题，先小点成交，后大点成交；先就成交活动的具体条件和具体内容达成协议，再就成交本身达成协议，从而促成交易的实现。

顾客："这台碎纸机倒是很适合我们，只是办公室这些小青年，毛手毛脚的，只怕没用上几天就坏了。"

推销员："这样好了，今天我把这台旧样机带回去，明天我把新机器送来时，顺便把使用方法和注意事项给大家讲一下。这是我的名片，如果使用中出现故障，请随时与我联系。我们负责维修。主任，如果没有其他问题，我们就这么定了。"

顾客很快接受了这个条件，实际上，他随之也接受了推销员的推销建议。案例中，推销员在假定顾客已经作出购买决定的前提下，就碎纸机的使用与维修与顾客达成了协议，从而避开了重大的成交问题，使顾客轻松地接受了交易。

1. 小点成交法的优点

小点成交法运用的是成交心理减压原理，它的优点主要体现在以下几个方面：

（1）可以创造良好的成交气氛，减轻顾客的成交心理压力。所有顾客在进行生意洽谈时，都会列出主要问题和次要问题。推销员在使用小点成交法时，直接提示顾客认为是次要问题的有关成交的具体条件以及顾客不太敏感的购买决策问题，避开了直接提示重大的成交决策问题以及顾客比较敏感的问题，把顾客的成交注意力吸引集中在有关成交的一些较小问题上。因为是小问题，顾客会认为先成交也无大碍，从而会减轻成交心理压力，营造有利的成交气氛，使顾客轻松地在无心理压力的情况下达成协议。

（2）有利于推销员主动尝试成交，并可始终掌握成交的主动权。在使用小点成交法时，推销员可以利用各种成交小点来尝试成交，即使顾客拒绝某一个特定的成交小点，推销员还可以继续提示其他次要的成交小点，以增强推销员的信心，促成大点交易。

（3）小点是推销员认识、利用与确认顾客成交信号的切入点。当推销员向顾客提出一些次要的成交小点并要求其同意时，如果顾客答应得较为爽快，推销员就可以把这一成交小点看成是整个成交的信号，并将多个成交小点转为大点成交机会，从而确定大点成交信号。

2. 小点成交法的缺点

小点成交法在促成交易方面优势明显，应用较广，但仍然有一定的局限性。

（1）可能引起顾客的成交误会，产生成交纠纷。小点成交法是间接假定大点成交，直接小点成交，把小点成交看成是大点成交的信号，把成交信号假定为成交行为。但是小点成交并不等于大点成交，顾客接受小点，并不等于接受成交大点，成交信号并不等于成交行为。因此，如果推销员对顾客提出的一些重要意见认为一时难以解决，于是回避重要问题而在次要问题上与顾客达成协议。这样很可能会使顾客误以为推销员在某些主要问题上默许了顾客的意见，从而造成成交误会，产生交易纠纷。

（2）拖长成交过程，浪费时间。由于小点成交法坚持循序渐进、积少成多、逐渐接近目标的做法，可能使得本来可以一步到位的推销变成了“马拉松式”的推销，费时费力。

（3）会分散顾客的注意力，影响大局。小点成交法的成交过程长，可能会分散顾客的成交注意力，造成不利于成交的推销气氛，从而影响大点成交。

3. 运用小点成交法应注意的问题

（1）针对顾客的购买动机，选择适当的成交小点。推销员应事先做好准备，明确成交步骤，成交洽谈时从小到大，从外围到核心，从次要到主要逐步进行。由于顾客的购买动机是顾客成交的原动力，推销员在使用小点成交法时，应直接针对顾客的个性特征与购买动机，选择既可以满足顾客需求又不会使顾客认为是重大的问题，诱发顾客的购买欲望，创造良好的成交气氛。在选择小点问题时，还应注意小点问题与大点问题的联系。

（2）避免直接提示顾客比较敏感的重大决策问题。小点成交法的优点之一就在于能够减轻顾客的成交压力。为此，推销员就应尽量选择和提示顾客不太敏感的有关成交小点，避免提示顾客比较敏感的有关问题；注意转移和分散顾客的成交注意力，消除顾客的紧张和焦虑，减轻顾客的成交心理压力，促使顾客主动成交。

（3）认真处理顾客异议。在小点成交过程中，对顾客提出的重大问题以及有关异议，推销员不要回避，应妥善处理，尽量解决，更应明确表态，以免引起顾客的误会。

（五）优惠成交法

优惠成交法也称让步成交法，是指推销员通过向顾客提供进一步的优惠条件或者提供比竞争对手更加优惠的条件而促成交易的方法。求利是顾客的基本购买动机，这一方法正是利用了顾客的求利心理，直接向顾客提供一些优惠的交易条件或作出一定的让步，从而诱导顾客成交。优惠成交的条件一般包括：价格折扣、付款方式、运输服务、产品包装、设备安装、人员培训、后期服务等方面。

推销员：“先生，我看您很喜欢这件产品，如果你现在就买下它，我可以给您特别优惠，给您打八五折，通常我们是不打折或者只打九五折。”

顾客：“好的。我买下了。”

优惠成交法主要适用于求利心切而又是在同行购买者中有影响力的顾客；适用于以大批量生产可降低成本的产品；适用于同竞争对手争夺顾客的特别时期；适用于一些季节性消费和季节性购买的产品；适用于为配合企业的促销活动而进行的一系列决策；适用于企业在经营困难的特别时期等。

对于一般的顾客，尤其是一般消费者运用这种方法，只要稍施小惠，就可产生很大的作用，收到较好的效果。因此，优惠成交法是企业推销竞争的一种常用的、有效的手段，是推销员吸引顾客、扩大产品影响的一种好办法。推销员可以较快地结束推销并顺利达成交易协定，在短时间内推销一些不容易推销的产品，加快资金回笼。

但是，由于大多数顾客都是在价格等主要条件上要求给予优惠，因此优惠成交法不可避免地存在着一定的局限性和缺点。如上述案例中推销员的打折优惠，等于开了一个很坏的头，即表示顾客是可以讨价还价的，以后顾客就会不断地向推销员讨价还价，造成新的成交障碍。优惠成交法还存在着其他的局限性和缺点，例如：减少销售收入，降低企业经济效益；影响推销员和所推销产品的市场定位及企业的整体形象；使顾客形成买卖成交必须给优惠的心理定式，给以后的推销带来消极影响等。因此，在使用优惠成交法时应注意：服从企业的整体营销策略（如企业的市场定位策略等）和企业的其他促销活动，不要滥用优惠成交法；在使用时应事先确定优惠条件，在推销谈判中，每退一步，每允诺一项优惠条件，都应要求顾客给予相应的回报，如要求顾客多买或介绍其他的顾客购买等。

（六）从众成交法

从众成交法是指推销员利用顾客的从众心理，促使顾客立即购买所推销产品的一种洽谈技术和成交方法。社会心理学的研究表明，从众行为是一种普遍的社会心理现象。人的行为既是一种个体行为，受个人观念的支配，也是一种社会行为，要受社会环境的影响，个人认识水平的有限和社会公众的压力是从众现象产生的基本原因。顾客在购买产品时，不仅要考虑自己的需求，受自己购买动机的支配，还要顾及社会规范，服从社会的某种压力，以大多数人的行为作为自己行为的参照。从众成交法正是利用了人们的这种社会心理，引发整体大批订货，甚至可以发生滚雪球式的众人争相购买的现象。

推销员："王经理，我们厂生产的这种产品受到了顾客的普遍好评，十分畅销，大多数商店都进了我们的货，您看这是几天来的订单，全国十几个省、市、自治区的企业都有来订货的，还有国外的订单……"

推销员："王经理，这种冷热饮水器目前在一些大城市非常流行，特别适合大公司的办公室使用。既方便、实用，又能增添办公室的豪华气派和现代感。像与贵公司齐名的大宇公司、中天公司等，办公室里都换上了这种饮水器。"

很显然，上述两个推销员就是在利用顾客的从众心理，促使顾客尽快作出购买决定。

从众成交法主要适用于依赖性强的顾客。推销员可以通过很多方法让顾客产生从众心理，如可以直接告诉顾客有很多人购买了某产品；可以把一些顾客的购买订单故意让面前的顾客看到；可以利用预先准备好的各种布置，让顾客相信有很多人购买了该产品；可以用各种产品畅销的例证，使顾客了解产品的实际价值和购买者的众多等。

1. 从众成交法的优点

（1）有利于吸引和招揽顾客。由于人人都有不同程度的从众心理，因此推销员可以利用一部分现实购买者的购买行为去吸引另一部分潜在的购买者。当顾客了解到很多顾客已经购买了某种产品后，无形中会有一种压力和紧迫感，使其感到只有跟上潮流才是唯一选择，他就会很快下决心购买。

（2）有利于促成大量交易。推销员只有进行大量交易，才能提高推销效率。在使用从众成交法时，推销员利用一部分顾客去吸引另一部分顾客，通过这一部分顾客去说服另一部分顾客，利用少数基本顾客或中心顾客去招揽大批量的从众顾客，从而引发整体大批订货，促成大量成交。

2. 从众成交法的缺点

（1）不利于推销员正确地传递信息。在使用从众成交法时，推销员把成交工作的重点集中于少数基本顾客或中心顾客，并利用他们去说服其他从众顾客，让顾客之间相互传递推销信息（这样的传递往往会失真），推销员和顾客的注意力也就主要集中在了解有多少人购买产品的问题上，这样可能忽视了对信息的正确传递，忽视了推销员和顾客双方的沟通，导致顾客在盲从的情况下购买而引发不良后果，甚至引发成交混乱的局面。

（2）可能造成不良的成交气氛，引起顾客的反从众心理。利用顾客的从众心理是从众成交法的最大特点，推销员只有成功地利用顾客之间的互动，诱发顾客的从众心理动机，才能促成大量的交易。但在推销一些竞争激烈的产品时，顾客又很容易产生反从众心理，从而导致顾客的反从众行为，最终导致交易失败。

（3）不利于推销员主动成交。在使用从众成交法时，推销员把成交说服力主要集中于少数基本顾客或中心顾客身上，把成交的主动权交给了少数顾客，不利于推销员的主动成交，甚至会使自己处于完全被动的地位。

3. 运用从众成交法应注意的问题

（1）必须选择和使用具有一定成交影响力的基本顾客或中心顾客。从众成交法是利用顾客之间的互动去诱导大批的从众顾客。为达到这一目的，推销员选择的中心顾客必须具有一定的成交影响力和号召力，能够有效地影响一大批从众顾客，从而促成大量交易的达成。

（2）不用虚假的成交气氛来欺骗顾客。在实际推销工作中，有些推销员不讲职业道德，为达到目的而不择手段，如使用“托儿”制造虚假的成交气氛来吸引顾客，甚至公开欺骗顾客，这些行为不仅不道德，甚至违法，损害了消费者的利益，不利于与顾客建立长期的友好合作关系，甚至会影响企业及推销员的公众形象和长远利益。

（3）要有具体的例证。用例证说明确实有人购买，而不能只是在口头上说“有很多人购买了我们的产品”。例证可以是具体的单位与个人，也可以是一叠订单等。另外，可以用这一方法与有关的广告宣传相结合，以提高企业及其产品的知名度，扩大社会影响，进而吸引大批量的从众顾客。

（七）异议成交法

异议成交法又称大点成交法，是指推销员利用处理顾客异议的时机直接向顾客提出成交要求而促成交易的一种成交方法。异议成交法是直接请求成交法的实际应用和发展，也是一种直接成交法。顾客异议既是成交的障碍，也是成交的明显信号。因为凡是顾客提出的异议，尤其是顾客认为是重要的异议，大多数是购买的主要障碍，一旦被处理完毕，推销员立即请求成交，往往能起到趁热打铁的作用。一般来说，只要推销员能够妥善地处理好顾客异议，排除成交障碍，使顾客拒绝成交的理由或借口不复存在，就可以转阻力为动力，为成交铺平道路，有效地促成交易，促使顾客立即采取购买行动。

但异议成交法在使用时也有一定的局限性：

（1）可能产生过高的异议成交心理压力。由于顾客异议的类型很多，有些顾客异议并不是成交信号，而推销员在处理这些非成交信号的顾客的无关异议、非成交异议、次要异议之后，就立即请求顾客成交，会给顾客造成极大的成交心理压力，而不利于双方交易的达成，更由于没能处理好顾客的重要异议，而破坏甚至断送推销。

（2）可能会降低成交效率。在实际推销活动中，顾客会提出各种购买异议，既有有关异议，又有无关异议；既有真实异议，又有虚假异议。在成交时，如果推销员急于求成或是试图去处理那些无关的或是虚假的异议，可能会导致更多的新的顾客成交异议，而使推销效率降低。

因此，在运用异议成交法时，推销员应首先分析顾客异议的性质及其根源，正确识别异议的成交信号，确定主要的成交异议后再进行处理，并请求成交；推销员要注意推销气氛和自己的态度，不要给顾客造成过大的心理压力；充分利用各种有利的异议成交时机，对顾客施加适当的异议成交心理压力，及时促成交易。

（八）最后机会成交法

最后机会成交法也称站票成交法、无选择成交法、唯一成交法等，是推销员直接向顾客提示最后成交机会而促成顾客立即实施购买行为的成交促进方法。这种方法的实质是推销员通过提示成交机会，限定成交内容、成交条件和成交时间，利用机会心理效应，增强成交的说服力。例如：

推销员：“这是最后一批按照这么低的价格销售的产品，再不购买，可就没有机会了。谁不想买又便宜又好的东西呀！是不是？”

推销员：“目前这种产品供不应求，这是领导让我们留给老顾客的，如果您现在买，还可以卖给您一些。”

推销员："今天是优惠日的最后一天，失去机会太可惜了！"

推销员："我们的存货有限，要求订货的厂家很多，如果现在就订货，还能保证你们的需求。"

推销员："如果最近两天还收不到你们的订单，我们就不能保证把这批货留给你们了。"

推销员："这种产品的出厂价已上涨了10%，我们是在涨价前进的货，所以售价不变。下一批货的价格肯定要往上涨了。"

以上推销员都是在使用最后机会成交法推销自己的产品。实际上，顾客不可能注意所有的成交机会，而只注重重要的机会。最后机会成交法恰恰是在强调机会的重要性，刺激顾客的购买动机和心理，激发顾客的购买欲望，促成交易的实现。

1. 最后机会成交法的优点

（1）可以造成有利的成交气氛。

（2）可以把顾客的注意力集中到成交的思考上，使顾客产生强烈的、内在的成交压力。

（3）限制了成交内容和成交条件，造成一种成交时间与心理的紧迫感，可以使顾客在一定的范围内较快成交。

（4）可以形成交叉推销感染力，"这批货卖得很快，这是最后一批了"，顾客会认为这个企业不错，推销员也不错，推销的产品当然也不错。有时可以做成大笔交易。

2. 最后机会成交法的缺点

（1）可能丧失推销的最后机会。以各种限制条件及限制内容向顾客进行最后机会提示，无疑是向顾客发出最后通牒，如果顾客没有反应或者反应不理想，推销员将失去最后的成交机会。因此，对于最后机会成交法一定要慎用，有的推销员甚至坚决反对使用这种"一拍两散"的方法。

（2）影响推销员自身的形象。如果推销员不适当地向顾客发出了不是最后机会的最后机会提示，顾客可能会认为推销员有欺诈言行，会对推销员的形象与信誉产生负面影响。

3. 运用最后机会成交法应注意的问题

（1）针对顾客的机会心理动机，选择好成交促进机会。顾客在推销活动中有很多可以选择的机会，也有很多惧怕失去的机会，但不会注意所有的机会。推销员只有针对顾客惧怕失去的机会，注意顾客的心理活动和变化，在顾客显示出对产品的留恋时，进行最后的机会提示，才能达到促成交易的目的。

（2）与其他方法相配合。在运用最后机会成交法时，应该与其他促销活动相配合，使"最后机会"更具有可信性。例如：可以用企业来电、来信、传真等信息载体说明产品的确存货不多了，在一段时间内不再发货等。

（3）条件适度。推销员应该掌握好提出的条件与限制的内容，以使顾客产生一定的成交压力与心理紧迫感，能够达到促使顾客尽早成交的目的，而不要使顾客因为压力过大而逃避。

（4）开展重点推销，注意推销观念。在推销活动中，顾客的价值观念自始至终都在起作用，顾客会思考有限的资源（货币）应该用来购买什么样的产品，什么时候购买，购买多少，可以承担的风险有多大。顾客在考虑这些问题的时候，真正起作用的是顾客的价值观念。因此，在顾客举棋不定的时候，推销员应该注意向顾客宣传有利于购买的价值观念，注重开展对顾客有益、对企业也有益的购买机会的推销，增加推销的说服力。例如："谁不愿意早一点享受呀"，"节省一点是一点，对吧"等。

（九）富兰克林成交法

富兰克林成交法又称理性分析成交法，是指鼓励潜在顾客去考虑事情的正、反面，突出购买是正确选择的方法。顾客在面临作决定的关键时刻，总犹豫不决。富兰克林成交法的基本做法是：这时你可拿出一张纸，在纸上画一个"T"形清单（见表6—1），左边表示肯定，右边表示否定。即将购买产品的所有理由按照轻重缓急进行排序写在左边，不买这种产品的理由写在右边，然后让顾客一一分析，在此过程中，推销员必须始终与顾客保持一种交谈状态。如果只是推销员单独讲，那么此种成交方法不会有效果。

表6—1　　"T"形清单

应该购买的理由	不必购买的理由
1.	1.
2.	2.
3.	
4.	
5.	
6.	

"T"形清单有两种写法：一是买卖双方各写一份；二是推销员写肯定，顾客写否定。这种做法便于顾客进行利弊比较，说服力强，能让顾客感觉到推销员是代表顾客把理由比较客观地列入表中。同时，在时间和信息有限的情况下，顾客不可能突然想出太多的否定因素，从而有利于卖方。

这种理性分析交易看似复杂，其实却是有效打动顾客的最好方法，尤其是对那些犹豫、尚不知如何是好的顾客，更需要用这种方法帮他作决定。这种方法适合于果断型和分析型顾客，因为这符合他们强调理性的特点；也适合于已有多次接触，与推销员已建立了良好关系的顾客，因为这能让顾客更容易坚定购买决心。

（十）连续肯定成交法

连续肯定成交法，英语称作"YES-YES"法，也就是人们熟知的最聪明的劝诱法——苏格拉底问答法。在推销员与顾客进行面谈时，应避免讨论双方有分歧的观点，而应着重强调彼此的共同点，待双方取得完全一致后，再自然而然地引向推销员自己设定的结论。因为顾客已经同意了推销员提出的前提，他就不可能不同意随后的结论。事实上，顾客已经和推销员一起走向了那个结论，如果否定了那个结论，实质上就是否定自己。

（十一）改变气氛成交法

改变气氛成交法是指推销员借用假设、比喻、反问等方法，一方面缓解因要求顾客成交而造成的紧张气氛，另一方面继续了解顾客的购买障碍，为再一次提出成交建议做准备的方法。如果推销员使用其他成交方法都不能令顾客产生购买行为，而推销员既不想放弃成交，又不想伤害老朋友之间良好的关系的话，就可以采用这个方法缓和谈判的紧张气氛。

（十二）激将成交法

激将成交法是指推销员用激将的语言刺激顾客购买，以促成交易的方法。这种方法利用了顾客自尊心强、要面子的心理，刺激顾客的购买欲望。例如：当推销员察觉到顾客因嫌商品价格高而犹豫不决时，就对顾客说："上周，面粉厂王厂长的夫人也看上了这个，简直爱不释手，但因为嫌价格太高没有买。"这位推销员就是采取了激将成交法来刺激顾客的自尊心，从而促使其购买。

（十三）亲子成交法

亲子成交法是指推销员利用顾客疼爱自己孩子的心理，通过顾客的孩子向其施加成交压力的方法。亲子成交法是近几年才发展起来的一种成交促成方法。世上大多数父母都很疼爱自己的孩子，对孩子的要求也会尽量满足，而孩子又是比较容易说服和满足的。因此，推销员说服孩子，再让孩子说服父母，就更容易达成交易。

（十四）总结利益点成交法

总结利益点成交法是指推销员对产品会给顾客带来的利益点做一个简明的总结，目的在于再次强调产品能带来的利益，令顾客下决心作出购买决策。

（十五）饥饿成交法

饥饿成交法是指通过让产品处于一种供不应求的状态来促成交易的方法。例如：iPhone 新款手机面世时，供不应求，许多"果粉"连夜排长队抢购。事实上，未必产品果真供不应求，只是在供求之间始终保持时间差，用以敦促顾客作出购买决定。而这种方法只适用于名优产品，因为顾客只有在这类产品上才会耐心等待。因此在采用此方法时，一定要首先考虑产品的自身条件，其次要把握好顾客的"饥饿"程度，一旦时间太长，顾客也会“饥不择食”而去选择其他产品。

知识拓展

表 6—2 达成销售工作表

达成信号（潜在顾客）	达成方法	达成用语（推销员）
“这听起来还不错。”（语言信号）	直接请求成交法	“好的，您可以在这张订单上签字吗？”
“你们提供哪种类型的融资？”（语言信号）	有效选择成交法	“我们可以为您提供两种财务方案：开 90 天的信用证或者两年的长期融资，您更倾向于哪一种？”
“我们现在没有足够的现金。”（语言信号）	假定成交法	“我们推荐您考虑我们的租赁采购计划。这一计划可以允许先付一部分现金，其余的可留作您的日常经营支出。您看怎么样？”
顾客很认真地看了一遍计划书，表现出很满意的样子。（表情信号）	综合使用总结利益点成交法和直接请求成交法	“那个方案的产品质量超过了您的要求，也在您的时间要求之内，同时也为您的财务部门提供了他们想要的细节。您可以在这张订单上签字了吗？”

任务二 买卖合同的签订

在商品的推销活动中，当顾客表示愿意接受成交要求并决定购买商品后，除货款两清（零售）外，一般还要与顾客签订书面形式的买卖合同，用合同的形式把双方的买卖关系确定下来，明确各自的权利与义务。只有双方订立了买卖合同，才算真正意义上的成交，双方之间的交易才具有法律的效力，而受到法律的保护。推销员需要掌握并熟练运用签订买卖合同的基本知识和规则，要学会准确、慎重地签订合同。一份有问题的买卖合同将会给企业带来无尽的麻烦和困扰。

一、买卖合同的种类与形式

按照不同的标准，可以将买卖合同进行不同的分类，同时，买卖合同的形式也有很多类别。

（一）买卖合同的种类

（1）实物买卖合同和权利买卖合同。实物买卖合同是指以实物作为标的物的买卖合同。权利买卖合同是指以所有权以外的财产权为标的物的买卖合同。《中华人民共和国合同法》（以下简称《合同法》）中的买卖合同仅指实物买卖合同，但并不排斥权利买卖合同。

（2）批发买卖合同和零售买卖合同。批发买卖是指批量销售。批发可以是批发商将货物销售给另一批发商或者零售商，也可以是批发商或者零售商将货物批量销售给终端消费者。零售买卖是指零售商将货物单个、少量销售给终端消费者。

（3）一般买卖合同和特种买卖合同。它们是按照买卖行为是否有特别法律规定来划分的。一般买卖合同是指一般情况下所签订的买卖合同，我们日常生活中的买卖合同绝大多数是一般买卖合同。特种买卖合同可包括以下几种：一是附买回条款的买卖合同，即出卖人和买受人约定，在一定的条件下或期限内出卖人可将标的物买回，买受人必须出卖。二是附所有权保留条款的买卖合同，即在一定的时间内，虽然标的物已经由出卖人交付给了买受人，但出卖人仍然掌握标的物的所有权。三是分期付款的买卖合同，即价款并非一次付清，而是分时间多次付清。四是样品买卖合同，即双方确定一个样品，以样品的质量为标的物的质量，日后履行即以样品为准。五是连续买卖合同，即买受人向同一出卖人连续购买同一种类型的标的物。

（4）即时买卖合同和非即时买卖合同。即时买卖合同是指当事人在买卖合同成立时钱货两清的合同。非即时买卖合同是指当事人当时不进行付款和交货，而是在以后的某一时期进行付款和交货。非即时买卖合同有预约买卖、赊欠买卖、期货交易等多种形式。

（5）自由买卖合同与竞争买卖合同。未采用竞争方法买卖的；为自由买卖；采用竞争方法买卖的，即为竞争买卖，包括拍卖和标卖。

（二）买卖合同的形式

所谓买卖合同的形式，是指买卖合同的当事人所订立的合同内容是以什么样的方式表现出来的。买卖合同的形式从不同的角度划分为以下几种：

1. 书面合同

书面合同是指当事人采用书面文字表述方式确定相互之间权利义务关系的协议。《合同法》第 11 条规定："书面形式是指合同书、信件和数据电文（包括电报、电传、传真、电子数据交换和电子邮件）等可以有形地表现所载内容的形式。"书面合同是当事人双方意思表示一致的书面记载，它通过文字条款形式体现着合同内容，完整地反映了当事人的权利义务关系。

某些书面形式的合同往往有主体和附件之分。主体是指载明合同主要条款和一般条款的合同书或者信件、电报、电传、电子邮件等，附件是指说明合同主要条款的图表或者文字，如与履行合同有关的可行性论证报告、操作规范以及有关图纸、表格、照片等。附件也是合同的重要组成部分。

当事人采用合同书形式订立合同的，自当事人双方签字或盖章时合同成立。当事人是法人或是其他组织的，应在合同上加盖单位公章或者合同专用章，并由法人的法定代表人、其他组织的负责人或者他们授权的其他人签字；当事人是自然人的，应由其本人或者其代理人在合同上签名。

2. 口头合同

口头合同是指当事人以口头语言为意思表示，通过对话方式确定相互之间权利义务关系的协议。口头合同包括以电话和交谈等形式订立的合同。凡是法律、行政法规没有规定采用特定形式，当事人也未作特别约定的合同，均可以采用口头形式订立。但是，由于口头形式缺乏书面文字依据，一旦出现纠纷，难以举证，不易分清责任。

3. 其他合同

合同的其他形式是指除书面形式、口头形式之外的合同形式，合同的其他形式可以由法律直接规定或者由当事人约定，包括默示形式等。默示方式订立的买卖合同是指非依照当事人明确表示，而是依照一些交易习惯或者行为由法律推定或引申的当事人意图所构成的合同。默示合同通常分为法定默示合同和依事实推定的默示合同。

二、买卖合同的订立及效力

（一）合同订立的程序

合同订立是指当事人之间就合同的主要条款进行协商、议定，最终确定和认可其内容的过程。一般程序是指当事人通过“要约—承诺”一次方式订立买卖合同。因此，合同的订立包括要约和承诺两个阶段。

1. 要约

所谓要约，又称发盘、开盘、报价、发价等，是指出卖人或者买受人（通称要约人）希望和相对人（通称受要约人）订立合同的意思表示。要约的特征表现为以下几方面：第一，要约是以订立合同为目的的意思表示，表现为要约人主动要求与受要约人订立合同；第二，要约的内容具体、明确，即要约的内容应当包括合同得以成立所必需的条款；第三，表明经受要约人承诺，要约人即受该意思表示约束，要约一经受要约人接受，合同即可成立。

根据《合同法》第 17 条的规定，在要约生效前，要约人可以通过撤回的方式阻止要约生效。撤回要约的通知应当不迟于要约到达受要约人。在要约生效之后、受要约人发出承诺通知之前，要约人可以通过撤销的方式使已经生效的要约不再继续生效，即撤销要约。但是，撤销要约的通知应当在受要约人发出承诺通知之前到达受要约人。但是需要说明的是，根据《合同法》第 19 条的规定，有下列情形之一的，要约不得撤销：第一，要约人确定了承诺期限或者以其他形式明示要约不可撤销；第二，受要约人有理由认为要约是不可撤销的，并已经为履行合同作了准备工作。

此外，根据《合同法》第 20 条的规定，有下列情形之一的，要约失效：拒绝要约的通知到达要约人；要约人依法撤销要约；承诺期限届满，受要约人未作出承诺；受要约人对要约的内容作出实质性变更。

知识拓展

要约与要约邀请的区别

要约是以订立合同为目的具有法律意义的意思表示行为，一经发出就产生了一定的法律效果。要约邀请是一方当事人邀请另一方当事人向自己发出要约。

（1）目的不同。要约是以订立合同为直接目的，一旦受要约人承诺送达，合同即告成立。要约邀请的目的只是邀请别人向自己作出要约表示或者使自己能向别人发出要约，而不是以订立合同为直接目的。

（2）效力不同。要约对要约人具有约束力，要约送达后，要约人就不能随意撤回。要约邀请当事人则可以任意撤回。受要约人有承诺权，受要约邀请人没有承诺权。

（3）对象不同。要约一般是针对特定对象。要约邀请的对象一般是不特定的大众对象。

（4）内容不同。要约包含能使合同得以成立的必要条款，通常包括标的、数量、价款三个条款。要约邀请则不包含合同的必要条款。

2. 承诺

承诺是受要约人同意要约的意思表示，在商业习惯中又称收盘、接盘。承诺是针对要约的回应，因此，承诺应该具备以下条件：第一，承诺是由受要约人作出的；第二，承诺是由受要约人明确地表示同意要约人的意思表示；第三，承诺必须是受要约人在一定期限内向要约人作出回答；第四，承诺必须是对要约的完全同意，也就是说，承诺的内容应当与要约的内容完全一致。

如同要约可以撤回一样，承诺同样可以撤回。撤回承诺的通知应当在承诺通知到达要约人之前或者与承诺通知同时到达要约人。但是，承诺不得撤销。

承诺意味着受要约人同意要约的意思表示，标志着合同的成立。《合同法》第 25 条规定，承诺生效时合同成立。关于承诺生效的时间，《合同法》第 26 条规定，承诺通知到达要约人时生效。

（二）合同成立

合同成立是当事人订立合同所追求的初步目标，合同成立即意味着当事人的意思表示已经达成了一致。《合同法》第 25 条规定："承诺生效时合同成立。"因此，合同成立的时间取决于承诺生效的时间。具体来讲：一种是当事人采用合同书形式订立合同的，自双方当事人签字或者盖章时合同成立；另一种是当事人采用信件、数据电文等形式订立合同的，可以在合同成立之前要求签订确认书，签订确认书时合同成立。

买卖合同成立的地点的确认和人民法院审理案件有直接的关系，特别是对确立管辖权具有重要的意义。有以下两种确定买卖合同成立地点的方法：一是以承诺生效地来确定，二是以买卖合同当事人的签字、盖章地确定。

（三）买卖合同的效力

按合同的效力状态，买卖合同可分为：有效合同、无效合同、可撤销合同与效力待定合同。有效合同是指具有充分效力、没有任何原因使之成为无效的合同。无效合同是指合同虽然已经成立，但因其违反法律、行政法规或公共利益而在法律上不产生合同的效力、对双方当事人均缺乏约束力的合同。可撤销合同是指合同本身并非无法律上的效力，但因合同具有瑕疵，有撤销权的人在一定期限内，有使合同失效、变更或继续生效的选择权的合同。在这种合同中，有撤销权的人如行使其撤销权，合同因此失效或变更。如果该人在一定期限内不行使撤销权，或者明确表示或以自己的行为放弃撤销权的，则该合同继续有效。效力待定合同是指合同虽然已经成立，但因其不完全符合有关生效要件的规定，因此对于其效力能否发生尚未确定的合同。按效力分类的合同，重要的问题是要正确确定各类合同的构成，以适用不同的效力规则。

合同必须满足下列 3 个条件才能有效：

（1）合同当事人应当具有民事权利能力和民事行为能力。

（2）订约当事人订立合同的意思表示要真实，必须出于主体的自愿，而不能是在违背其真实意思的情况下订立的。

（3）合同不能违反法律与社会公共利益。一般的合同如符合上述条件依法成立，则在成立之时生效。但是如果合同应办理批准、登记等手续的以及合同附约定生效条件、生效期限的，则应在批准、登记时或条件成就、期限届至时生效。

有效合同生效之后，对合同当事人就产生了法律约束力，当事人必须按合同的约定履行义务，否则可能承担违约责任。

根据《合同法》第 52 条的规定，有下列情形之一的，合同无效：

（1）一方以欺诈、胁迫的手段订立，损害国家利益；

（2）恶意串通，损害国家、集体或第三人利益；

（3）以合法形式掩盖非法目的；

（4）损害社会公共利益；

（5）违反法律、行政法规的强制性规定。

其中对于一方欺诈、胁迫另一方订立的合同，《合同法》既没有完全采用可撤销说，也没有完全认定其为无效合同，而是将其中损害国家利益的合同定为无效合同，除此之外的其他这类合同定为可撤销合同，其效力由当事人决定。无效合同有全部无效与部分无效之分，如果合同部分无效，则不影响其他部分的效力，其他部分仍然有效。无效合同自始无效，但其中独立存在的有关解决争议方法的条款仍然有效。无效合同致使当事人受损失的，适用过错责任。买卖合同被确认无效，便不发生双方当事人在买卖合同中所期望的效力，买卖合同的条款对于当事人不产生法律上的约束力。无效的买卖合同在当事人之间将根据不同的情况发生其他的法律后果，包括返还财产、收缴非法所得、承担缔约上的过错责任、赔偿损失。

可撤销的合同由《合同法》明文规定为三种：一是因重大误解订立的合同；二是在订立时显失公平的合同；三是以欺诈、胁迫手段或乘人之危使对方在违背真实意思的情况下订立的合同。可撤销的合同的实质是对一方当事人显失公平、违反了公平的法律原则。但是可撤销的合同不能强制撤销，其撤销权属于可能受到不公平待遇的一方当事人。当事人可以选择变更或撤销合同，由人民法院或仲裁机构作出裁决。撤销权的行使有一定期限，具有撤销权的当事人自知道或应当知道撤销事由之日起一年内没有行使撤销权或者知道撤销事由后明确表示或者以自己的行为放弃撤销权的，撤销权消灭。买卖合同的撤销使买卖合同的效力归于消灭。被撤销的买卖合同自始至终没有法律约束力，但如果被撤销的部分不影响其他部分效力的，其他部分仍然有效。

效力待定的合同是生效要件有瑕疵的合同，其效力需进一步确定，这一类合同又可具体划分为以下三种：一是无行为能力或限制行为能力的人依法不能独立订立的合同；二是行为人没有代理权，超越代理权或者代理权终止后以被代理人名义订立的合同；三是无处分权的人处分他人财产的合同。经过效力追认的合同，应当认为自始有效。买卖合同缺乏生效条件又得不到追认，这时买卖合同或者被确认为无效合同，或者由于一方当事人行使撤销权而被撤销。其效力与无效合同或者被撤销合同的效力相同，而且也是自始至终不发生效力。

三、合同的主要条款

推销合同是当事人双方为实现一定的经济目的，明确相互权利义务关系的协议。它建立在当事人双方相互承担一定经济责任的基础上并同各自的物质利益相联系，具有法律上的效力。它主要规定了合同的适用范围，订立合同的原则、形式与主要条款，合同的履行、变更和解除，违反合同的责任，以及合同争议的调解与司法程序，合同的管理等内容。

合同的主要条款是推销员签订推销合同时必须注意的最基本问题。推销合同的主要条款一般包括：当事人的名称或者姓名和住所，标的，数量，质量，价款或报酬，履行期限、地点和方式，违约责任，解决争议的方法等。

（一）当事人的名称或者姓名和住所

作为法人和其他组织来讲，名称需要填写登记机关登记或者批准机关批准的称谓。作为自然人来讲，应当是自然人在身份证或者户籍登记证明上的称谓。这一条款也可以称为当事人条款，为合同的履行提供方便，同时住所也是判断当事人履行情况的依据。在发生纠纷之后，当事人的住所还可以成为确定受诉法院的依据。这一条款中必须标注到具体的地点，同时为便于联系需要注明地址的邮政编码。作为本条款来讲，实际签订中需要注意：一是名称要写全称；二是签字和签章一致，以免日后产生纠纷。

（二）标的

推销合同中的标的是指合同中权利和义务所指向的对象，大多是某种有形产品。买卖合同的标的是合同存在的前提，也是确立合同其他主要条款的参考。在订立合同时，当事人应该注意对标的的描述要尽量明确、具体，要用通用的名称。此外，买卖合同的标的还必须符合国家法律和有关法规的要求。一般而言，下列物品或产品不得作为买卖合同的标的：国家禁止流通的物品，如土地、矿藏、森林、毒品、枪支、弹药、黄金、白银以及国家保护的珍贵文物、国家明令淘汰的产品、已过保质期的产品等；违反其他法律、法规的产品，如违反商标、安全、卫生、环保、计量等法规要求的产品。

（三）数量

数量是标的在量的方面的具体化，是计算和衡量合同当事人权利、义务的尺度。在数量条款中，应当根据标的的种类规定计量标的的单位和方法。此外，还应当考虑可能发生的误差幅度和自然损耗程度等问题。

（四）质量

质量是标的质的规定性，是指对标的在标准和技术方面的要求。关于质量的标准，不同国家有许多不同的要求，当事人应当予以明确。当然，当事人也可以根据合同的目的约定特别的质量标准。通常有以下几种方式可以确定标的的质量：以样品确定标的的质量，以规格、等级或者标准确定标的的质量，以品种、商标确定标的的质量，以商品说明书确定标的的质量，以良好平均品质确定标的的质量。在质量条款中，除应当规定检验质量的标准之外，还应当载明对产品质量负责的期限和条件、产品质量检验的时间和方法等内容。

（五）价款或报酬

推销合同的标的产品必须明确价格的界限。在合同条款中，除极少数产品必须执行国家制定的价格外，绝大多数产品的价格界限是经购销双方协商和讨价还价形成的。合同中的价格条款必须明确、准确、清楚，必要时还可以经双方认可写进价格变更条款的内容中。常见的支付方式有：现金、汇款、托收以及信用证等。

（六）履行期限、地点和方式

合同的期限分为有效期限和履行期限。一般从合同的订立起到履行、解除或终止时的持续期间，是合同的有效期限；实现合同中规定的权利、义务的具体时间是合同的履行期限。推销合同的期限必须明确，同时对合同的履行地点和方式也必须明确、具体地加以规定，以免引起合同争议。在买卖活动的实践中，合同规定由出卖人送货或者代办托运的，履行地点一般为标的物的发运地；买受人的自提货物的，履行地点为标的物的提货地；不动产买卖合同的履行地点为不动产所在地。履行方式包括出卖人的交货方式、标的物的验收方式、买受人的付款方式以及结算方式等。

（七）违约责任

在推销合同中，必须规定不按合同要求履行义务的制裁措施及发生意外事故的处理办法等内容。有的合同没有规定违约责任，一旦发生违约情况，就难以制裁违约一方。因此，规定违约责任条款在实践中特别重要。一般应该在买卖合同中作出较为详尽的规定，如约定定金、违约金以及赔偿金的计算方法等。

（八）解决争议的方法

解决争议的方法的条款主要包括在当事人不愿和解、调解或者和解、调解不成的情况下，通过诉讼或者仲裁的方式来解决双方的争议。由于仲裁和诉讼管辖在性质上是相互排斥的，当事人或者选择仲裁方式解决争议，或者选择诉讼方式解决争议。当事人可以根据仲裁协议向仲裁机构申请仲裁。涉外合同的当事人可以根据仲裁协议向中国仲裁机构或者他国仲裁机构申请仲裁。当事人没有订立仲裁协议或者仲裁协议无效的，可以向人民法院起诉。对于发生法律效力的判决、仲裁裁决、调解书，当事人应当自觉履行；拒不履行的，对方可以请求人民法院执行。

推销合同除以上基本条款外，还可以根据需要对包装、运输、保管、验收、结算等环节加以明确规定，尽可能避免发生合同争议。

四、买卖合同的履行

买卖合同一经签订即具有法律上的约束力。合同双方必须严格履行合同的各项条款及内容，如不按规定履行或随意中止合同的履行，均要承担法律责任和赔偿损失。因此，推销合同的履行必须坚持原则，严格履行，其原则主要包括实际履行、全面履行和适当履行三个方面。

（一）实际履行

要求当事人严格按照合同规定的标的来履行，不能用其他物品、款项来代替合同规定的标的，只有在合同实际履行不可能或不必要时，经双方协商一致才可变更标的。

（二）全面履行

要求当事人按合同规定的标的数量、质量、地点、价款、时间、履行方式全面履行合同规定的义务。供货方不得以次充好、以假充真，必须按规定全面完成合同规定的义务。不履行、不完全履行、不正当履行合同义务，均属违约行为，要承担相应责任。

（三）适当履行

要求当事人双方按合同规定的标的数量、期限、地点和价款，用适当的方法履行各自承担的义务。

知识拓展

违反推销合同的经济责任

在合同履行过程中，如果当事人一方不履行或不完全履行，除因法律规定的不可抗力及一些除外责任，可以免除合同义务人的赔偿责任外，对于其他的违约行为，当事人一方必须承担相应的经济责任，主要有四种：

(1) 支付违约金。按照《合同法》的规定，不论违约是否给对方造成损失，只要发生因过错不履行合同的行为，均应根据违约情况由违约方向对方偿付一定数额的违约金。违约金一般不超过合同总金额的20%。

(2) 赔偿损失。如果违约方给对方造成的损失超过违约金，违约方还应赔偿损失，补足违约金的不足部分。

(3) 继续履行合同。当违约方支付违约金或赔偿损失后，如果对方还要求继续履行合同，违约方应按对方指定或新约定的期限，继续履行应尽的义务。

(4) 承担其他经济责任。如果违约方还有某些特定的其他违约情况，则应根据具体情况承担责任。

认定违约并确定由此承担的责任，主要根据是：要有不履行合同的行为，要有损害的事实，要有不履行合同行为与损害事实之间的因果关系，要有过错。只有具备这四个条件，才能追究违约一方的责任。

五、推销合同的变更或解除

推销合同的变更是指合同签订后尚未完全履行前，对合同内容进行增加、减少或修改的行为；推销合同的解除则是对已经签订的合同提前废止。一般来说，推销合同一经签订，必须坚决执行，不得轻易变更或解除。如要变更或解除合同，也须具备一定条件，并按一定程序进行，绝对不能单方面修改或废止合同。合同变更或解除的条件有如下几点：

(1) 当事人双方一致同意变更或解除合同，并且不因此而损害国家利益和公众利益。

(2) 因不可抗力致使不能实现合同目的。

(3) 在履行期限届满之前，当事人一方明确表示或者以自己的行为表明不履行主要义务。

(4) 当事人一方延迟履行主要义务，经催告后在合理期限内仍未履行。

(5) 当事人一方延迟履行义务或者有其他违约行为致使不能实现合同目的。

六、推销合同争议的处理

在推销合同的履行过程中，双方当事人都不愿意发生争议，而且也应避免发生争议。如果合同当事人由于不能履行或不能完全履行推销合同而发生争议，当事人双方也应本着对国家负责和互助合作的精神，及时协商，求得妥善解决。当双方协商不成时，根据《合同法》的规定，任何一方均可向国家规定的合同管理机关申请调解或仲裁，也可直接向人民法院起诉。具体处理措施有：

（一）索赔

索赔是因合同争议而产生的，当事人一方因另一方未履行合同规定的义务而遭受损失时，向另一方提出赔偿要求的行为。一般来说，提出索赔的原因多源于合同执行中的产品数量短缺、产品质量与样品不符、产品自身有故障、产品型号有错、不能按时交货或收到货物等问题。由于发生索赔的原因不同，因此索赔对象也不同。既有向卖主的索赔，也有向买主的索赔，还有向运输部门的索赔等。在索赔处理过程中，多由推销谈判人员具体跟进。谈判人员应首先上门拜访顾客，尽可能不要使用电话、信函或传话的形式，而要直接与顾客见面，认真听取对方意见，弄清事实，给予明确的答复或约定具体事宜。如果通过自行协商无法解决，就要由有关的管理机构进行调解和仲裁，直至提交法院审理。因此，索赔实际上是对合同争议自行调解的一种方式，也称为和解。

（二）调解

调解即根据合同当事人的申请，由国家规定的合同管理机关依法主持，通过合同当事人的自愿协商达成协议，当事人双方据以履行。

（三）仲裁

如果合同争议和解或调解不成，可根据当事人一方的申请，由国家规定的合同管理机关进行仲裁。仲裁的基本做法是：申请单位在其权利受到侵害之日起一年内，以书面形式向仲裁机关提出申请；仲裁机关接到仲裁申请后，审查申请手续是否完备；申请受理后，由仲裁机关将申请书副本转交给对方当事人，并限期提出答辩，提供有关材料；仲裁机关对受理的争议组织调查，取得有关的人证、物证；在弄清争议事实的基础上进行调解，调解不成时，根据有关法律、法令和政策，在双方当事人参加下由仲裁机关作出仲裁，并制作裁决书。

（四）起诉

仲裁不是起诉的必经程序，如果当事人没有订立仲裁协议或者仲裁协议无效，可以向人民法院起诉，通过诉讼程序解决合同争议。

七、买卖合同签订的常见问题

在经济生活中，人们由于缺乏经验或者疏忽大意，在签订合同中容易出现一些错误，从而导致双方当事人之间产生纠纷和争议。为避免发生不必要的损失，在签订合同时要注意防范以下这些常见问题：

（一）买卖合同主体存在不合理

实践中发生过某些买卖合同订立后，发现其中一方当事人存在不合理的问题。在签订买卖合同时，应先审查买卖双方的名称、地址、身份信息等资料是否真实，合同双方是否具有签约的权限。首先，签订主体只有真实存在，在发生纠纷时才具有诉讼主体资格。如果当事人提供的是虚假信息，如虚假的公司名称、虚假的身份信息等，则可能有发生纠纷时无法向一方主张权利等法律风险。其次，如果当事人是限制民事行为人，其未经法定代理人的同意而订立的合同，超出其行为能力范围，该合同的效力也会发生争议。最后，无权代理人以被代理人名义与相对人订立买卖合同，此合同的效力同样存在不被承认的风险，这里主要针对的是作为买卖合同的卖方，如合同中的卖方对所出卖的标的不具有所有权或者处分权，则其与买方所签订的合同属无效的合同或效力待定的合同，一旦出现这种情况，作为买方，则丧失了按照合同约定，要求卖方交付合同标的的权利。权利人追认的，该买卖合同能成为有效合同；反之，权利人拒绝的，或者权利人逾期未表明态度的，该合同自始无效。

（二）买卖合同中对标的的质量要求不明

质量要求是指出卖人出卖的物品经双方约定，必须达到的技术等级，如国家标准、部门标准、行业标准等要求，或者符合质量法规定的其他标准。出卖人出卖的物品达不到合同约定的质量要求，应视为违约行为，应承担违约责任。

在合同的制定过程中，明确标的的质量标准是合同的关键。如在签订合同前，卖方向买方提供样品的，最好将样品进行封存。如果双方对质量要求不明确，按照国家标准、行业标准履行；没有国家标准、行业标准的，按照通常标准或者符合合同目的的标准履行。质量不符合约定的，应当按照当事人的约定承担违约责任。对违约责任没有约定或者约定不明确，受损害方根据标的的性质以及损失的大小，可以合理选择请求修理、更换、重做、退货、减少价款或者报酬。质量不符合约定造成其他损失的，可以请求赔偿损失。买卖合同中买受人对出卖人的质量违约行为，就可以通过这些规定要求其承担违约责任。

（三）买卖合同中的标的描述不精确

买卖合同中应对标的作尽量详细的描述。例如：标的为某机电设备，应在合同中标明该机电设备的名称、生产厂家、型号、出厂日期等；标的为线材，则应标明规格、材质、品牌、厂家、等级等信息。在对标的的数量约定中，应尽量精确，避免使用一袋、一车、一批等笼统的字眼。

（四）价款条款约定不明

在买卖合同的履行过程中，围绕标的的价款支付问题而产生的纠纷比较常见，其中包括价款支付数额的纠纷，也包括价款的支付时间和支付地点方面的争议，这些都是在签订合同时双方当事人在价款条款中约定不明导致的。因此，买卖合同的双方当事人约定价款时，需要考虑价款的支付数额，必要时就支付方式、价格条件也需要作出约定。买卖合同的买受人支付价款的地点与双方当事人的利益也密切相关，买受人在自己一方营业地支付价款，其承担的费用少且风险小，反之买受人须在出卖人营业地支付价款，其承担的费用多且风险也较大。对价款的支付时间也要作出明确的约定，一旦在买卖合同就支付价款的时间明确作出约定的情况下，买受人如果拖延应负起迟延履行的违约责任，不但要向出卖人支付逾期利息，造成出卖人损失的情况下还需赔偿损失。

（五）未明确约定检验条款

出卖人交付的标的是否符合约定条件是最常见的纠纷，尤其是在当事人在合同中对检验期间疏于约定，买受人收货后怠于检验，或检验后怠于通知的情况下，双方更易发生争议。因此，买卖合同的双方当事人应在合同中明确规定检验条款，其中包括检验地点、检验时间、检验主体、检验费用的承担、检验的方法等内容。

知识拓展

【买卖合同范例】

销售合同

按照《中华人民共和国合同法》及有关法规的规定，经双方友好协商，达成一致，就甲方从乙方采购一事达成如下合同条款，双方共同严格履行。

甲方：	邮编：
地址：	传真：
法定代表人：	电话：
授权人：	E-mail：
乙方：	邮编：
地址：	传真：
法定代表人：	电话：

授权人：　　　　　　　　　　　　　　E-mail：

1. 商品的名称、规格、数量及价格（单位：人民币元）

序号	名称	详细配置	数量	单价	金额
1					
2					
3					
4					
合计金额		（大写） （小写）			

2. 产品技术标准和质量要求

所有均应符合产品外包装标识的技术标准。

3. 产品质保期

（略）

4. 产品的包装标准

乙方应根据产品具体性状及运输方式等特点采用适合的包装物，并在交货时保证其完好性。

5. 产品的交货时间、地点

5.1　时间：以厂家货运到货为准

5.2　交货地点

5.3　运输方式及费用负担

6. 付款方式及期限

甲方于××月××日付清乙方全部货款。

7. 货物验收

按国家标准和随机装箱清单，货到××个工日内甲方应积极组织验收，如有问题应提出书面异议，无书面异议则认定甲方验收合格。

8. 违约责任

8.1　以上合同货款在甲方未向乙方结清之前，本合同内的所有货物的所有权归乙方所有。

8.2　若甲、乙双方不能按时付款或交货，则应按违约部分的日4‰向对方支付违约金，违约金不超过合同总额的10%。

9. 纠纷的解决

因执行本合同所发生的或与本合同有关的一切争议，合同各方应通过友好协商的方式解决；如果协商不能解决的，双方约定通过乙方所在地人民法院解决纠纷。

10. 合同执行期内，甲、乙双方均不得随意变更或解除合同，本合同如有未尽事宜，须经双方共同协商解决，另行签订补充协议。

11. 本合同自合同双方授权代表签字盖章之日起生效。

12. 本合同一式两份，甲、乙双方各执一份。

甲方：（盖章）	乙方：（盖章）
授权人（签字）：	授权人（签字）：
日期：　年　月　日	日期：　年　月　日

项目训练

想一想

1. 达成交易的条件有哪些?

2. 如何准确识别推销成交的信号? 你可以举例谈谈成功经验吗?

3. 作为推销员在成交时需要消除的心理障碍有哪些?

4. 常见的成交信号的表现形式有哪些? 试分别举一例说明。

5. 推销成交方法有多种,常用的有哪几种?

6. 销售合同一般包括哪些主要内容?

7. 履行合同的原则有哪些?

8. 履行合同的实际履行原则是指什么? 其基本含义是什么?

9. 以下是一系列促成交易的例子,分别指出推销员采用了什么方法并说明影响这些方法选择的因素(包括顾客类型)。

(1) 推销员与医务用品采购代理进行电话联系。

推销员:我能为您邮寄12套护士制服的购买订单吗?

(2) 房产代理与购买者的联系。

代理人:据我了解,您对住房的基本要求有下述4条。

* 正餐厅可以接待顾客;

* 起居室能放置电视机并有足够空间让小孩玩耍;

* 底层全部为洗晒空间及健身房;

* 要有3间卧室,包括一间14平方米～16平方米的主人房。

(3) 推销员面对小企业主的讲解。

推销员:让我们在这张纸上画一个T,将应该购买这款车的理由写在这边,同时将不必购买的理由写在另一边(见表6—3)。

表6—3　　应该购买汽车和不必购买汽车的理由

应该购买的理由	不必购买的理由
* 前轮驱动在任何时候都能保证足够动力。 * 横置式引擎使车内空间增大。 * 节能型四缸引擎使车在高速公路的油耗为每英里(1英里=1.609 3千米)0.026加仑(1加仑=4.546 1升),市内油耗为每英里0.042加仑。 * 因为是国产品,所以备件充足。 * 有较大载物空间,能放更多的销售样品和展示品等。 * 因通货膨胀的原因,这种车的价格还要上涨。	* 14 000美元的标示价格。 * 200美元的折价优惠幅度低于其他竞争车行所提供的折价。

(4) 推销员与顾客洽谈家用盒式录像机的购销事项。

推销员:您了解到这台录像机能录下您不能按时收看的节目,是吗?

顾　客：是的。

推销员：您是否知道这台录像机会使您有机会录下电视剧，当您有兴趣时可以重新播放观赏？

顾　客：是的，我知道。

推销员：您是否认为现在的价格是合理的？

顾　客：是的。

推销员：那么我们今天就成交一台吧。

(5) 推销员与超市经理进行电话交谈。

顾　客：这看来是个极好的主意。

推销员：您现在需要多少箱？

(6) 推销员与顾客洽谈服装的购销事项。

推销员：现钞支付还是转账支付？

顾　客：转账支付。

推销员：如果您能够在账单上签字，我们将立即为您备好货让您带走。

(7) 推销员与顾客洽谈新型电子打字机的购销事项。

顾　客：你知道，经过考虑，我所需要的是每英寸打 12 个字符的打字机。

推销员：如果我能为您备好这样一台打字机，您就决定购买吗？

(8) 复印机推销员与顾客的谈话。

推销员：我将告诉您如何使用并将这台复印机放在您的办公室中，供您免费使用一周。

◀做一做

选择某一企业及产品，为该企业订立一份销售合同。

◀测一测

一、单项选择题

1. 推销员对顾客说："既然没有什么问题，我看我们现在就把合同签了吧。"这属于（　　）。

A. 有效选择成交法　　B. 局部成交法

C. 假定成交法　　D. 直接请求成交法

2. 在推销的过程中，逐步使顾客对于某些要点表示赞同，如果顾客对各要点都赞同但仍不购买，自然不合情理。这种建议成交的方法叫（　　）。

A. 有效选择成交法　　B. 局部成交法

C. 假定成交法　　D. 让步成交法

3. 一位服装店的推销员在推销服装时说："您看这件衣服式样新颖、美观，是今年最流行的款式，颜色也合适，您穿上一定很漂亮，我们昨天刚进了四套，今天就只剩下两套了。”这属于（　　）。

A. 有效选择成交法　　B. 局部成交法

C. 假定成交法　　D. 从众成交法

4. 推销员提出：“你放心，我这儿绝对是全市最低价，如果你发现别家的货比我的货便宜，我可以立即给你退货。”这属于（　　）。

A. 有效选择成交法　　B. 局部成交法

C. 假定成交法　　D. 保证成交法

5. “顾客先生，如果您现在就签字并采购我的产品，我可以再给你降价3%。”这种建议成交的方法为（　　）。

A. 肯定暗示法　　B. 优惠成交法

C. 二选一法　　D. 推定承诺法

6. 双方僵持不下时，推销员提出：“这样吧。既然您是我们的老顾客，那我就让一步，优先给您发货总可以了吧！”这属于（　　）。

A. 有效选择成交法　　B. 局部成交法

C. 假定成交法　　D. 让步成交法

二、多项选择题

1. 顾客有了购买欲望时往往会发出一些信号，例如（　　）。

A. 对推销员置之不理

B. 以种种理由要求降低价格

C. 对目前正在使用的其他厂家的产品表示不满

D. 对推销员的态度明显好转

2. 顾客有了购买欲望时，往往会发出些购买信号，下列属于购买信号的是（　　）。

A. 主动阐述自己对这种商品的了解和评价

B. 主动热情地将推销员介绍给负责人

C. 身体靠近推销员

D. 对推销员的接待档次提高

3. 在已经知道准顾客接纳了你的交易建议之后，推销员最好说“（　　）”，以促成交易的最终完成。

A. 你需要多少　　B. 什么时候要货

C. 那么，你买了吧，好吗　　D. 你需要什么规格的

4. 有效合同必须满足的条件有（　　）。

A. 合同当事人应当具有民事权利能力

B. 合同当事人应当具有民事行为能力

C. 订约当事人订立合同的意思表示要真实

D. 合同不能违反法律与社会公共利益

5. 根据《合同法》的有关规定，合同的主要形式有（　　）。

A. 书面合同　　　　B. 口头合同

C. 其他合同　　　　D. 协商合同

三、实践操作题（请结合案例和所学的知识回答问题）

1. 推销员小王将一辆汽车介绍给客人后，客人比较犹豫，他一再强调该车的价格高，颜色不喜欢，同时询问了关于这辆车的售后服务情况，并一再要求压价。

问题：

（1）小王根据什么认定客人已发出了购买信号？

（2）小王对客人使用了肯定暗示法时，他的用意是什么？

2. 小张正在向一位银行职员推销支票检验器。首先，小张向银行职员指出这一产品的首要用途在于保护银行，然后将该机器示范一番，询问银行职员这种机器是否可以简单而经济地达到保护银行的目的，得到了顾客的认同。然后，小张进一步告诉他，使用了这种机器后，每周或每月要付出多少费用，并询问顾客是不是在以一种合理的代价求得一种连警方都无法给予的保障。对于这几点，小张都取得了顾客的认同，然后他将几种意见加以综合，一一指出银行职员曾同意的要点。最后说服了顾客。

问题：

（1）小张运用的是哪种推销成交方法？有何用意？

（2）列举出其他几种推销成交方法。

3. 推销员马丽敲开了一位顾客的门，向他推销鲜榨果汁机。“王先生，你的同事李先生要我前来拜访，跟你谈一个你可能感兴趣的话题。”王先生打消了怀疑态度，让马丽进入办公室。马丽全方位地讲解了鲜榨果汁机的优良性能，并进行了精彩的示范。王先生表示出极大的兴趣，但是他认为操作步骤有些麻烦。马丽从容不迫地告诉他：“操作起来是稍微有点麻烦，但是考虑到其一流的质量和低廉的价格，这不算什么大问题，不会影响使用效果。”王先生点了点头。马丽乘机说：“您喜欢黄色还是绿色？”王先生挑了一个绿色的，交易很快完成了。

问题：

（1）马丽用的是哪一种开场方式？还有哪些开场方式可以运用？

（2）马丽用的是哪种推销成交方法？试列举出其他的推销成交方法。

4. 推销员小刘所推销的主要产品是办公用品，包括打印机、扫描仪等。一天，他敲开顾客办公室的门时，顾客对他说：“对不起，我很忙，没有时间和你谈话。”这时，小刘说：“正因为您忙，您一定想节约时间，我相信我的产品一定能够帮助您节约时间，为您提供更多的闲暇时光。”这样一来，顾客对小刘的产品产生了兴趣，两个人交流起来。经过一段时间的交流，小刘发现这个顾客有购买倾向。于是就说：“就打印机的颜色来看，您是喜欢纯白色还是浅灰色？”顾客说：“我比较喜欢浅灰色。”小刘说：“浅灰色显得比白色更加稳重，现在正流行这个颜色呢。您的眼光真好！那么我是明天送过来还是后天呢？”

顾客说："就明天吧。"小刘说："好，那我明天早上八点给您送过来。"就这样，推销取得了成功。

问题：

(1) 建议成交的策略有哪几种？

(2) 在本案例中，小刘使用的是哪种策略？

5. 王力正在向一名顾客推销沙发，在做了一系列的努力引发顾客的兴趣之后，他决定进一步激发顾客的购买欲望，双方展开了一场心理战。顾客抱怨沙发的颜色过时了，王力毫不紧张，答道："您的记忆力的确很好，这种颜色几年前已经流行过了。如今，又有了这种颜色回潮的迹象。"顾客想了想后，对王力的态度明显好转。王力抓住这一有利时机，对顾客说："先生，现在你如果花几分钟把购买手续办一下的话，这套沙发就是您的了。我们会在最短的时间内把它给您送到家里去。"顾客犹豫了一下，便点了点头。

问题：

(1) 王力所使用的是哪种建议成交法？

(2) 这种方法有哪些优点？

6. 现代音响公司是一家市级高保真组合音响的专业零售公司，该公司的推销员渴望能达成每一笔交易，因为他们的薪水和销售量有直接的关系。

顾炜是徐汇区某零售商店的推销员。一个星期五的早晨，发烧友林云走进店里，告诉顾炜说他正在寻找新式唱片播放机，希望要购买一部价格在 5 000 元～8 000 元的唱片播放机，并且看中了展示架上一部标价为 6 750 元的唱片播放机。

在顾炜把这一部播放机的优点详细地向林云说明之后，林云问到："这种型号的播放机最优惠的价格是多少钱呢？"

顾炜立刻回答："算你 6 500 元吧！"林云决定要购买了，并立刻在订单上签名并付款。顾炜说你所要的这一种电唱机马上就可以拿到柜台来，他在感谢林云的惠顾之后，随即走进仓库里去取货。

大约过了 1 分钟，顾炜回到柜台，以下是他们两个人的谈话。

顾炜：林先生，非常抱歉，你所要的那种型号已经没货了，本公司设在卢湾区的零售商店可能还有货，该店距此只不过 15 千米，你愿意骑车到那里去买吗？

林云：我没有时间骑车到那里去买，可以请那边商店的人送过来吗？

顾炜：今天恐怕没有人可以送过来，下星期一我们会补足你所要的货品，到时你就可以在这里买到了。

林云：真不巧！我今天一定要买到，因为明天晚上我要举办一个晚会，希望有一部崭新的唱片播放机，为何你们偏偏缺少了我所看上的那一部播放机呢？

顾炜：非常抱歉，我没有注意到我们店里已经没有那种型号的播放机了。

林云：这不是你的错，但是却让我感到很遗憾，我可以到其他地方买到功能类似的播放机。真扫兴，请你把订单取消，并且把钱退还给我。

问题：

（1）当林云提到“最优惠的价格”时，顾炜立刻降低了播放机的价格，你对他的这种降价方式有何感想？除了降价之外，还有哪些方法可用呢？

（2）林云要求取消订单，退回货款，此时顾炜该怎么办？

7. 某化工厂与某日用品批发公司签订了一份买卖合同。合同规定：由化工厂向日用品批发公司提供胶凝剂500瓶，每瓶原价15元，总价款7 500元。合同签订之后，日用品批发公司即付款将货提走，而并未对该批胶凝剂进行质量检验。之后，日用品批发公司将该批货物转卖给某办事处建筑工程队。3个月后，建筑工程队在使用胶凝剂的过程中发现该批胶凝剂质量极差，基本不具有堵漏作用，遂要求日用品批发公司退货。日用品批发公司为避免损失，又去找化工厂交涉。化工厂称，批发公司没有在法定期限内对质量提出异议，应该视为所交产品合格。批发公司以此理由回复建筑工程队。建筑队要求确认其与日用品批发公司口头购销胶凝剂的合同无效。经查，该批胶凝剂属于伪劣产品。

问题：

（1）该案件中，应该由谁承担责任？理由是什么？

（2）如何避免此类纠纷的出现？

项目七
售后服务与管理

【建议学时】

8 学时

【学习目标】

知识目标

- 掌握售后服务的类型和内容
- 掌握提高售后服务质量的技巧
- 掌握账款回收的基本技巧
- 掌握顾客回访的技巧
- 掌握顾客档案的建立
- 掌握顾客关系维系的技巧

能力目标

- 提升售后服务能力
- 具备成功催缴贷款的能力
- 培养与顾客建立长期稳定的良好关系的能力

素质目标

- 有助于学生形成良好的服务意识
- 有助于学生建立诚实守信的职业道德并培养良好的人际关系
- 有助于学生提升顾客维护意识

【营销师考点】

- 顾客服务管理
- 讨债的策略
- 顾客管理

【案例导入】

黄新宇接受了从离职同事转过来的客户 B 公司，该客户曾在一年前买过他们的产品。黄新宇约访了 B 公司的李主管，想向其推销一款新产品。在交流中黄新宇发现李主管对他态度冷淡，爱答不理，黄新宇只得怏怏而回。黄新宇回去之后找熟人侧面打听了一下，了解到李主管是因为之前推销员未认真处理其投诉而心存不满。此时，黄新宇应该如何处理这件事情？

任务一
推销服务

一、认识推销服务

随着经济和技术的快速发展，贸易壁垒降低，产品跨国销售的流动性不断增强，科技领先的差距在逐步缩小，几乎所有产品都能满足消费者对购买某一类产品时渴望得到的核心利益，此时服务水平的高低就显得尤为重要。例如：消费者想购买一台洗衣机，市场上销售的所有洗衣机产品都能满足消费者不需要付出体力劳动就能清洗衣服的要求。但消费者为什么买 A 品牌，而不买 B 品牌，衡量的标准就是附加价值，当然，这个附加价值包括了诸如保修期长短、是否送货上门、推销员的接待是否热情周到等有形和无形的服务。推销服务具有以下特征：

（一）商品性

推销员为顾客提供服务，需要付出必要的劳动，这种劳动不是无偿的；这种劳动也不是无用的，它为顾客带来了便利，甚至成为顾客在选购商品时所要考虑的重要因素。在推销实践中，尽管大量的服务并不收费，但事实上顾客在购买所推销的产品时已经为服务支付了费用。因此，推销服务具有产品的特性。例如：可的连锁店里的饼干价格略高于大型超市同款饼干的价格，高就高在可的提供 24 小时不间断的营业服务。再如：很多奢侈品牌专卖店实行的是一对一推销服务，即一个推销员服务于一位消费者，这种一对一的专属服务实际上是由其产品的高价格支撑的，也就是说服务被当做商品的一部分出售给了消费者，由消费者买单。

（二）复杂性

即使是同一件商品，因服务对象的不同，推销的环境、条件、时间、地点不同，因此导致服务的内容、形式各不相同。加之商品种类不同，所以推销服务比较复杂，而且没有统一模式。例如：在手机销售中，A 顾客可能更在意手机的外观、性能、售后维修等因素，B 顾客可能比较看重推销员的服务态度、购物环境等因素。所以推销员在提供服务时，应根据具体情况灵活处理，不能呆板、教条应对。

（三）无形性

推销服务与有形产品的根本区别就在于推销服务的无形性。由于这种无形性，人们不能像感知有形产品那样触摸、看到、品尝、感觉或听到服务，推销服务也没有专利保护。正是因为推销服务不受专利保护，所以很容易被竞争者模仿，但又由于其无形性，消费者很难用量化的标准评价，绝大多数时候是靠个人感受作出满意或不满意的评价、购买或不购买的决定。

（四）竞争性

随着市场经济的发展，企业间的竞争日趋激烈，在传统的价格竞争、质量竞争的基础上，服务竞争逐步成为市场竞争的主角，企业纷纷推出相应的推销服务，以赢得顾客的信赖，扩大市场占用率。

（五）易消失性

易消失性是指服务不能被储存、仓储或盘点的特性。

（六）异质性

异质性是指服务往往不如有形产品那样具有标准化和统一化的特征，因为它依赖于服务提供人员以及何时何地提供服务。不同的推销员在技术水平和人际交往上都有所不同，甚至同一个推销员的表现也会因为时间、身体状况或其他因素而有所不同。

（七）不可分割性

服务与生产、销售和消费是同时进行的，换句话说，它与生产和消费是不可分割的。不可分割性是指消费者已经确实地参与到他们所购买的服务的生产过程中来。不可分割性还意味着服务通常不能像有形产品那样，在某一地点集中生产而在各地分散消费。

二、推销服务的作用

（一）全面满足顾客的需求

顾客购买产品的目的不是获得产品的有形实体，而是满足其某种需求，而服务正是满足顾客需求的重要组成部分。如果顾客购买了产品，但因缺少有关的使用说明而使产品不能满足顾客的需求，那么，顾客就会产生怨言；如果推销员给顾客提供指导，帮助顾客掌握产品的使用方法，顾客的满意度就会大大提高。

（二）增加产品的销量

随着科学技术的不断发展，产品的技术含量越来越高，顾客需要专门的知识或技术才会使用；如果在使用中出现了问题，也需要专门的技术人员帮助处理。因此，如果卖方不能提供完善的服务，必然会影响产品的销路。即使是普通产品，如果在送货、退货、换货、代办手续等方面卖方若能提供便利，销量也必将大大增加。

（三）提高竞争力

要提高企业的竞争力，除了在产品开发、成本等方面努力外，提高服务水平也是一个重要手段。尤其在现代化大生产的情况下，产品往往不存在明显的差别优势；同时，由于产品特别是机电产品的技术含量越来越高，消费者对产品的质量越来越难以判断和确定。因此，服务水平常常成为顾客决定取舍的唯一因素。同时，服务作为一种补偿，还可以弥补由于产品本身存在的某些不足，解除顾客的后顾之忧，提升企业的竞争力。

（四）密切产需关系、赢得顾客信任

通过服务，进一步密切了产需双方的关系，提高了顾客的满意度，从而赢得了顾客信任，提高了企业信誉。

（五）提高企业的经济效益和社会效益

良好的服务可以增加产品的销售量，同时优质的服务往往又可以获得优价，这些都可以提高企业的经济效益，而优质的服务必能赢得良好的社会声誉。因此，这是一举两得的好事。

三、推销服务的分类

（一）按服务的时间顺序分类

按服务的时间顺序分类，推销服务可分为售前服务、售中服务和售后服务。售前服务是指在产品出售之前为顾客提供的各项服务，包括通过广告宣传使顾客知晓产品信息，提供良好的购物环境，为顾客提供便利、服务电话、免费咨询；对于复杂产品，企业为顾客提供培训指导等。售中服务是指在销售过程中为顾客提供的服务，包括的内容主要有：帮助顾客了解产品、帮助顾客挑选产品、满足顾客的合理要求、提供代办业务、现场操作等。售后服务是指产品出售后为顾客提供的服务，包括“三包”服务、送货上门、安装服务、包装服务、电话回访和人员回访、提供咨询和指导服务、建立顾客档案、妥善处理顾客的投诉等。

（二）按服务的性质分类

按服务的性质分类，推销服务可分为技术性服务和非技术性服务。技术性服务是指与

产品技术和效用有关的服务，包括“三包”服务、技术培训、技术咨询、安装调试等。非技术性服务是指与产品技术和效用无关的服务，包括广告、送货上门、顾客分期付款、建立顾客档案、提供舒适的购物环境等。

（三）按服务的地点分类

按服务的地点分类，推销服务可分为定点服务和流动服务。定点服务是指在固定地点设立服务点为顾客提供服务。流动服务是指没有固定地点，由推销员定期或不定期地向顾客提供的服务。定点服务因为地点固定，所以消费者寻求服务时相对比较容易。即便是直销，我国法律也明确规定，直销企业需在其从事直销活动的地区建立服务网点，服务网点的主要目的是方便消费者了解产品价格、办理退换货及享受企业依法提供的其他服务等。流动服务往往应用于频率低或者特殊时期的服务。例如：春节期间的免费临时维修点等。

（四）按服务是否收费分类

按服务是否收费分类，推销服务可分为免费服务和收费服务。免费服务是指提供的服务不单独收取费用。收费服务是指所提供的服务需要单独收取费用。一般推销服务往往是隐形收费服务项目，即不直接收取服务费，但大多数服务的价值是通过商品的价格来体现的，也就是说最后为服务买单的还是消费者。

（五）按服务时间的长短分类

按服务时间的长短分类，推销服务可分为长期服务和短期服务。长期服务和短期服务没有明显的界限标准，不能说半年就是短期，一年就是长期，它只是一个相对的概念，要根据产品的使用寿命周期、价值、法律法规等因素确定。

四、推销服务的内容

（一）“三包”服务

“三包”服务是指对售出商品的包修、包换、包退的服务。“三包”服务涉及的主要内容包括：产品的验收标准和方法，产品的包用期限，在三包期内不允许顾客自行拆卸、调整和改动，发生质量事故的技术处理要求，顾客要求执行产品质量“三包”时应提供的资料（包括产品型号、规格、出厂编号、发生时间、地点、过程等），本公司设立的处理产品“三包”的服务网点的地址、电话号码。

适用范围：“三包”服务广泛运用于各个行业，成为企业提供售后服务的一个基本标准。

（二）送货上门

送货上门就是将商品送至顾客指定的地点。送货上门对销售企业而言相对简单，但对于顾客而言，的确为其减轻了很多负担，提供了极大的便利，提高了顾客的满意度和重复购买率。

适用范围：体积庞大、笨重、不易搬运的商品，一次性购买规模较大、携带不方便的顾客，有特殊困难的顾客。

（三）安装服务

由于一些商品的技术含量较高，非专业人士很难安装、使用，因此需要卖方提供相关服务。产品安装调试工作的质量直接影响产品效能的发挥，是推销服务的工作内容之一。具体可采用以下形式：由顾客派代表到生产企业监督生产，调试后验收；由生产厂家派专业服务人员到顾客现场担任安装调试的技术指导；由公司的顾客服务队伍承担安装调试任务；由企业联营的专业安装单位担任现场的安装与调试任务，生产企业负责监督。

适用范围：技术含量较高的产品，应尽量提供现场安装调试服务。

（四）包装服务

包装最主要的功能是保护商品，另外还可能因外观新颖、便于携带等为商品带来附加价值。同时，企业还可以将名称、地址、联系电话、主营业务等印制在外包装上，所以说包装也是宣传企业的途径之一。

适用范围：大多数商品都需要包装服务，尤其是礼品、食品等。

（五）电话回访和人员回访

推销员定期向顾客打电话或回访，征询顾客对本公司产品和销售服务方面的意见，是一种联系顾客较好的办法。同时，也是处理顾客购后不协调行为的有效途径。它具有联系面广、经济、简便等特点。

适用范围：尤其适用于耐用品。

（六）提供咨询和指导服务

企业在产品出厂前后，为顾客提供相关操作、维修、保养等方面的咨询和指导服务，是保证产品及时投入使用并正常运行的一种重要的服务形式。

根据产品、顾客、市场等不同条件和具体情况，一般企业可采用以下三种方式为顾客提供咨询和指导服务：

（1）在生产企业开展顾客技术咨询和指导服务。这种方式可以在顾客订货以后、产品交付以前开展，也可以在产品交付顾客使用以后开展。

（2）在顾客集中地区为当地和附近地区的顾客提供技术咨询和指导服务。

（3）结合现场服务，在为顾客进行产品安装、调试、检修的过程中，在现场开展咨询和指导服务。

适用范围：大型机器设备，及其他技术含量较高、操作有一定难度的产品。

（七）建立顾客档案

顾客档案是用来反映顾客基本情况的基础性文件。建立顾客档案就是将顾客的有关信息资料用文字的形式记录下来，经整理、分类、编目、造册，集中存放和管理。通过顾客档案，推销员可以连续地了解顾客实情，从中看到顾客的购买动态，据此，推销员就可以对市场实态作出判断，并采取相应的行动。

适用范围：适用于所有需要进行顾客维系的公司及产品。

（八）妥善处理顾客的投诉

无论企业的产品质量如何过硬，推销员的服务如何到位，仍旧避免不了顾客投诉的存在。企业和推销员应尽可能地减少顾客的投诉，一旦遇到投诉一定要善于运用技巧妥善处理，使顾客满意。

适用范围：适用于所有公司及产品。

（九）其他服务

1. 备品与配件供应

生产企业应组织好备品与配件的生产和供应，以减少顾客因缺乏备品与配件所造成的停机损失，消除顾客的后顾之忧。生产企业在产品出厂时，除按规定附有随机备件外，还要根据产品的生产量和社会拥有量，按一定的比例安排备品与配件的生产和供应。对不属于本企业生产的零部件，要采取扩大协作点、扶植零配件专业生产等多种有效措施，努力保证满足顾客需求。

生产企业要根据产品结构和各部位正常运行中形成的自然损耗情况，确定哪些零部件属于顾客正常维修需求的备品与配件范围，编制产品易损备品与配件目录。

2. 特种服务

企业运用自己的科研、技术、装备、产品等条件，开展正常服务范围以外的各种服务项目，以满足不同顾客的特殊需求。

（1）帮助顾客进行工艺改革和技术改造，提供设备和软件。生产企业根据顾客的需求和委托，设计并制造新工艺设备并进行工艺研究和试验，以完整的工艺随同新的设备交付顾客使用。顾客得到设备，同时获得工艺，节约了时间和精力。

（2）以旧换新。产品经顾客使用一定期限后，性能和质量有较大的下降已无修理价值或已有新一代的替换产品投入市场。以旧换新使销售企业扩大了销量，同时降低了顾客的成本，并且通过这种方式可利用一部分回收的零部件，提高了材料的利用率。

(3) 提供大修理服务。随着社会经济的发展，企业的社会分工越来越细，对占全国企业总数95%左右的小企业来说，它们往往缺乏检修技术和能力。因此，设备生产企业应按产品特点和专业技术建立专门的修理部门，接受委托，提供大修理服务，解决顾客的困难。

(4) 代客改装。生产企业根据技术发展和产品的改进，对已出厂的技术性能落后、能耗高或外形过时的产品，为顾客重新改装，更换零部件或增加新的辅助装置，提高老产品的性能和效率，这样一来，顾客花费少而且效果显著。

(5) 代客施工。顾客由于缺乏设备和使用技术，委托生产企业派人带本企业的产品到现场进行施工服务。

(6) 代客押运。生产企业接受顾客委托，在产品完成后交付运输时派出服务人员随车、船负责运输途中的产品保管、保养和维修任务，防止产品在装卸、运输途中受到损坏，保证产品安全运达顾客现场。

(7) 为顾客提供可行性分析论证。一些大型成套设备公司接受顾客委托，为顾客提供项目可行性分析论证报告。

3. 综合性联合服务

综合性联合服务是指把主机生产企业、辅机生产企业和配套生产企业、元器件生产企业、工艺性协作企业等组织起来，在顾客较集中的地区共同为顾客提供多种内容的配套的综合性服务。它的特点是全面、及时、有效。具体内容包括：

(1) 陈列展览产品样机、产品商标、产品目录、产品样本、有关图片，有条件的，可以通过多媒体播放纪录片、录像等，介绍企业概况和产品使用情况等。

(2) 现场进行技术操作演示，进行安装、调试或检修示范。

(3) 接受技术业务咨询，举办技术讲座或技术培训班。

(4) 访问当地顾客、提供上门检修服务等。

4. 产品租赁服务

产品租赁服务是指在所有权不变的条件下，企业将自己的产品临时或在一定时间内向需要使用产品的顾客以收取租金的方式提供产品的使用权，租赁期满将产品收回，重新出租或转让产品所有权。企业开展产品租赁服务不仅为顾客提供了方便，满足了社会需求，而且本身也会产生较好的经济效益。这种服务主要适用于大型设备的生产销售企业。

企业产品租赁服务的方式主要有两种：长期租赁和短期租赁。长期租赁是指企业与顾客协商订立租赁合同，承租方按合同规定的交付租金期限每隔一定时期（半年或一年）交付租金，期满后承租人归还产品或将所有权转让给承租人。短期租赁是指企业规定产品租赁的标准期限和租金，顾客承租产品时一次性交付租金，租赁期满，产品归还企业；如承租人继续要求，可续签合同，继续租赁。

五、推销服务的要求

推销员在为顾客提供服务时应满足以下一些基本要求：

（一）服务要热情、周到、细致

许多情况下，推销员为顾客提供的服务都是免费的，但不能因为免费服务就要求顾客给予回报。在这方面，无锡小天鹅股份有限公司做得比较好。上门服务的人员不仅态度热情，而且处处为顾客着想，不给顾客增加麻烦，譬如备有专门的抹布、拖鞋，不使用顾客的卫生间，真正做到了为顾客着想，周到、细致的服务也赢得了顾客的好评。

（二）服务要一视同仁

所谓一视同仁就是不管顾客是谁都要同样热情接待。有些推销员在接待顾客时，往往对大顾客比较热情，而对小顾客就比较冷漠；对买货的比较热情，对退货的就相互推诿；或以衣貌取人，采取不同的态度：这样做是很不恰当的。如果顾客受到不平等待遇，心里就会对推销员产生一种成见，以后再向其推销就会遭到拒绝。相反，对顾客一视同仁，使顾客感到满意，产品的销路就有了保证。

（三）服务要符合顾客的愿望

服务的真正意义就是在顾客需要的时候，用顾客希望的方法提供顾客需要的服务。也就是说，服务应尽量“雪中送炭”，应恰到好处。例如：有的推销员一看到有顾客进商店就采用贴身服务的方式，不停地介绍各种产品，而根本没考虑顾客的心理，这其实并不能算是热情服务，有时甚至是骚扰。只有当顾客需要了解产品的时候，推销员的介绍才是符合顾客需求的，也才能体现出服务的真正价值。

六、影响服务质量的差距分析

影响服务质量的差距主要有以下 5 种：

（一）管理层认识差距

管理层认识差距是指企业管理层错误地理解了顾客对服务质量的预期。造成这一差距的原因主要有：

（1）管理层从市场调研和需求分析中所获得的信息不准确。

（2）企业中与顾客直接接触的一线员工向管理层报告的信息不准确。

（3）企业内部机构重叠，妨碍或改变了与顾客接触的一线员工向上级报告市场需求信息，也就是管理层次问题。

（二）质量方面的标准差距

质量方面的标准差距是指企业所制定的具体质量标准与管理层对顾客的质量预期的认识不相吻合。通常而言，企业管理者试图满足甚至超越顾客的期望非常困难，因为受到多种因素的限制，如资源有限、短期行为、管理失当等。这些因素使管理者对顾客期望的认知无法充分落实到所制定的具体的服务质量标准上，从而引起管理者对顾客期望的认知和服务质量标准之间的差距。造成这种差距的原因主要包括：

（1）管理层对服务质量的规划工作支持不够。

（2）整个企业没有确立明确的奋斗目标。

（3）任务标准化程度不够。

（4）管理层对顾客期望转化成现实服务的可行性认识不足。

（三）服务供给差距

服务供给差距是指生产和供给过程中，提供的服务未达到企业制定的质量标准。企业员工在向顾客提供服务时，他所遵循的服务质量标准并不能完全体现在他所实际提供的服务上，由此产生了服务供给差距。造成这一差距的主要原因有以下几个：

（1）员工协作性差。

（2）员工无法达到服务标准的要求。

（3）企业的技术设备无法协助员工完成符合服务质量标准的工作。

（4）企业文化或规章制度对员工过于束缚。

（5）对员工提供服务的行为缺乏监控。

（6）员工存在角色矛盾。

（7）员工对管理制度不了解。

（四）供方信息传播差距

供方信息传播差距是指企业为顾客提供的信息与企业实际提供的服务之间的质量不相吻合，通常是前者劣于后者。这是因为顾客的感受受事先对服务抱有的期望的影响，而顾客期望的形成与企业的广告宣传等外部沟通关系密切。若企业的宣传有夸大的倾向，顾客期望会过高，其感受到的服务水平就会偏离实际。但若顾客对企业的服务情况根本缺乏了解，则难以正确把握实际提供的服务水平。造成这种差距的主要原因包括：

（1）企业未能将信息传播与服务的生产管理统一协调起来。

（2）企业存在力图夸大自己的服务质量的冲动。

（五）服务质量感知差距

服务质量感知差距是指顾客体验和感受到的服务质量与自己预期的服务质量不符，多半是前者劣于后者。服务质量的高低取决于服务传达过程中自然产生的以上四种差距。差距越小，表明传达越充分；与顾客期望的差距越小，服务质量也就越高。但差距一般总是存在的，在某些情况下还很大。前四种差距在服务提供过程中渐次产生并逐渐累加，最终将体现为第五种差距，即服务质量感知差距，也就是服务质量的高低。这种差距会造成一些后果，主要有：

（1）顾客认为体验和感受到的服务质量太低劣，难以企及自己心目中预期的服务质量，因此不予认可、不接受企业提供的服务。通常，造成这种问题的原因在于企业实际生产和提供的服务质量的确有问题。

（2）顾客会将自己的亲身体验和感受向亲朋好友诉说，由此形成负面的口头传播效应。

（3）顾客的负面口头信息传播会破坏企业的形象，特别是破坏局部形象，不仅会增加企业今后吸引顾客的难度，还会增加企业今后令顾客满意的难度。

（4）不仅失去拥有亲身经历的现有顾客，而且可能使相当部分的潜在顾客望而却步。

七、采取提高服务质量的措施

（一）树立“以顾客为中心”的服务观念

要从根本上转换企业的经营理念，建立起真正的“以顾客为中心”的服务观念，并不是一蹴而就的，而是需要一个循序渐进的转变过程。

（1）树立重“顾客份额”轻“市场份额”的新思维。决定一个企业成功与否的关键不是“市场份额”，而是“顾客份额”。这就与同一个企业运营良好与否不只与营业额大小有关，更重要的是看盈利状况如何一样。所谓顾客份额，就是指企业在一个顾客的同类消费中所占的份额大小。帕累托法则（也称80/20法则）就表述了这一观点，即归纳为20%的可能因素往往产生80%的结果。依此法则，许多企业80%的收入来自于20%的顾客，所以企业只要拥有了关键的顾客份额，也就占据了市场主动。占据了顾客份额的企业才真正拥有了顾客，不管市场如何变化，仍可在某种程度上立于不败之地。

（2）不断加强与老顾客的关系。顾客是否满意取决于顾客的让渡价值，即总顾客价值与总顾客成本之间的差额。顾客价值和成本是由多方面因素构成的，除了提供核心的产品和服务外，附加的服务能够提高顾客价值，降低顾客成本，增加总顾客价值，提高顾客的满意度。良好的顾客服务会使顾客产生路径依赖，企业若更换服务商，就会降低顾客价值。而企业可以通过与老顾客长期的业务合作，降低交易费用和时间，从而降低总的顾客服务成本。寻找新顾客对于企业的重要性不言而喻，但维持已有顾客却更加重要。可是大多数的企业把绝大部分的精力放在寻找顾客上，而对于维持已有的顾客关系漠不关心，这恰恰犯了舍本逐末的重大错误。因为争取一个新顾客的成本是维持一个忠诚老顾客的成本的 5～7 倍。更重要的是，长期的业务关系也能给企业带来长期稳定的巨大利润。如果考虑口碑效应，一个满意的、愿意和企业建立长期稳定关系的顾客给企业带来的收益会很多。所以，企业在不断拓宽市场、寻找新顾客的同时，一定要加强与老顾客的关系管理，将老顾客放在重要的地位。

（二）服务中体现体验营销的理念

体验营销是近些年发展起来的营销新理念，是指使企业以满足消费者的体验需求为目标，以服务产品为舞台，以有形产品为载体，生产经营高质量的产品的一切活动。无论是通过零售购买还是商业购买，顾客的购买认知价值不仅仅来自对规范、特性和价格等因素的看法，更重要的是来自得到产品、拥有产品并最终淘汰产品的整个周期中所获得的体验，也就是获取体验、应用体验、维修体验。让顾客获得良好的体验是服务的根本目的。

企业在服务中实施体验营销时，应注意以下几个关键点：

（1）要加强对顾客心理需求和内心感受的调研和分析。体验营销是通过满足顾客的情感需求来创造价值的。因此，对顾客心理需求的把握成为实施体验营销的关键环节。企业可以通过委托专业咨询机构或者利用自有内部资源等方式来获得顾客这些方面的信息。例如：设立免费电话便于顾客进行咨询、提出意见和要求等，同时应积极营造与顾客进行交流的平台。通过这些途径，企业可深入了解和掌握顾客的有关信息，从而做到在开展体验营销的过程中目标明确，有的放矢。

（2）应关注顾客的整体体验。当顾客购买了一个产品时，他更想得到的是一整套满意的经历。因此，企业的目标必须着眼于改善全部获取体验、应用体验和维修体验：使顾客在得到产品或接受服务时更加愉快，确保产品能够被正确使用，提供快速和有效的修理和改进。

（3）体验需求不断创新。创新在一切事物发展的过程中不可或缺，任何新鲜的事物在层出不穷、瞬息万变的经济世界中，都会随时间的推移，由浓转淡，逐渐萎缩。因此，企业需要不停地创新。实施体验营销也是如此，需要不断地推陈出新，才能使企业长盛不衰，永葆生机。

（三）提高服务质量的方法

服务质量的提高是企业进一步发展和取得竞争优势的必经之路，提高企业服务质量的方法比较常用的有以下两种：

1. 标准跟进法

企业提高服务质量的一种简捷的途径就是向竞争者学习。标准跟进法是鼓励企业向竞争者学习的一种方法。具体来说，它是指企业将自己的产品、服务和市场营销过程等与市场上的竞争对手，尤其是最好的竞争对手的标准相比较，在比较和检验的过程中寻找自身的差距，从而提高自身的水平。施乐公司就是最早采用该方法的企业之一。该企业在面临严重的竞争压力和财务危机的情况下，采取了标准跟进法，很快就扭转了被动的局面，不仅重新获得了较高的市场份额，而且降低了生产成本，提高了产品质量。企业在运用标准跟进法时，可从经营、战略、业务管理等几个方面着手。

2. 蓝图技巧法

企业要想提供较高水平的服务质量，并提高顾客的满意度，还必须了解影响顾客对服务认识的各种因素。蓝图技巧法为企业有效地分析和理解这些因素提供了便利，它是指通过分解组织系统和机构，鉴别顾客与服务人员的接触点，并从这些接触点出发来改进企业服务质量的一种战略。它借助流程图的方法来分析服务提供过程的各个方面，包括从前台服务到后勤服务的全过程。蓝图技巧法的步骤主要有：

（1）将服务所包含的各项内容以流程图的方式画出来，使服务过程清楚、客观地展现出来。

（2）将那些容易导致服务失败的环节找出来。

（3）确定执行标准和规范，并使这些标准和规范体现出企业的服务质量标准。

（4）找出顾客能够看得见的判断服务水平的证据，将每一个证据都视为企业与顾客的服务接触点。

在运用蓝图技巧法的过程中，企业应正确选择这些服务接触点，并对之进行有效的管理。因为在每一个服务接触点上，服务人员都要向顾客提供不同的职能质量和技术质量，而在这一点上，顾客对服务质量的感知好坏将直接影响顾客对服务质量的整体评价。例如：顾客到一家餐厅就餐的过程中至少会涉及以下几个接触点：顾客在服务员引领下就座；顾客点菜；等候上菜；顾客需要茶水、纸巾等用品；用餐完毕，顾客结账。如果其中任何一个环节出现问题，就可能导致顾客认为该餐厅的服务质量较差。

任务二
货款回收

货款回收是销售工作的重要环节，也是企业考核推销员销售业绩的主要依据之一。推销员对已发生的应收账款应采取有力的措施，加强管理，努力争取按时收回，避免因拖欠时间过长而发生坏账，使企业蒙受损失。如果只是把产品卖给了顾客而货款不能收回，这样的推销是没有意义的。

在现实中，企业由于受到市场竞争的巨大压力，坚持钱货两清原则往往会削弱其竞争力，丧失有可能争取到的市场份额。因此，很多企业采取了一些信用政策，允许赊销部分产品给顾客，以保证对市场的充分占有，这就形成了货款回收问题。

一、顾客信用限度和风险控制

赊销对于企业来说，虽然存在风险，但只要注意控制顾客信用限度，加强风险控制，实行这一政策是可行的，也是必要的。这主要涉及两个问题，即信用标准和信用条件。

（一）信用标准

信用标准是指顾客获得企业商业信用所需的最低条件。信用标准合理与否，直接影响企业的销售效果。标准过高，会将大量的顾客拒之门外，影响企业的市场竞争力和销售收入；标准过低，虽然有利于扩大销售，但会导致坏账风险加大和费用增加。

（1）信用标准的影响因素。影响企业信用标准的因素主要有三个：企业在竞争中所处的地位；企业承担风险的能力；顾客的资信程度，即5C，信用品质（Character）、偿付能力（Capacity）、资本（Capital）、抵押（Collateral）、条件（Condition）。

（2）信用标准的确立。根据对顾客信用资料的调查分析，确定评价信用优劣的数量标准，具体可通过流动比率、资产负债率、应收账款周转率、总资产报酬率、赊购付款履约情况等指标的计算来确定。

确定的信用标准如表7—1所示。

表 7—1　　信用标准一览表

指标	信用标准	
	信用好	信用差
流动比率	2.5∶1	1.6∶1
资产负债率	0.5∶1	0.9∶1
应收账款周转率	14	9
总资产报酬率	35%	20%
赊购付款履约情况	及时	拖欠

需要注意的是，由于实际情况错综复杂，不同企业的同一指标常常存在很大差异，难以按照统一标准进行衡量。因此，在实际操作中，也可以设置并分析更多的指标，以求能更详细地对顾客拒付风险作出准确判断。

（二）信用条件

信用条件是指企业接受顾客信用订单时所提出的付款要求，一般包括信用期限、现金折扣和折扣期限等。信用条件一般表述为“2/10，N/45”，即如果顾客在10天内付款，则给予2%的现金折扣；如果放弃折扣优惠，则需在45天内付清全部货款。企业规定信用条件可根据本行业的惯例及企业的具体情况而定。

（三）信用调查报告

企业会根据顾客信用等级撰写调查报告。A类顾客的规模大、信誉高、资金雄厚，属超一流公司，对于A类顾客要求每半年撰写一次信用调查报告。B类顾客的信用状况一般、信誉较好，对于B类顾客要求每3个月撰写一次信用调查报告。C类顾客主要包括一般的中小顾客、新顾客、口碑不佳的顾客，对于C类顾客要求每月撰写一次信用调查报告。

二、应收账款管理

推销员对于已经发生的应收账款，应采取有力措施，努力争取按期收回。为了更直观地反映应收账款的变化情况，我们可利用应收账款管理图来进行管理，如图7—1所示。

有了这样一张管理图，就可以把企业或推销员的货款回收情况清楚地表达出来，并且可以通过图上曲线的变化反映出货款回收情况的变动趋势，为企业制定收账政策和讨债计划提供参考。

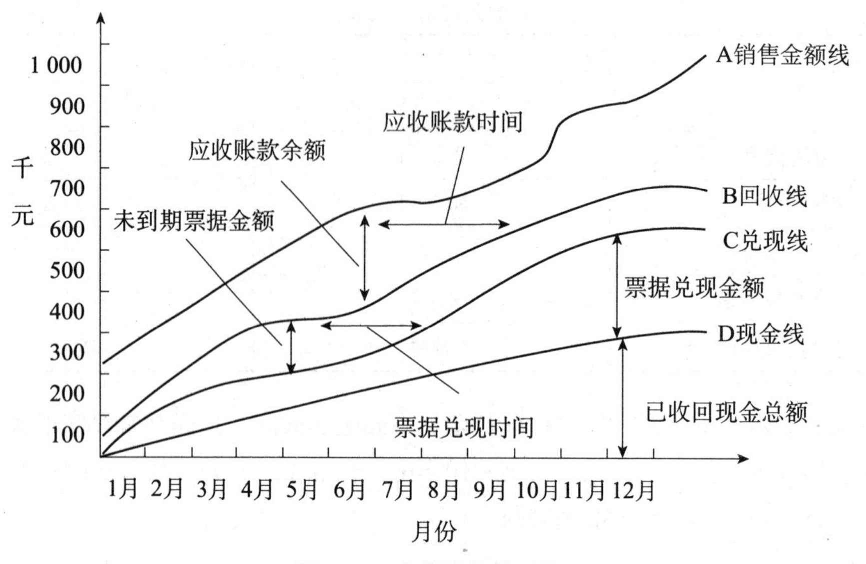

图7—1 应收账款管理图

从理论上说，履约付款是顾客的责任和义务，欠债还钱，天经地义。但实际上，常有一些顾客有意无意地拖欠货款，使企业蒙受损失。

一般来说，解决拖欠货款的办法有两种：一是协商解决，二是诉讼或仲裁解决。由于通过法律手段追收后，双方往往很难继续维持合作关系，因此，在一般情况下，主要是通过协商解决，只有在迫不得已的情况下才通过法院强行收款。通常的解决步骤是：第一，分析企业现有的信用标准及审批制度是否存在问题；第二，对顾客的资信等级进行调查评价；第三，对于拖欠的货款通过面催或函催等方式进行催收，并与对方积极协商，必要的时候甚至牺牲部分利益以保证大部分货款能收回；第四，通过法律手段解决。

此外，企业在决定收款对策时还必须考虑收账费用。

三、讨债策略与技巧

尽管企业对货款回收采取了种种措施，但很难完全避免顾客拖欠货款情况的发生。因此，推销员有必要掌握一些讨债的技巧。

（一）讨债的一般手段

（1）利用行政干预手段帮助讨债。在市场经济条件下，政府机关虽然已不再直接管理企业，但仍可对企业的生产经营管理活动产生重要影响。因此，推销员如果能说服债务人的上级机关出面干预，则对收回货款会有很大帮助。但要注意，推销员不能将它作为唯一手段，因为上级机关并不能强制债务人偿还债务。

（2）利用金融机构的监督职能帮助讨债。如果推销员能获得金融机构的帮助出面劝说，对讨债将有很大帮助。

（3）运用经济抗衡手段帮助讨债。这种方式对于技术贸易、租赁贸易等效果显著，而对于产品的交易则有一定的局限。

（4）运用中断合作关系手段帮助讨债。采用这种手段必须以欠债方不清偿债务将遭受更大损失为前提。如果对方几乎不受影响，能另寻他路，则慎用。

（5）运用对债务人实施"输血"扶植帮助讨债。对于顾客因支付能力不足而形成的拖欠，也可以通过"输血"扶植的手段来帮助讨债。常用方式有：给予经济资助，给予技术资助，给予物质资助，给予管理"软件"帮助，对债务人实施一些只有短期效应的资助或帮助。

（二）选择讨债策略

推销员应根据债务人不同的性格特点选择讨债策略，以提高讨债效果。

1. 对付强硬型债务人的策略

这种债务人最突出的特点是态度傲慢，面对这种债务人，寄希望于对方的恩赐是枉费心机，要想取得较好的清债效果，需以策略为向导。总的指导思想是：避其锋芒，设法改变认识，以达到尽量保护自己利益的目的。具体运用形式为：

（1）沉默策略。沉默是指在清债实践中，观察对方态度而不开口。这种策略对付态度强硬型的对手不失为一个有力的清债手段。适当的沉默策略会使对方受到心理打击、造成心理恐慌，不知所措，甚至乱了方寸，从而达到削弱对方力量的目的。运用沉默策略时要注意审时度势、灵活运用，运用不当，效果会适得其反。如果一直沉默不语，债务人会认为你是慑服于他的恐吓，反而增加了债务人拖欠的欲望。

（2）软硬兼施策略。这个策略是指将清债成员分成两部分：一部分成员扮演强硬型角色，即鹰派，鹰派在清债某一问题的初级阶段起主导作用；另一部分成员扮演温和的角色，即鸽派，鸽派在清债某一阶段的结尾起主导作用。这种策略利用了人们避免冲突的心理弱点。如何运用此项策略呢？在与债务人刚接触并了解债务人心态后，担任强硬型角色的清债人员，毫不保留地果断地提出还款要求，并坚持不妥协，必要时应表现出吓唬式的行为。此时，承担温和角色的清债人员则保持沉默，观察债务人的反应，寻找解决问题的办法。等到气氛十分紧张时，鸽派角色出面以缓和局面，一面劝阻自己的伙伴，另一方面也平静而明确地指出，这种局面的形成与债务人也有关系，最后建议双方都作出让步，促成还款协议或只要求债务人立即还清欠款，放弃利息、索款费用等要求。

需要指出的是，在清债实践中，充当鹰派角色的人，在要威风时应切忌无中生有、胡搅蛮缠。此外，鹰派、鸽派角色的配合要默契。

2. 对付阴谋型债务人的策略

（1）反车轮战策略。此处的车轮战术是指债务人一方采用不断更换接待人员的方法，达到使债权人精疲力竭，从而迫使其做出某种让步的目的。对付这种战术的策略是：

1）及时揭穿债务人的诡计，敦促其停止车轮战术的运用。

2）对更换的工作人员置之不理，可听其陈述而不作表述，这可挫其锐气。

3）对原经办人施加压力，采用各种手段使其不得安宁，以促其主动还款。

4）紧随债务企业的负责人，不给其躲避的机会。

（2）兵临城下策略。这种策略是对债务人采取大胆的胁迫做法，看对方如何反应。这一策略虽然具有冒险性，但对于阴谋型的债务人比较有效。因为债务人本身想占用资金，有意拖欠，一旦被识破反击，一般情况下会打击他们的士气，从而迫使其改变态度。例如：对一笔数额较大的货款，债权人企业派出十多名清债人员到债务企业索款，使其办公室挤满了债权人企业的员工。这种做法必然会迫使债务人企业尽力还款。

3. 对付合作型债务人的策略

合作型债务人是清债实践中人们最愿意接受的，因为他们的最突出特点是合作意识强，能给双方带来皆大欢喜的满足。所以，对待合作型债务人的策略是互利互惠。

（1）假设条件策略。即在清债过程中向债务人提出一些假设条件，用来探知对方的意向。由于这种做法比较灵活，使索款在轻松的气氛中进行，有利于双方在互利互惠的基础上达成协作协议。例如："假如我方再供货1倍，你们前面的款还多少"，"每月还款10万元，再送2吨棉纱怎样"等。

需要指出的是，假设条件的提出要分清阶段，不能未听清债务人意见就过早假设。这会使债务人在没有商量之前就气馁或使其有机可乘。因此，假设条件的提出应在了解债务人打算和意见的基础上。

（2）私下接触策略。即债权企业的清债人员或业务员等有意识地利用空闲时间，主动与债务人一起聊天、娱乐，目的是增进了解、联络感情、建立友谊，从侧面促进清债的顺利进行。

4. 对付感情型债务人的策略

在国内企业中最常见的债务人属于感情型，这种性格往往很容易被接受。但在某种程度上，感情型债务人比强硬型债务人更难对付。强硬型债务人容易引起债权人警惕，而感情型债务人则容易被人忽视。因为感情型性格的人在谈话中十分随和，能迎合对手的兴趣，能够在不知不觉中把人说服。

为了有效地对付感情型性格的债务人，债权企业必须利用他们的特点及弱点制定相应的策略。感情型债务人的一般特点是与人友善、富有同情心，专注于单一的具体工作，不适应冲突气氛，对进攻和粗暴的态度一般是回避的。针对以上特点，可采用下面几种策略：

（1）以弱为强的策略。与债务人洽谈时，柔弱胜于刚强。因此，清债人员要培养一种谦虚的习惯，多说"我们企业很困难，请你支持"，"我们面临停产的可能"，"拖欠货款时间太长了，请你考虑解决"，"能不能照顾我们厂一些"等。

（2）恭维策略。感情型债务人有时为了顾及“人缘”而不惜代价，希望得到债权人的承认，受到外界的认可，同时也希望债权人了解自身企业的困难。因此，债权企业的清债人员要说出一些让债务人高兴的赞美话，这对于感情型债务人非常奏效。例如：“现在各企业资金都困难，你们厂能搞得这么好，全在你们这些领导”；“在这个行业不少企业垮掉了，你们还能挺过来，很不错”；“你们对我们厂的支持，我们厂领导是非常感谢的”；等等。

（3）在不失礼节的前提下保持进攻态度。在索款一开始就营造一种公事公办的气氛，不与对方打得火热，在感情方面保持适当的距离。与此同时，就对方的还款意见提出反问，以引起争论。例如：“拖欠这么长时间，利息谁承担”等。这样就会使对方感到紧张，但不要激怒对方。因为债务人情绪不稳定，就会主动回击，他们一旦撕破脸面，债权人很难再指望继续商谈，取得期望的结果。

5. 对付固执型债务人的策略

固执型债务人在清债中也比较常见。这些人最突出的特点是坚持所认定的观点，有一种坚持到底的精神。这种人对新的主张、建议很反感，需要不断得到上级的认可、指示，喜欢照章办事。对这种人不妨采用以下策略：

（1）试探策略。这一策略是用以摸清“敌情”的常用手段，其目的是用来观察对方反应，以此分析其虚实真假和真正意图。例如：提出对双方都有利的还款计划，如果债务人反应尖锐，那就可以采取其他方式清债（如起诉）；如果反应温和，就说明有余地。

运用这一策略时，还可以试探固执型接待人员或谈判人员的权限范围。对权力有限的，可采取速战速决的方法。因为他是上司意图的忠实执行者，不会超越上级给予的权限。所以在清债商谈中，不要与这种人浪费时间，应越过他，直接找到其上级谈话。对权力较大的固执型企业负责人，则可以采取冷热战术。一方面，以某种借口制造冲突，或是利用多种形式向对方施加压力；另一方面，想方设法恢复常态，适当时可以赞扬对手的审慎和细心。总之，通过软磨硬泡的方法达成让对方改变原来想法或观点的目的。

（2）先例策略。固执型债务人所坚持的观点不是不可改变，而是不易改变。债权人要认识到这一点，不然你的提议就会被限制住。为了使债务人转向，不妨试用先例的力量影响他、触动他。例如：向债务人企业出示其他债务人早已成为事实的还款协议，法院为其执行完毕的判决、调解书等。

6. 对付虚荣型债务人的策略

爱虚荣的人一般具有这样一些特点：自我意识较强，好表现自己，对别人的暗示非常敏感。面对这种性格的债务人，一方面，要满足其虚荣的需求；另一方面，要善于利用其本身的弱点作为跳板。具体策略举例如下：

（1）以熟悉的事物展开话题。与虚荣型债务人商谈索款事宜时，以他熟悉的东西作为话题，效果往往比较好，这样做可以为对方提供自我表现的机会，同时还能了解对手的爱好和有关资料，但要注意到虚荣者的种种表现可能有虚假性，切忌上当。

（2）顾全面子策略。索款可事先从侧面提出，在人多或公共场合尽可能不提，满足债务人的虚荣心。不要相信激烈的人身攻击会使对方屈服。要多替对方设想，顾全他的面子，同时把顾全其面子的做法告知债务人。当然，如果债务人躲债、赖债，则可利用其要面子的特点，与其针锋相对而不顾情面。

（3）制约策略。虚荣型债务人最大的一个弱点是浮夸。因此，债权人应存有戒心，为了免受浮夸之害，在清债商谈中，对虚荣型债务人的承诺要有记录，最好要他本人以企业的名义用书面的形式表示，对达成的还款协议等应及时立字为据，要特别明确奖罚条款，预防他以种种借口否认。

（三）制定讨债技巧

（1）兵马慎动，策略先行。决胜千里之外，必先周密运筹帷幄之中。债权人应在请教专家、顾问，并请当事人如实反映情况的基础上，确定讨债途径、方法和策略。

讨债也要研究计划、步骤，一般分准备、软磨、强攻、收尾 4 个阶段。在准备阶段，彼此表面友好，暗中抓紧摸底，多方取证，收集今后催讨、诉讼可能用得上的材料。在软磨阶段，以探清对方真伪虚实、个性、品质为目标，形式以函催、面催为主，此时不慎，易延误约定和法定时效。在强攻阶段，彼此公开对立、诉诸法律，稍有不慎，易陷入僵持局面。在收尾阶段，是非已明朗，彼此计较得失，此时若方法使用不当，清债执行更难，抵债处理不慎，易吃亏。

（2）多说少写，文武兼施。讨债人振振有词，咄咄逼人，是理直、义正的表现，有较大的威慑效果和瓦解作用。讨债人应以不伤害对方自尊、体面为前提，语气宜缓和，但讨债文书或诉状却要落笔简洁，用词严谨，不可多写一个字，避免为了显示文采，反而节外生枝。

（3）抓住把柄，攻其薄弱环节。一般知法明理者会识时务而认账，但多数情况下债务人企业的厂长、经理似乎谁也不怕。实际上，真正欠债不还的企业的法定代表人总有薄弱环节。为此，债权人需根据不同形势、不同性质对象的不同个性、境况进行分析，采取相应的对策。

（4）预防行情多变，保本舍末，勿苛求计较。债权人必须在市场预测、行情分析、掌握情报的基础上决定讨债策略。在预估行情不利或下跌的情况下，一般应以约定期限内不罚利息，不要或少要违约金为条件，劝导对方迅速归还本金，以保住“大头”，逾期、再次违约则要求全赔、全罚并起诉。已立案的，也可适当减少关于赔偿运杂费、差旅费之类的诉讼请求，力求债务早清。

（5）出其不意，以快制胜，防止意外。债权人讨债、办案的行动要快，至少可以有效地防止以下事态和意外情况的发生：

1）当事人中断承包、租赁、联营协议，摆脱干系。

2）当事人辞职、退职、退休、解聘，难以寻找。

3）企业兼并、倒闭、撤销，法人代表更换，新负责人不明前情，推脱不管。

4）债务人将资金汇入新立账户、秘密账户或其他单位，难以查寻、冻结。将自有商品转移、处理，全换上代销商品，难以拿走抵债。

5）债务人故意拖延，超过法定或约定的质量异议期限、商品质保期、保修期，申请合同仲裁、质量检验仲裁和抗诉讼等有效期限。

6）当事人找到裙带关系，如上下级、老同事、老战友等，导致行政干预或法庭裁决产生偏向，产生阻力。

7）市场行情突变、价格大跌，原价讨回的抵债物大大贬值。

因债务人上述种种的做法需一定时间，债权人应设法赶在其前面，争取主动。

（6）法理情义，同步相逼。近年由于市场疲软、销售不畅、银根紧缩等客观因素，债权人讨不到债、债务人还不起债的情况经常发生，双方有同样难言的苦衷。此时既要维护本企业的利益，又要顾及与对方的业务关系和对方目前的困境。有时可采取以下几种措施，解决“三角债”之类的矛盾。

1）协助对方解脱连环债。

2）协助对方发函、起诉、立案、追究第三方违约责任或产品质量责任。

3）协助对方寻找产品、物资出路，变卖设备及换材料等，以销售款还债。

4）配合、协同对方当事人上门讨债，讨回的款均归还我方。

做到以上 4 点，对方会领情、感激，有利于保持双方间的友好关系，债款早还、早清。

任务三
顾客维系

一、顾客回访

回访顾客的方式很多，我们以电话回访为例进行说明。

（一）电话回访的流程

电话回访的流程为：充分准备→寒暄致意→自我介绍→说明意图→具体说明→事后沟通。电话回访的注意事项如下：

1. 设计结构合理、精心编排的问卷

当你拿起电话打算打给顾客进行回访调查时，你是否已经想好了你要问对方的问题？你是否已经设计好何时用开放式问题？如果这些都没有事先准备好，那么这将是一次糟糕沟通的开始。

2. 要有针对性地选择回访时间

可否想象，凌晨3点，你睡眼惺忪地接起电话，一个甜美的声音告诉你要对你昨天买的某个产品进行满意度回访，那时的你是什么样的心情，可能再甜美的声音也无法冲熄你心中被人打扰的怒火。那时的你，会配合调查吗？同样的，对于背景调查来说，你选择的沟通时间合适吗？你是否选择了比较繁忙的工作时段去做背景调查？你是否已经模拟过对方回答你的问题需要花费多长时间？一般来说，上午11:00—12:00的时间段，下午16:00后的时间段，都是接近下班的时候，大多数人会在那个时段已经把手上重要的工作处理完，那时进行顾客回访，不配合的人员会比较少。

3. 礼貌的语言

对于电话另一头的人来说，你的声音是体现修养与素质的唯一名片，拿起话筒前要先调节好自己的情绪，对方可以通过声音感受到你的情绪。注意礼貌的问候、语气和节奏的掌控，避免给别人一种冷冰冰、公事公办的态度，要知道，对方无论告不告诉你答案，对他来说，无半点损失。结束时，不妨加上一条祝福语，让对方感受到你获得帮助时的愉悦之情。

（二）电话回访的模式

电话回访的经典模式被称做“333”服务模式，即与顾客进行短期、中期、长期的跟踪交流与沟通。

（1）顾客买走产品后的第三天要进行第一次电话回访。回访目的：了解顾客的初步使用感受、鼓励其继续使用。询问时，主要了解顾客在使用产品时遇到哪些问题，并根据顾客的使用方法给予正确的指导，告知继续使用会发生的变化，增加顾客继续使用的信心及欲望。通过这一次的回访，可以判断这款产品是否适合顾客，或对于因使用不当而影响产品功能的，及时进行纠正和指导。

（2）三周后进行第二次售后跟踪。了解产品使用中期顾客的使用效果。

（3）三月之后进行第三次销售再跟进。因为一般情况下，顾客在三个月后对购买的产品会有详细的了解，此时进行跟进能促成顾客的再次购买升级或介绍顾客。推销员可以给予顾客赠品优惠，或是主推其他产品。回访的时间宜安排在上午 11:00—12:00 的时间段，下午 16:00 后，也可以在每期活动之前让顾客了解最新的展销活动。

例如：

开场白：您好，请问是××小姐吗？我是北京诚联四海科技发展有限公司的客服人员（而不是说我是××，让顾客觉得你很专业）。不好意思占用您两分钟的时间，想对你使用我们产品后的感受做一下回访。

结束语：很高兴您能抽出宝贵的时间接受我们的回访，到时候我们举行活动时会送您一件小小的礼品。

如果能按照以上方式做回访，顾客会很高兴地和你谈完话。

（三）电话回访的话术

示例如下：

您好，是××公司的××先生/女士吗？我是××有限公司的客服人员，您在我公司购买了 YY 产品，想对您使用我们 YY 产品后的感受做一下回访。能占用您两分钟时间吗？……如果有什么不清楚的地方您可以随时来电咨询，或到我们公司由专业的技术工程师和销售工程师为您讲解，解决你实际遇到的问题。同时，您已经是我们的重点顾客服务对象了，如果您有什么意见或建议可以反馈给我们，以帮助我们改进质量，使我们能更好地为您服务（这样可以促使顾客主动来公司或电话咨询进行第二次购买）。再过几天就是 KK 节日了，临近节日，我代表公司为您以及家人送上最诚挚的祝福，希望您度过一个愉快的假期。非常感谢您对我们工作的支持，打扰您了，谢谢！再见！

（四）注意流失顾客的回访

一般情况下，顾客三个月（或三个月）以上不来公司电话咨询，即可视其为已流失或预流失顾客。企业应查找原因并加以改进，但更重要的是，企业应通过回访询问顾客使用企业的产品的意见。若顾客有某方面的问题，企业要尽量为顾客解决，可以再向顾客推荐适合其业务需求的产品。如果顾客有时间，企业可以给予讲解演示，让流失的意向顾客重新回来。

二、顾客档案建立

（一）顾客档案的内容和管理原则

1. 顾客档案的内容

顾客档案的主要内容包括：

（1）基础资料：主要包括顾客的名称、地址、电话、网址，所有者、经营管理者、法人代表及他们个人的性格、兴趣、爱好、家庭、学历、年龄、能力、特长，创业时间、与本企业交易时间，企业的组织形式、经营种类与资产等。

（2）顾客特征：主要包括服务区域、销售能力、发展潜力、经营观念、经营方向、经营政策、企业规模与经营特点等。

（3）业务状况：主要包括销售实绩、经营管理者和业务人员的素质、与其他竞争者的关系、与本企业的业务关系及合作态度等。

（4）交易现状：主要包括顾客的销售活动现状、存在问题、保持的优势、未来的对策、企业形象、声誉、信用现状、交易条件以及出现的信用问题等。

为了管理和使用上的方便，可将这些信息资料设计成统一的表格，按内容的不同进行分类管理。

2. 管理顾客档案的原则

顾客档案建立以后，应注意充分发挥它的作用，在管理上应注意以下原则：

（1）动态管理。顾客档案应紧随推销活动情况的变化及时进行补充和修正。特别是在顾客信息的收集上，要及时剔除过时的资料，不断补充新的资料，对顾客的变化情况进行跟踪了解，保持顾客档案的动态性。如果顾客档案建立后置之不理，就会失去它的意义。

（2）突出重点。在顾客档案管理工作中，不同类型的顾客资料很多，应有针对性地对这些资料进行分类管理。特别是要找出重点顾客，对其进行重点管理。重点顾客不仅要包括现有顾客，而且还应包括未来顾客和潜在顾客，为企业选择新顾客、开拓新市场提供资料，为企业进一步发展提供良机。

（3）灵活运用。为了能够更好地把握顾客状况，进行推销活动，应保证能以灵活的方式将顾客资料及时、全面地提供给推销员及其他有关人员，提高顾客档案管理的使用效果。

（4）专人负责。顾客档案是企业用以提高推销活动成果的重要资料，属于企业机密，只能供内部使用。因此，企业应建立健全规章制度，指定专人负责顾客的档案管理，严格顾客情报的借阅和使用机制。

（二）顾客分析

为了有效地提高推销活动的效果，推销员有必要根据顾客档案对顾客的状况进行仔细分析，以确定工作的重点和一些基本对策。顾客分析主要包括以下内容：

（1）收集、整理资料。推销员可将一个时期内对顾客的销售情况归类整理，如表7—2所示。

表7—2　销售情况统计表

序号	顾客代号	销售额	累计	访问次数	累计
1					
2					
3					
⋮					

（2）销售业绩分析。将推销员的推销实绩画出排列图，以观察对顾客销售的排列情况。

（3）划分顾客等级。在对顾客销售业绩的资料进行整理、分析、分级时可以发现，在一般情况下，20%的顾客常带来80%的业务，通常，我们把这些顾客确认为企业的重点顾客。

（4）登记顾客名册。将全部顾客分级后分列成册。其中，既可按顾客开拓的顺序先后制表，也可按顾客等级作各种分类，编制顾客等级分类表。

（5）对顾客进行路序分析。路序是指为便于巡回访问、送货、催款等将顾客按地区和最佳交通路线划分的线路顺序。

（6）确定访问计划。企业各级销售主管及推销员对所负责地区顾客的访问销售工作，应制定严密的计划。访问次数依据顾客的不同级别而有所不同。一般来说，推销员每月都应与顾客保持联系，地区经理每季应与顾客至少联系一次，销售部经理每半年应与顾客至少联系一次，对主要顾客公司领导每年应至少联系一次。

（7）顾客资料管理。对新老顾客建立管理卡，对它们的资料进行妥善保管，既可作为公司的综合资料，同时也为销售业务人员外出推销提供参考。

任务四
顾客投诉处理

处理顾客投诉是顾客管理的重要内容。出现顾客投诉并不可怕，关键是如何正确地看待和处理顾客的投诉。一个企业面对各式各样的顾客和庞大而复杂的销售业务，要做到每一项业务都使顾客满意是非常困难的。只有加强与顾客的联系，倾听他们的不满，不断纠正工作中出现的失误，补救和挽回给顾客带来的不便和损失，才能维护企业声誉，巩固老顾客，吸引新顾客。

一、处理顾客投诉的目的

使顾客满意是处理顾客投诉的最终目的，与此同时，企业还要考虑到自身的经营活动。因此，企业处理顾客投诉时要力争达到以下 4 个目的：

（1）消除不满、恢复信誉。从保护、重视消费者的立场来看，处理顾客投诉是事关企业生死存亡的大事。因此，处理投诉时最基本的目的就是要消除顾客的不满，恢复企业信誉。企业理所当然地应该真诚、及时地对顾客投诉进行处理。

（2）确立品质、保证体制。如何利用顾客投诉来促进自己的改革是企业一种很重要的能力。通过处理顾客投诉，改进企业的产品质量和服务水平，从而为顾客提供更为满意的产品和服务。

（3）收集信息、加以利用。顾客投诉是顾客对产品和服务最真实的检查结果，也是最为可靠的市场调查结果。因此，企业要将顾客的投诉收集起来，然后对其进行充分的分析，妥善地保存好结果并在生产及试验方法的改进方面加以利用。

（4）转变视角、发现需求。挖掘市场的潜在需求也是处理顾客投诉的不可忽视的一大作用。投诉是顾客不满意的一大信号，但实际工作中一般都把注意力集中到追究商品缺陷的发生责任上或对投诉的处理上，却忽略了顾客的真正需求。由于顾客投诉是与市场紧密相关的，因此在研发新产品时如果考虑到顾客投诉的提示作用，那么新产品的开发成本就会比较低，销量也会较好。

二、顾客投诉的内容

因为销售各个环节均有可能出现问题，所以顾客投诉也可能包括产品及服务等各个方面，主要可以归纳如下：

（1）商品质量投诉。主要包括产品在质量上有缺陷、产品规格不符、产品技术规格超出允许误差、产品故障等。

（2）购销合同投诉。主要包括产品数量、等级、规格、交货时间、交货地点、结算方式、交易条件等与原购销合同规定不符。

（3）货物运输投诉。主要包括货物在运输途中发生损坏、丢失和变质，因包装或装卸不当造成损失等。

（4）服务投诉。主要包括对企业各类人员的服务质量、服务态度、服务方式、服务技巧等提出的批评与抱怨。

三、处理顾客投诉的原则

（1）有章可循。要有专门的制度和人员来管理顾客投诉问题。另外，企业要做好各种预防工作，对顾客投诉防患于未然。为此，企业需要经常不断地提高全体员工的素质和业务能力，树立全心全意为顾客服务的思想，加强企业内外部的信息交流。

（2）及时处理。对于顾客投诉，各部门应通力合作，迅速作出反应，力争在最短的时间里全面解决问题，给顾客一个圆满的答复。否则，拖延或推卸责任会进一步激怒投诉者，使事情复杂化。

（3）分清责任。企业不仅要分清造成顾客投诉的责任部门和责任人，而且需要明确处理投诉的各部门、各类人员的具体责任与权限以及顾客投诉得不到及时圆满解决的责任。

（4）留档分析。对每一起顾客投诉及其处理都要做详细的记录，包括投诉内容、处理过程、处理结果、顾客满意度等。通过记录，吸取教训，总结经验，为以后更好地处理顾客投诉提供参考。

四、处理顾客投诉的流程

（一）鼓励顾客倾诉

在有机会倾诉他们的委屈和愤怒之后，顾客往往会感觉好多了。重要的是推销员让顾客充分地诉说委屈而不要打断他，打断顾客只会增加顾客的愤怒和敌意，并且使问题更难处理。一旦愤怒和敌意存在，说服劝导更难，几乎不可能找到对令双方都满意的解决办法。此外，推销员还必须同样宽容、开诚布公地对待那些很少表明他们的愤怒，较少冲动但也许有着同样深的敌意的顾客。

（二）获得和判断事实真相

因为很容易受竭力为自己索赔讨说法的顾客的影响，所以推销员必须谨慎地确定有关的事实信息。顾客总是强调那些支持他的观点的情况，所以推销员应在全面、客观地了解真实情况的基础上，找出令人满意的解决办法。

当事实不能揭示问题的真相，或顾客和企业都有错时，最困难的情况出现了。在这种情况下，企业需要使顾客了解获得一种公平的解决办法的困难，然而无论如何，目标仍然是使顾客投诉得到公平的处理。

（三）提供解决办法

在倾听顾客意见，并从顾客的立场出发考察每一种因素之后，推销员有责任采取行动和提出公平合理的最终解决办法。所以，一些企业规定了解决问题是推销员的责任，另一些企业则规定当实际解决方案由总部的理赔部门作出时，推销员应调查问题和提出备选方案。运用第一种方法的企业认为：因为推销员最接近顾客，所以他们最适合以恰当的方式作出公平的、令人满意的结论。运用第二种方法的企业认为，如果解决方案来源于管理层而非推销员，顾客可能更易于接受。

如果不考虑企业的政策，顾客非常看重企业对投诉的及时反应。推销员应该避免去指责运输部门、安装人员或企业中的其他一些人，不满意的顾客不会欣赏企业内部人员的互相推卸责任。推销员有责任解决问题而不作任何对企业形象有消极影响的评论，因为拖延和推卸使顾客感到困惑、为难，推销员应该尽一切可能加速反应或从企业得到行动方案。但是处理投诉的时间如果拖延得太长，企业将失去留住顾客的机会。

若得到快速和公平的对待，大多数顾客会表示理解和满意。推销员务必使顾客理解企业提出的解决办法是公平合理的，有时需要做一些解释和说服工作。对企业和顾客都公平合理的方案确实是对双方都有利的，更能赢得好的商誉。为了使顾客认识方案的合理性，有时需要作大量细致的说服、解释，介绍企业的决策过程和如此决定的原因。在任何情况下，推销员都不应该一味迎合顾客以至于顾客和企业发生利益冲突。仅仅迎合顾客并不能建立起友谊，反而可能导致顾客失去对推销员和企业的忠诚。任何涉及最终决策的问题应该在企业和推销员之间解决，而无须顾客的直接参与。已经决定的行动应由推销员以一种果断、有说服力的方式传达给顾客。

（四）公平解决索赔

为了帮助企业提出一个公平合理的解决办法，推销员必须获得下列信息：顾客索赔的金额、顾客索赔的频率、顾客账户的规模、顾客的重要程度、所采取的行动对此顾客和其他顾客可能的影响程度、推销员在处理其他索赔时的经验以及特定的索赔信息。在检查了所提供的信息之后，企业的解决方案可采取以下形式：

（1）产品完全免费退换。

（2）产品完全退换，顾客只支付劳动力和运输费用。

（3）产品完全退换，由顾客和企业共同承担相关费用。

（4）产品完全退换，由顾客按折扣价格支付。

（5）顾客承担维修费用。

（6）产品送往企业的工厂再作决定。

（7）顾客向第三方索赔。

（五）建议销售

建议销售这种顾客服务形式经常被忽视，这是一种建议顾客购买与主要产品相关的其他产品或服务的过程。只有当推销员感到附加产品项目能够提高顾客的满意水平时，才进行建议销售。也许有些推销员会认为建议销售不是一种服务，而是对顾客的打扰。然而，只要能恰当地运用，它将有助于发展与大多数顾客的关系。建议的内容主要有：建议相关的产品项目和建议较好的产品项目。

（六）建立商誉

销售过程中的最终推动力，尤其是售后服务，应该是以良好的商誉为导向。商誉是顾客对推销员、企业以及其产品的一种积极的感情和态度。满意的顾客信赖企业及其产品，对之有强烈的好感。一旦顾客对企业及其产品失去信任，他们的好感也随之消失。

良好的商誉不仅有助于达成初次交易，也能促进重复购买。商誉有助于顾客在众多的有着相似质量和档次的竞争性产品中选择该企业的产品，也有助于吸引新的顾客并提供参照意见。积极的口碑胜过其他任何东西，也是企业所能做的最好的广告。

项目训练

想一想

1. 服务在推销中起什么作用?
2. 推销服务的基本要求是什么?
3. 如何提高企业的服务质量?
4. 管理顾客档案的原则是什么?
5. 顾客分析包括哪些内容?
6. 如何处理顾客投诉?
7. 推销员为什么应站在顾客的角度看待顾客的投诉?
8. 处理投诉应注意哪些问题?
9. 处理顾客投诉的流程是什么?
10. 影响企业信用标准的因素有哪些?
11. 解决顾客拖欠货款的步骤是什么?

做一做

以小组为单位,联系一家公司,为其作售后电话回访,最终形成一份完整的电话回访报告。

测一测

一、单项选择题

1. 做好市场调查工作,根据顾客需求组织生产或经营商品,最大限度地满足消费者需求,这属于(　　)。

A. 售前服务　B. 售中服务　C. 顾客服务　D. 售后服务

2. 开设各种技术培训班,使用户掌握有关技术资料和技术方法,这属于(　　)。

A. 售前服务　B. 售中服务　C. 顾客服务　D. 售后服务

3. 推销员和零售企业的售货员在推销商品的过程中为顾客提供各种方便条件,这属于(　　)。

A. 售前服务　B. 售中服务　C. 售后服务　D. 顾客服务

4. (　　)是指企业将一种产品、服务和市场营销过程等同竞争对手比较,寻找差距从而提高自身水平的一种方法。

A. 蓝图技巧法　B. 标准跟进法　C. 质量管理法　D. 流程再造法

5. 蓝图技巧法借助(　　)来分析服务传递过程的各个方面。

A. 流程图　B. 直方图　C. 控制图　D. 帕累托图

6. 对于信用为C类的顾客,定期报告的时间要求是(　　)。

A. 每半年一次　B. 每3个月一次　C. 每个月一次　D. 每年一次

7. 当债权人选择自己的大本营作为讨债活动的地点时，下列说法中不正确的是（ ）。

A. 债权人和债务人存在行政隶属关系

B. 债权人选择自己的大本营实施讨债，最关键的是选择“请”的方式和“请”的时间

C. 对债权人最有利的就是在债务合同的期限快到的时候将债务人请到大本营

D. 债权人可以邀请债务人到府上，表示愿意和其合作另一笔生意，前提是先把以前的债务了结

8. 债务人采用不断更换接待人员的方法，达到使债权人精疲力竭，迫使其做出某种让步的目的，这种战术叫做（ ）。

A. 私下接触战术 B. 车轮战术 C. 软硬兼施战术 D. 制约战术

9. 为防止因当事人辞职、退职、退休、解聘而难以寻找等情况的发生，债权人应采取（ ）的讨债技巧。

A. 兵马慎动，策略先行 B. 少说，多写，文武兼施

C. 出其不意，以快制胜 D. 法理情义，同步相逼

10. 顾客按（ ）来分，可分为老顾客、新顾客和潜在顾客。

A. 性质 B. 交易过程 C. 时间序列 D. 市场地位

11. 下列说法不正确的是（ ）。

A. 现代营销观念认为，企业要通过不断满足顾客的需求来达到获取利润的目的

B. 顾客投诉是绝对可以避免的

C. 如何处理顾客投诉，直接关系到能否更好地满足顾客的需求，影响企业利润的实现

D. 出现顾客投诉并不可怕，问题的关键在于如何看待与处理它

二、多项选择题

1. 按照时间顺序，可把顾客服务划分为（ ）。

A. 一体化服务 B. 售前服务 C. 售中服务 D. 售后服务

2. 造成管理层认识差距的原因主要有（ ）。

A. 管理层从市场调研和需求分析中所获得的信息不准确

B. 企业中与顾客直接接触的一线员工向管理层报告的信息不准确

C. 管理层次问题

D. 管理方法问题

3. 造成服务供给差距的原因主要有（ ）。

A. 对员工提供服务的行为缺乏监控

B. 员工无法达到服务标准的要求

C. 企业的技术设备无法协助员工完成符合服务质量标准的工作

D. 企业文化或规章制度对员工过于束缚

4. 影响实际传递服务与顾客感受之间差距的主要因素有（ ）。

A. 水平沟通 B. 夸大宣传 C. 角色矛盾 D. 市场调查

5. “以顾客为中心”的服务观念包括（　　）。

A. 使顾客就是上帝的观念深入人心

B. 树立重“顾客份额”、轻“市场份额”的新思维

C. 不断加强与老顾客的关系

D. 注意开发新顾客

6. 提高服务质量的手段有（　　）。

A. 树立正确的服务观念　　B. 保持良好的服务态度

C. 提供独具特色的服务　　D. 配置现代化的服务设备

7. 对顾客资金筹措状况进行调查时，应注意（　　）。

A. 将票据贴现　　B. 延期支付债务

C. 开始躲债　　D. 为筹资而低价抛售

8. 以下关于讨债的说法不正确的是（　　）。

A. 债权人将债务人请到自己的“大本营”里实施讨债行为时，应该有一种主人的优越感，可以直接通知对方务必于何时到达

B. 债权人和债务人虽然都是独立的民事主体，但由于他们之间的权利和义务关系，决定了他们的法律地位是不平等的

C. 债权人将债务人请进自己的“大本营”实施讨债行为，最关键的是“请”的方式和时间

D. 当讨债人与债务人不期而遇时，即使债务人口头上答应履行债务，讨债人也必须让债务人将之书面化

9. 对付阴谋型债务人，债权人可以采取的策略有（　　）。

A. 反车轮战策略　　B. 私下接触策略

C. 恭维策略　　D. 兵临城下策略

10. 对付合作型债务人，债权人可以采取的策略是（　　）。

A. 沉默策略　　B. 假设条件策略

C. 兵临城下策略　　D. 私下接触策略

11. 对付虚荣型债务人，债权人可以采取的策略有（　　）。

A. 先例策略　　B. 以熟悉的事物展开话题

C. 顾全面子策略　　D. 制约策略

12. 按时间序列来分，可把顾客分为（　　）。

A. 主力顾客　　B. 新顾客　　C. 老顾客　　D. 潜在顾客

13. 掌握各顾客的月交易额或年交易额的具体方法有（　　）。

A. 直接询问顾客　　B. 通过查询得知

C. 由本公司销售额推算　　D. 取得对方的决算书

14. 在一般的销售情形中，处理顾客投诉的方法有（　　）。

A. 鼓励顾客解释投诉问题　　B. 获得和判断事实真相

C. 提供解决办法　　D. 建议销售

15. 处理顾客的索赔要求可以采取的解决方案有（　　）。

A. 产品完全免费退换　　B. 顾客承担维修费用

C. 产品送往公司的工厂再作决定　　D. 顾客向第三方索赔

三、实践操作题（请结合案例和所学的知识回答问题）

1. 人民商场珠宝首饰专柜的推销员李丹，在A顾客向其询问低档首饰时，态度冷淡，爱答不理，而面对有高档首饰购买意向的B顾客时，笑容可掬，热情周到。A顾客愤愤不平，遂向该商场投诉，可该商场没有专门的人员处理此事，半月后，顾客仍然没有得到答复。A顾客于是直接找到商场的总经理，总经理知道后，立即处分李丹，扣罚奖金。将处理结果告诉了A顾客，此事圆满解决。

问题：

（1）案例中，人民商场的做法违背了处理顾客投诉的什么原则？

（2）你认为处理顾客投诉的流程包括哪些步骤？

2. 东方公司从红星公司购买了100吨钢材，价值为80万元，要求6个月后付款。红星公司经过调查发现东方公司是信用为A类的顾客，而且经过计算，80万元在其信用限度之内，便同意了东方公司的要求。半年后，东方公司迟迟未还款，打电话询问，也没什么结果。最后，红星公司派人上门讨债。结果发现，东方公司受东南亚金融危机的影响，经营陷入困境，无力还款。红星公司决定采取“输血”扶植手段来讨债。

问题：

（1）A类顾客信用调查报告应为多长时间一次？

（2）红星公司可以采取哪些“输血”扶植手段？

3. “蓝色巨人”IBM的服务水平堪称世界一流。自从它诞生的那一天起，就把质量作为其一切活动的核心。如今，IBM已经成为许多企业仿效的典范。IBM采取了如下各种措施，全方位提高自己的服务质量：（1）大规模、全球化的广告宣传；（2）免费为顾客送货上门，安装调试；（3）“三包”服务；（4）举办社会性的公关服务活动；（5）热情地进行现场操作示范；（6）及时圆满地解决顾客投诉。可以毫不夸张地说，IBM的服务已经涉及了可能的方方面面，而且每一方面都做得非常到位。正是经过诸如此类的许多服务措施，IBM的地位才更加牢固，“蓝色巨人”的称号才叫得更加响亮。

问题：

（1）案例中，IBM的服务措施中哪些属于售前服务？哪些属于售后服务？

（2）你认为处理顾客投诉的原则有哪些？

4. 服务的内容非常丰富。近年来，联想公司运用各种服务方式来提高产品的知名度和美誉度。（1）大规模的广告宣传：充分运用电视、报纸、灯箱等各种媒介，邀请谢××、章××等影视明星扩大宣传；（2）开设各种培训班，为顾客提供技术咨询和技术指导；(3) 在业务洽谈中主动、积极、热情地向顾客解释、说明产品情况；(4) 热情地进行现场操作示范；(5) 免费为顾客进行安装调试；(6) 制定正确的“三包”服务方法，正确处理购销矛盾；(7) 举办社会性的公关服务活动。经过诸如此类的许多服务措施，联想公司的服务水平大幅度提高，知名度和美誉度也不断提升。

问题：

(1) 联想公司的服务措施中属于售前服务的是哪些？属于售中服务的是哪些？属于售后服务的是哪些？

(2) 一般来说，企业应采取什么方法提高服务质量？

5. 信达公司决定购买200台电脑。在众多的厂商中，瑞普公司一流的产品、优质的服务深深地吸引了信达公司。瑞普公司的报价是每台1.5万元，经过讨价还价，双方以1.4万元的价格成交，但信达公司要求3个月后付款。瑞普公司通过调查发现，信达公司的信誉很好，并通过销售额测定法计算出，对信达公司的信用限额应该是300万元。所以瑞普公司答应了信达公司的要求，但同时也做好了信用状况突变的准备。

问题：

(1) 对顾客信用的调查可以采取哪些途径？

(2) 信达公司信用状况突变时，瑞普公司可以采取哪些措施？

6. 广州南方大厦百货商店一直把提高服务质量摆在首要地位，他们几年前就开始为顾客提供免费送货上门的售后服务。他们的服务车队每辆都有“南方大厦，服务送到家”九个醒目的大字。百货商店的服务赢得了广大消费者，电器销量连年猛增，实现了可喜的经济效益。

问题：

(1) 像南方大厦这样的零售商对什么样的商品会采取送货上门的服务？

(2) 零售商还可采取哪些常见的售后服务方式？

7. 三江商场曾向某企业购买一批价值为10万元的商品，该企业收取货款之后却一直不向商场交货，商场多次派人催讨均无满意的答复。偏偏事有凑巧，该企业必须从商场购买价值15万元的另外一种商品，因为这种商品在全省只有该商场一家独家经销。这时，商场有关人员决定，先扣该企业的货款，暂不发货，通知该企业必须履行供应商场价值10多万元的某种商品的义务，然后商场才将他们所要购买的商品送上门。结果该企业在向商场履行了义务之后，掉过头来向商场追讨违约金和请求赔偿损失，商场的决策者们十分气愤，决定以经济抗衡手段为由拒付违约金及赔偿损失。

问题：

(1) 该商场的做法是否可行？为什么？结合案例分析。

(2) 讨债的一般手段有哪些？

8. 作为全球最大的信息技术和业务解决方案提供商，IBM（国际商业机器公司）曾做过这样的广告：“IBM就是最佳服务的象征。”IBM把提供世界上最好的服务作为经营的宗旨。为了实现这一目标，公司专门挑选了一批优秀的业务人员担任为期3年的主管助理。在这三年之中，他们唯一的任务是：对任何顾客的抱怨和疑难，必须在24小时内给予解决。

有一次，美国佐治亚州亚特兰大市一家公司使用的IBM计算机出了毛病，在几小时之内，IBM公司即派出6位专家检修，其中4位来自欧洲，1位来自拉丁美洲，还有1位来自加拿大。为了确保公司与顾客的密切关系，该公司每月调查征询顾客对员工服务质量的满意程度，定期进行员工服务质量的检查，以此作为员工报酬奖励的评定标准之一。

问题：

(1) IBM进行影响服务质量的差距分析应从哪几个方面着手？

(2) 面对网络环境下的顾客，服务方式应做什么转变？

9. 海来公司决定从深蓝公司购买100台电脑，双方谈判进展得很顺利。但海来公司要求3个月后付款。于是深蓝公司对海来公司的信用进行了调查，结果发现，海来公司信誉很好。深蓝公司通过周转资产分割法计算出，对海来公司的信用限度额应该是150万元，而这些计算机的总价值为100万元。所以深蓝公司答应了海来公司的要求。但是，3个月后，深蓝公司却没有收到货款。深蓝公司便派专人上门讨债。结果发现，海来公司之所以尚未付款，是因为受到东南亚金融危机的影响，经营陷入困境。深蓝公司决定为海来公司提供管理“软件”资助，帮助其摆脱困境。

问题：

(1) 深蓝公司对海来公司进行信用调查时，获取信息的来源有哪些？

(2) 在什么情况下，企业应该收紧信用政策，以减少企业的风险？

10. 广东健力宝集团在中国的体育市场上可谓是一枝独秀。在健力宝饮料刚投放市场时，该厂便把中国体育的腾飞视为己任；以体育为阵地，开展公关宣传，扩大了企业和产品的社会地位和影响。公司的第一项重要赞助是1984年10月为中国体育代表团提供专用饮料。之后，公司还赞助了各种体育赛事。健力宝集团于2002年世界杯期间推出的“第五季”品牌饮料也是以其大规模的动感广告赢得了不少年轻人的关注。

问题：

(1) 常见的售前服务内容有哪些？健力宝集团做了哪些？

(2) 售中服务还可以采取哪些方式？

11. M公司生产甲、乙、丙三种润滑油。小赵是M公司的大区域经理，在他负责的区域，主要有A、B、C、D四个大顾客。小赵对本季度三种润滑油的销售构成进行了分析，销量统计如表7—3所示：

表 7—3 M公司销量统计表 单位：万元

	甲	乙	丙	合计
A	80	70	20	170
B	50	60	40	150
C	90	120	60	270
D	30	50	70	150
总计	250	300	190	740

M公司要求每个大区域经理都要对大顾客关系进行深入分析，小赵首先分别统计了四个大顾客的销售量，然后分析不同顾客的商品销售的倾向及存在的问题和对策。

问题：

（1）依据案例中给出的销售数据，对甲、乙、丙三种润滑油的销售构成进行分析。（精确到小数点后一位）

（2）分析A、B、C、D四个大顾客中，最具价值顾客和最具成长性顾客分别是谁，并简要阐述企业确定自己的顾客组合时，有几种可供选择的策略。

12. 终端陈列不仅仅是让产品“好看”，更包含了品牌形象、产品可信度、目标顾客群体锁定、价格印象等诸多直接影响消费者最终购买决策的因素。

有这样一个案例，某国际品牌X的洗发产品价格超过沙宣。首先，从当时的卖场环境来看，其应该陈列在沙宣旁边，因为有能力消费沙宣的人群才有可能选择这个价位的产品，同时也能说明该产品的档次类别，然而它却与很多国内三线低价产品放在一起，而宝洁公司的一线产品都在这个洗化陈列区的另一端。对于X品牌和国内三线品牌陈列在一起，不少消费者产生了疑问——这真的是X品牌的产品吗？消费者无法理解国际品牌为何沦落到与廉价产品为伍，品牌优势荡然无存。其次，这个卖场的主要消费群体是周边的固定人群，所以他们非常清楚自己需要的那个档次的产品在哪个地方，因此买中高价位产品的人大多不会注意低价格区，同样在低价格区即便有些廉价产品销售非常好，那也与X品牌无关，因为X品牌的价格是旁边产品价格的2～3倍。所以导致了X品牌洗发产品月销售仅几百元的尴尬局面，在有关人员的建议下，X品牌的终端陈列做了如下调整：

（1）将陈列区域调整到一线品牌沙宣旁边；

（2）增加主推品种的陈列面，减少大容量产品及市场反映冷淡的品种的陈列面；

（3）注意陈列的色彩搭配及摆放整齐、整体陈列面的统一。

经过与卖场的沟通、调整以及促销人员的配合后，X品牌洗发水产品月销售额达到了万元。

问题：

（1）销售终端的产品陈列要注意哪些方面的问题？

（2）终端分销陈列时，除了要注意产品陈列外，还要注意哪些方面？请简要说明。

13. 顾客满意程度的高低已成为企业赢得市场占有率的关键。肯德基自在中国开设第一家分店以来，平均每天接待40万人次消费者。9年来的交易量达8 000万次，消费者总数达 1.2 亿人。这么多的顾客光顾一家家里外观装修统一、食品味道一样的炸鸡店应当说已经超过了好奇、新鲜的层面。用“吃文化”来解释也显得单薄，更多的消费者追求的应是物有所值的服务。

服务质量的好坏与员工的文化素质密切相关。目前，肯德基在中国的普通员工和餐厅管理人员均经过严格的培训。为了使顾客享受到与世界任何一家肯德基餐厅同等水平的优质服务，百胜餐饮集团要求全体员工遵循“服务四步曲”，即热情问候顾客、仔细聆听顾客点菜、迅速包装和感谢顾客。明亮、清洁的就餐环境对餐厅吸引回头客尤为重要。肯德基餐厅有一整套严格、完整的清洁卫生制度，要求员工用爱心、用心、留心给顾客留下美好的肯德基用餐经历。每一位餐厅员工都会负责一项特定的清洁工作，随手清洁是肯德基的一种传统。

问题：

（1）按服务的时序划分，服务可分为哪几种类型？案例中肯德基为顾客提供的服务有哪些？

（2）你认为应采取什么措施更好地提高服务质量？

项目八

推销管理

【建议学时】

4学时

【学习目标】

知识目标

- 掌握推销控制的方法
- 掌握挑选合格推销员及推销员配置的方式
- 掌握激励与管理推销员的方法
- 掌握推销关系管理的原则与思路

能力目标

- 具备推销控制的初步能力
- 具备管理推销员的能力
- 具备有效管理推销关系的能力

素质目标

- 有助于培养学生的职业理想和信念，树立职业自豪感
- 有助于培养学生爱岗敬业的精神，为走上推销管理岗位打下坚实基础

【营销师考点】

- 销售区域划分的流程
- 销售组织设计的模式

【案例导入】

黄新宇因工作出色，颇得领导赏识，最近被提拔为浙江嘉兴地区的销售主管，负责嘉兴地区的市场开拓。嘉兴市场是一个新市场，黄新宇需要尽快在嘉兴招兵买马成立销售团队，并制定相关推销员的管理条例等。请为黄新宇提供作为一名销售主管如何管理推销员的一些方案和建议。

任务一
推销控制

推销控制是企业从事推销活动的必要条件，是企业推销组织的重要组成部分，其本质在于对推销活动的操纵与把握，主要通过对推销活动的每一个行为事件的监测来检验其是否与原定计划、原则相适应。实行推销控制是提高推销组织效率的基础。

一、推销活动的分析与评价

（一）推销活动分析与评价的作用

现代商品市场瞬息万变，竞争非常激烈，企业要在市场竞争中取得胜利，并不断发展，就必须加强和改善经营管理，推销活动的分析与评价正是其中重要的一环。它的作用在于：

（1）有利于目标管理的推行。企业根据市场需求，确定营销战略目标后，就要将目标在企业内部进行指标分解。通过推销活动的分析与评价，有利于正确评价企业各项销售工作，为制定或调整目标计划提供依据。

（2）有利于目标利润的实现。通过推销活动的分析与评价，可以找到实现资源利用最佳的组合方法。

（3）有利于把经济责任与经济利益结合起来。通过推销活动的分析与评价，可以把影响推销活动的主、客观原因区分开来，可以查清各责任单位对推销成果的影响，分清责任和贡献大小。

（二）推销活动分析与评价的方法

推销活动分析与评价的方法很多，这里仅选择几种常用的方法加以说明。

（1）绝对分析法。绝对分析法是通过销售指标绝对数值的对比确定数量差异的一种方法，也是应用最广泛的一种方法。依据分析的不同要求可作三种比较分析，即将实际资料与计划资料对比、与前期资料对比、与先进资料对比。

（2）相对分析法。相对分析法是指通过计算、对比推销指标的比率，确定相对数差异的一种分析方法。运用这一方法，可以将某些不同条件下不可比的指标变为可比指标，进行对比分析。依据分析的不同目的要求，可计算出各种不同的比率进行对比，主要有相关比率分析（如投资收益率、推销费用率等）、构成比率分析、动态比率分析等。

（3）因素替代法。因素替代法是指逐个使用替代因素，计算几个相互联系的因素对经济指标变动影响程度的一种分析方法。在运用因素替代法时，要保持严格的因素替代顺序，不能随意改变。

（4）量本利分析法。量本利分析法是指依据销售量、销售成本和利润之间的相互关系，测量这三者之间变量关系的分析方法。

（三）推销活动分析与评价的程序

推销活动分析与评价，作为推销管理的重要一环，要有组织、有秩序地进行。

（1）确定分析计划。确定分析计划，即要确定分析的目的和要求、分析的内容和范围、分析工作的组织和分工、分析的资料来源、分析的方法等。

（2）收集分析资料。分析资料包括：各项销售计划、预算、定额、责任指标等计划资料，各项业务核算资料，各种内外部报表资料，同行业有关资料，有关合同、协议、决议等文件报告资料，以及各种环境状况、市场状况、顾客意见等销售调查资料。

（3）研究分析资料。资料收集后要进行整理、分析和研究，去伪存真，然后运用有关方法进行研究，确定研究的重点问题，找出问题的关键，为解决问题提供思路。

（4）作出分析结论。结论应切合实际，并对其中的问题提出切实可行的改进措施、建议和实施方案。

（5）编写分析报告。分析报告应实事求是，客观全面，重点突出；对情况的说明要真实、准确，结论要有根据，避免主观臆断；提出的改进措施、意见、方案要具体、可行；文字力求简明扼要，图表力求清晰易懂。

二、推销时间控制

（1）优化时间资源。不要做浪费时间而毫无意义的事；先干快而容易上手的简单事，再干费工夫的事；掌握同时干二三件事的方法；不断询问自己一些问题，如我必须干的事是什么，我必须终止的事是什么，我是否要换别的办法等。

（2）提高拜访效率。减少路途上的时间浪费；事先联系，约定拜访时间；确定让顾客找得到你；减少和利用等待时间；在顾客较空闲的时间拜访等。

（3）计划好时间。首先要分析工作；然后按事情的紧急性、重要性、成长性确定优先次序；把最适合的时间优先安排给最紧急、最重要的事情；在安排时间时务必安排一些预留时间。

（4）有效管理时间。当一件工作摆到办公桌上时，有 4 种选择：置之不理（Drop it）、拖延不理（Delay it）、委派他人（Delegate it）、自己亲为（Do it）。这四种选择的第一个字母都是D，所以称为4D原则。如果每天都能正确地按照4D原则处理事务，就会节约许多时间，提高工作效率，也可以有更多的闲暇。

三、推销费用管理

（1）推销费用的构成。推销费用包括推销员的薪金、佣金费用（提成、奖金等）、差旅费、交际费、交通费和其他费用。

（2）推销费用预算的方法。推销费用的预算方法主要是以过去的实绩为准；也可根据推销费用占销售收入的比率来估算；或根据公式计算，推销费用＝固定推销费用＋销售收入×变动费用率；或以单位数量（如每吨）的推销费用为标准，估计总推销费用。

（3）推销预算的控制。推销经理、推销员应每周、每月对自己负责的费用进行检查，及时发现问题，找出症结，制定整改方案。

任务二
推销团队管理

一、推销员管理

众所周知，企业的销售收入最终要由推销员来实现。随着市场竞争日趋激烈，企业的推销员越来越多，有的企业甚至已超过员工人数的 1/3。从销售部门来看，有一个铁的经营法则："人员的多少就是业绩好坏的答案。"人员增长往往就有销售额的增长；而要想销售额增长，则先要备齐人马。作为销售经理，必须认识到这一点。由于推销工作的特殊性，推销员的管理要比生产人员的管理困难、复杂得多。

（一）招聘推销员

销售经理在招聘推销员时应本着积极、自信和友善的态度，明白自己的任务就是吸收、训练并开发那些适应推销工作的人。下面一些方法可以使招聘工作做得更完美：

（1）请记住招聘也是推销。不仅要把工作机会告诉别人，更要把组织目标、未来发展机会、企业文化推销给别人。要做好准备，不断提高自己的招聘技巧。

（2）让应聘者觉得与你一起工作会很愉快。要关心他人，显得开朗、体贴、亲切，要以现身说法来吸引他人加入到你的工作队列，让所有跟你接触的人都知道你喜欢自己的工作，表现出你是一位成功的销售主管，拥有十足的信心，并以自己的工作为荣。使每位适合销售工作的人都能积极、热心、充满活力地认同并从事我们的工作，并以这种态度、精神、活力感染、吸引别人。

（3）要求应征者填写应聘表并予以查证。那些在其他公司有违纪行为的人难免会在你的公司故伎重演。

（4）招聘时多问少说。最好把工作性质及公司状况作基本介绍后，就试探对方的感觉及反应。招聘时应注意避免过多的承诺。

（5）少用竞争者的推销员。许多公司常常喜欢录用竞争者的推销员，认为这样比较省事，容易提高销售业绩。这是一种短视而又危险的做法。这种做法会造成顾客的迷惑或困扰。

(6) 其他。如不要聘用那些只懂技术却对销售毫无兴趣或无心学习的人。

(二) 训练推销员

对推销员进行训练，首先是要他们学会做人的本领，同时传授执行推销任务所必需的知识和技巧。训练方法主要有：

(1) 讲授法。这是应用最广泛的方法。这种方法的优点主要是在于经济而非效果。采用此类方法时应注意：讲课前应准备充分，尽量采用示范的方法，每次讲授时间不能太长。

(2) 讨论法。这是一种双向沟通的方法，可使受训人有机会表示意见及交换看法。采用此法时要注意：要明确讨论的目标、任务；不可有冗长的发言；不能谈论题外的话题；主持人要做好总结。

(3) 角色扮演法。指定一人当推销员，其他人员作顾客，按销售过程的正常步骤进行。结束后，大家一起总结。此法可以使受训人在实际销售行为上获得体察能力。

(4) 情景再现仿真法。组织受训人分角色再现推销活动中买卖双方遇到特殊问题时应对的情景，模拟真实环境讲解处理的办法。

(三) 调配推销员

(1) 决定推销员的数量。推销员是企业重要的资源。每个企业都投入了大量的资金。推销员越多，企业的销售额越高，但推销成本也同时增加。那么，究竟多少才是最合理的人数呢？具体可采用以下三种方法计算：

1) 工作量法。主要是指企业根据不同顾客的需要确定总的工作量，同时预估每个推销员的工作量，从而确定推销员规模的方法。

2) 下分法。首先确定企业的计划销售额，然后估计每位推销员的年销售额，由此确定推销员的人数。

3) 边际利润法。首先计算边际利润，再确定推销员的成本。当成本高于边际利润时则不再增加推销员。

(2) 合理确定销售结构与销售组合。根据销售工作实践来看，推销员工作时间的长短、工作的职务和级别、当时的业绩和事业的发展都与他们的工作表现有极大的关系。因此，销售经理应按重要性及相关程度，确认这些结构的要因，再根据主要的因素把组织的成员分成不同的团体，形成最佳组合。

(3) 追求效率管理。效率管理是销售经理管理本部门人员的首要准则。推销效率的管理可以分为三个方面来进行：

1) 个人的效率管理。对每个推销员应按其年资或销售业绩加以分级，作为管理、考核、使用的参考。一般来说前 3 个月是关键期，要么成功，要么失败并离职；7～12 个月是衰退期，少数人继续上升，许多人陷于效率低谷，因此需要主管加以指导；3 年以上则成了平缓期，往往效率难以提高，需要主管给予特殊的激励。

2）营业部的效率管理。这是个人效率管理的延伸，所有的营业部也要采取分级管理方式。

3）销售部的效率管理。这是对营业部效率管理的拓展。

（4）时间分配管理。各企业对推销员的工作要求不同，这主要是推销工作的性质和报酬给付的方法不同所致。在佣金制下的推销员多由自己决定该做什么和如何分配时间，而薪金制下的推销员则要负责完成企业在规定时间内所规定完成的任务，时间支配权主要由企业控制。

（四）激励与指导推销员

激励与指导也是推销员管理的重要内容之一。绝大多数推销员都需要激励与指导。良好的激励与指导，能使推销员保持高昂的斗志与良好的精神状态，能使他们的潜力得到更充分的发挥，把销售工作做得更好。

1. 激励的类别

激励在管理学中被解释为一种精神力量或状态，起加强、激发和推动作用，并指导和引导行为指向目标。推销员需要更多的激励是由其工作性质决定的。推销员大多单独工作，工作时间不确定，并经常遇到挫折，如果没有激励，他们很难保持良好的精神状态。企业可以通过环境激励、目标激励、物质激励和精神激励等方式来提高推销员的工作积极性。

（1）环境激励。是指企业创造一种良好的工作氛围，使推销员能心情舒畅地工作。企业对推销员的重视程度十分重要。事实证明，如果企业对推销员不重视，他们的工作绩效就差，其离职率也高；反之，工作绩效高，离职率低。因此，企业应定期召开销售会议或非正式集会，为推销员提供一个社交场所，给推销员与企业领导交谈的机会，给他们在更大群体范围内结交朋友、交流感情的机会。

（2）目标激励。要为推销员制定一些拟达到的目标，以目标来激励推销员上进。企业应制定的主要目标有销售定额、毛利、访问顾客数、新顾客数、访问费用和货款回收等。其中，制定销售定额是企业的普遍做法。

（3）物质激励。对作出优异成绩的推销员给予晋级、奖金、奖品和额外报酬等实际利益，以此来调动推销员的积极性。物质激励往往与目标激励挂钩。研究人员在评估各种可行的激励方法的价值大小时发现，物质激励对推销员的激励作用最为强烈。

（4）精神激励。对作出优异成绩的推销员给予表彰，如颁发奖状、授予称号等，以此来激励推销员的上进心。精神激励是一种较高层次的激励，通常对那些受过良好教育的人更为有效。所以，企业领导应深入了解推销员的实际需求。他们不仅有物质上的要求，还有诸如理想、成就、荣誉、尊敬、安全等方面的精神需求。尤其当物质方面的基本需求得到满足后，对精神方面的需求会更强烈。

2. 激励士气的方法

任何一个销售集体，不论其成员有多少，都是由一些同时具有优点和缺点的人所组成的，所以会不时出现这样或那样的问题。销售经理应密切注意下属人员的动向，及时了解他们的问题，采取正确的应对措施。

（1）对问题成员的激励。销售队伍中总会出现一些问题成员。常见的问题主要有恐惧退缩、缺乏干劲、虎头蛇尾、浪费时间、强迫推销、惹是生非、怨愤不平、狂妄自大等。销售经理应研究这些现象产生的原因及解决办法。下面提供一些引导方法供参考：

1）对恐惧退缩型成员，应帮助他树立信心，消除恐惧；肯定他的长处，并同时指出问题，提供解决办法；陪同销售，使其从容行事，由易到难；强化业务培训，使其掌握产品知识与销售技巧。

2）对缺乏干劲型成员，应指出缺乏干劲会给其带来的后果；外在激励和内在激励双管齐下；陪同销售并予以辅导；更换业务销售区域；提高业务配额；以增加薪金、发给奖品作为特别激励；给予短暂休假，让其调整状态。

3）对虎头蛇尾型成员，应带领或陪同销售；组织参加销售演练或资料收集整理；分段式考核；多作心理辅导；规定各时段各作业区域的销售目标。

4）对浪费时间型成员，应晓之以理，告之时间就是金钱；动之以情，帮助他制定拜访顾客的时间表及路线，指导安排拜访顾客的次数及对顾客解说的最短时间；严格要求，要求其制定工作时间表及时间分配计划书。

5）对强迫推销型成员，应指出强迫推销的危害及渐进式方法的好处；加强服务观念的教育，教授更多的推销技巧；应改变单一的计酬方式，开展多项目、多层次的竞赛活动。

6）对惹是生非型成员，应指出这些问题对个人及团体的危害；如系制造或散布谣言，要追查谣言的起源及用意，孤立造谣者，并予以教育；要求有关人员尽量避免开无聊的玩笑。

7）对怨愤不平型成员，应给予劝导及安抚，将心比心；引导他多参加团体活动并充分发表意见；用事实说话，通过销售成果，使其心悦诚服；检查公司制度，改进不合理之处；若是员工无理取闹，则必须予以制止，尽量化冲突为理解，维系双方关系。若各种方法均不能奏效，到忍无可忍时可解聘。

8）对狂妄自大型成员，应对其进行告诫，以事例说明骄兵必败；提高销售配额，健全管理制度；肯定成绩，多劳多得。

（2）对明星成员的激励。顶尖推销高手难以驾驭是销售经理普遍遇到的问题。这些高手一般都有些特长，或善于处理顾客关系，或精通推销技巧等，总之能取得优秀的销售业绩。对他们的激励要注意：

1）树立其形象。明星推销员通常追求名誉，希望给予表扬与肯定，很注重自己的形象，并希望得到他人的认可，也热衷于影响他人。应针对这些特点，该表扬则表扬，该肯定就肯定。

2）给予尊重。他们需要别人的尊重，特别是领导的重视，希望别人把他们当作专家并乐于指导别人。

3）肯定其成就。内在激励能起到十分重要的作用。

4）不断提出新的目标，这样会激发他们的创造力。

5）健全制度。他们大都希望有章可循，不喜欢被别人干扰或中途放弃，制度能保证他们充分发挥自己的潜力。

6）提高产品质量。再能干的推销员也要以优质的产品作后盾。他们一般对自己的产品具有高度的信心，如果公司的产品品质失去信誉或他们对产品有所怀疑，他们就可能跳槽。

（3）对老化推销员的激励。推销员业绩停顿、心态老化是销售经理经常遇到的难题。推销员老化的迹象：提交业务报表、报告常常忽略、延误，内容不完整或没有深度，因为他们认为这些东西不值得花时间去写或没什么有价值的东西；业绩持平或大幅度下降，他们常找许多借口作理由；拜访顾客次数减少，甚至拜访新顾客的数目也在减少；没有创新意识，常把更多的时间花在办公室而不是出门寻找顾客洽谈；热情不足，懒散有余，开始迟到早退；顾客的抱怨增加；计划准备不周，与顾客约会迟到或忘记；不修边幅，抱怨情绪增加等。销售经理要随时观察，发现问题苗头及早防治。下面的方法是实践经验的总结，可作借鉴：

1）经常运用奖赏、奖杯、内部刊物发表消息及其他物质与精神奖励，对表现优异的推销员给予肯定与表扬。

2）在企业制定有关计划和发展目标时多与他们沟通，多征求他们的意见，激发他们的团队意识。

3）指导他们从事未来事业的发展计划，帮助他们根据企业目标制定个人发展目标。

4）对他们定期进行培训，进一步提高他们的销售技巧，增强他们对公司及自己的信心，不断予以刺激，提高士气。

5）不断给他们新的工作或任务，使其面对新的挑战与刺激，激发其竞争动力。

6）提升他们之中有成就且成熟的人担任领导或给予高级别的薪金待遇。

7）允许他们在内部调换工作，这会使资深推销员激发出新的活力。

8）每年至少举行三次分区销售会议，表扬先进，推广经验。

3. 对推销员的指导

各企业对推销员指导的程度是不一样的，佣金制下的推销员主要实施自我管理，而薪金制下的推销员则需更多的指导。对推销员的指导是多方面的，如时间的运用、访问日程表的确定、销售目标和利润目标的设定、销售路线的规定等。

（1）顾客访问目标制定的指导。对现有顾客中那些销售反应和利润反应与访问次数无关的顾客，访问次数可少一些。对需经过多次访问才有较佳的销售反应的顾客，访问次数可多一些。对潜在顾客，一方面要规定推销员必须制定计划安排访问，同时应明确如果访问 3 次都不见效，就应考虑放弃。潜在顾客的价值取决于预期收入与转变为实际顾客所花的投资成本。

（2）时间运用的指导。推销员的业绩由时间如何运用来决定。把一天的活动详细地加以分析，就可以知道推销员对时间运用的情况。如果用在洽谈的时间比其他时间更多，则获得较好业绩的可能性也更大。统计显示，推销员花在交通和等待上的时间往往占据较大比重，另外事务性工作也占用了许多时间。因此，要从时间使用方法上着眼，增加推销员的洽谈时间。应尽可能减少推销员的事务性工作，把这些工作集中到内勤人员身上去；或给推销员配备交通工具，以增加机动性；使推销线路合理化，以缩短交通时间；研究访问技巧，以缩短等待时间；配备新的装备，如手机、手提电脑、传真机、录像机等，提高推销员的工作效率。

4. 经理对推销员的责任

对自己下属的推销表现，经理负有四大责任：

（1）设定标准，据此衡量下属的业绩。

（2）从质和量两方面衡量下属达到的结果。

（3）将结果通知下属，让他们知道自己表现的好坏。

（4）确实告诉下属，他可以如何改善自己的表现。

（五）评估推销员的业绩

为了对推销员进行有效管理，必须对推销员的工作业绩进行科学的评估，建立考核制度，并以此作为分配报酬的依据。

1. 推销业绩评估的方法

（1）绝对分析法。绝对分析法是指通过绝对指标的对比确定数量差异的一种分析方法。其作用在于揭示客观存在的差距，发现值得研究的问题。绝对分析法可进行三种主要分析：与计划资料对比、与前期资料对比、与先进资料对比。对比时应注意指标的可比性，指标的含义、计算方法、计算标准、时间单位应当一致。

（2）相对分析法。相对分析法是指通过计算，对比销售指标比率，确定相对差异的一种分析方法。利用这种方法，可以把某些不可比的指标变成可比指标，从而有利于进行对比分析。相对分析法有相关比率（如销售费用率）分析、构成比率分析、动态比率分析等。

（3）因素替代法。因素替代法是指通过逐个替代因素，计算几个相互联系的因素对经济指标变动影响程度的一种分析方法。运用因素替代法时，要保持严格的因素替代顺序，不能随意改变。

2. 推销业绩评估的流程

推销业绩评估的流程如图 8—1 所示。

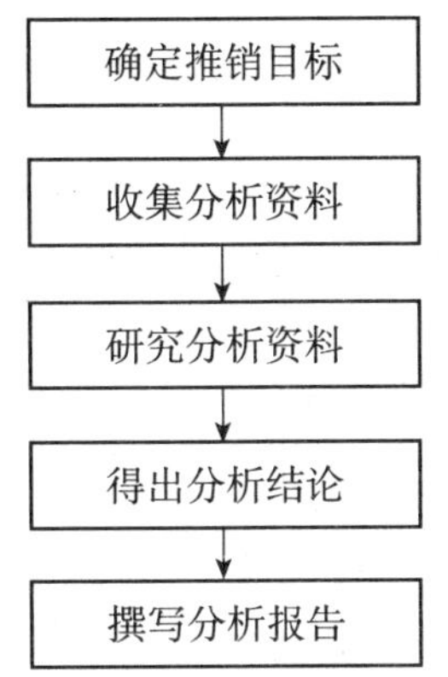

图 8—1 推销业绩评估流程图

3. 推销业绩评估指标

(1) 推销量评估：包括总推销量评估、区域推销量评估、产品推销量评估。

(2) 市场占有率评估。市场占有率可以反映在推销员在市场上的地位、业绩上。

4. 推销员业绩考评内容

推销员业绩考评主要包括以下内容：收集考评资料、建立绩效标准、选择考评办法和进行具体考评。

(1) 收集考评资料。考评时对推销员的资料收集务必全面、充分。资料的来源主要有推销员的销售报告、企业销售记录、顾客意见及企业内部员工意见等，其中最重要的来源是销售报告。

1) 销售报告。销售报告可分为销售活动计划报告和销售活动业绩报告两类。销售活动计划报告包括地区年度市场营销计划和日常工作计划。销售活动业绩报告主要提供已完成的工作业绩，如销售情况报告、费用开支报告、新业务报告、失去业务报告、当地市场状况报告等。

2) 企业销售记录。企业内的有关销售记录如顾客记录、区域的销售记录、销售费用的支出等，都是评估的宝贵资料。利用一些资料可计算出某一推销员所接订单的毛利，或某一规模订单的毛利，这些对于评估业绩有很大的帮助。

3) 顾客意见。评估人员应听取顾客的意见。有些业务员业绩很好，但在顾客服务方面做得很不理想，特别是在商品紧俏的时候更是如此，这样会影响公司形象。收集顾客意见的途径：一是顾客的信件和投诉，二是定期进行顾客调查。

4) 企业内部员工意见。这一资料的主要来源是销售经理或其他有关人员，主要提供推销员与他人的合作态度和推销能力方面的信息。

(2) 建立绩效标准。评估推销员的绩效一定要有公平而合理的标准。绩效标准应与销售额、利润额和企业目标的要求相一致。制定公平而合理的绩效标准是不容易的，需要管理人员根据过去的经验结合推销员的个人情况来制定，并在实践中不断加以调整和完善。常用的推销员绩效指标有：销售量（最常用的指标）、毛利、访问率、访问成功率、平均订单数目、销售费用、销售费用率、新顾客数等。为了实现最佳考评，企业在确定标准时应注意：

1）销售区域的潜力以及区域状况的差异、地理分布、交通条件等对销售效果的影响。

2）一些非量化的指标很难求得平均值，如合作性、工作热情、责任感、判断能力等，应将定量考核与定性考核结合起来。

（3）选择考评办法。业绩考评的办法有很多，就推销员的业绩考评来说，主要有横向比较法、纵向比较法和尺度考评法。

1）横向比较法。是一种把各位推销员的销售业绩进行比较和排队的方法。不仅要进行销售额对比，还要考虑到销售成本、销售利润、顾客对其满意的程度等的对比。

2）纵向比较法。是将同一推销员现在和过去的工作业绩进行比较，包括对毛利、销售额、销售费用、新增顾客数、失去顾客数、每个顾客平均销售额、每个顾客平均毛利等数量指标的分析。

3）尺度考评法。是将考评的各个项目都配以考评尺度，制定出考评表来考评的方法。在考评表中，可以将每项考评项目划分出不同的标准，然后根据每个推销员的表现按标准评分，并可对不同的考评项目按其重要性给予不同的权重，最后核算出总得分，如表 8—1 所示。

表 8—1　　推销员业绩考评表

推销员：			总分：					
项目	90 分以上	80～89 分	70～79 分	60～69 分	59 分以下	计分	权重（%）	评分
工作实绩	超额完成工作任务，贡献比别人多得多，工作无懈可击	工作实绩超过一般人所能达到的水平	工作成果符合要求，基本能如期完成任务	工作成果大致符合要求，有时还需别人帮助	一般不能完成所要求的工作任务			
工作能力	具有高超的工作技巧，开发新顾客能力强，经常有创造性的意见	具有较强的工作能力，能主动开发新顾客，时常有建设性的意见	具有完成分内工作的能力，开发新顾客有一定效果，偶尔有创造性的意见	工作能力一般，需要多加指点，开发新顾客需要支援，很少有创造性的意见	工作能力不能应付日常工作，开发新顾客几乎不可能，谈不上有创新能力			
工作态度	积极性很高，责任感强，能与同事合作，协调性好	态度积极，总能自动负起责任，能与上司、同事友好相处	日常工作决不拖延，对交办的工作能欣然接受，不与同事发生无意义的摩擦	对有难度的工作积极性不高，责任感一般，表面上基本能与同事友好相处	缺乏积极性，责任感不强，工作需要不断监督，同事间协调能力差			

（4）进行具体考评。在对推销员的推销效率进行具体考评时，一般要经过如下流程：推销员日报表→推销效率月报表→推销效率计算表→推销效率直观图。下面作简要说明。

1）推销员日报表。目前，我国许多企业还没有建立推销员日报表制度，其实它的作用是很大的。它不仅能提供有关顾客、市场、竞争者等多方面的信息，管理人员还可从中了解推销员的工作情况，发现问题和不足，为加强管理、提高推销效率提供依据。

要让推销员填好推销员日报表，首先必须让推销员认识到推销员日报表的重要作用，其次要设计容易填写的推销员日报表，如表 8—2 所示。

表 8—2　　推销员日报表

<table>
<tr><td colspan="4">日期：</td><td colspan="3">天气：</td><td colspan="2">姓名：</td></tr>
<tr><td rowspan="2">访问顺序</td><td rowspan="2">访问对象</td><td colspan="5">访问目的</td><td rowspan="2">记事</td><td rowspan="2">访问费用</td></tr>
<tr><td>开拓</td><td>估价</td><td>订货</td><td>收款</td><td>服务</td></tr>
<tr><td></td><td></td><td></td><td></td><td></td><td></td><td></td><td></td><td></td></tr>
<tr><td></td><td></td><td></td><td></td><td></td><td></td><td></td><td></td><td></td></tr>
<tr><td>合计</td><td></td><td></td><td></td><td></td><td></td><td></td><td></td><td></td></tr>
<tr><td rowspan="2">来访记录</td><td colspan="2">来客名称</td><td colspan="3">来访目的</td><td colspan="3">来访结果</td></tr>
<tr><td colspan="2"></td><td colspan="3"></td><td colspan="3"></td></tr>
</table>

<table>
<tr><td rowspan="2">时间记录</td><td>准备</td><td>交通</td><td>等待</td><td>洽谈</td><td>服务</td><td>合计</td></tr>
<tr><td></td><td></td><td></td><td></td><td></td><td></td></tr>
</table>

2）推销效率月报表。把推销员每天的销售日报表的主要内容汇总到推销效率月报表上就可以得到某推销员当月业绩的基本情况，如表 8—3 所示。

表 8—3　　推销效率月报表

<table>
<tr><td colspan="4">姓名：</td><td colspan="7">所辖区域：</td><td colspan="2">年　　月</td></tr>
<tr><td>日期</td><td>销售金额</td><td>毛利</td><td>折扣额</td><td>折让额</td><td>收款金额</td><td>访问户数</td><td>洽谈时间</td><td>交通时间</td><td>等待时间</td><td>成交户数</td><td>新开发户数</td><td>访问费用</td></tr>
<tr><td></td><td></td><td></td><td></td><td></td><td></td><td></td><td></td><td></td><td></td><td></td><td></td><td></td></tr>
<tr><td>合计</td><td>（2）</td><td>（3）</td><td>（4）</td><td>（5）</td><td>（6）</td><td>（9）</td><td>（10）</td><td>（11）</td><td>（12）</td><td>（13）</td><td>（15）</td><td>（16）</td></tr>
<tr><td colspan="3">（1）本月销售目标</td><td colspan="3">（7）本月工作日数</td><td colspan="4">（8）本月工作时数</td><td colspan="3">（14）辖区内总户数</td></tr>
</table>

3）推销效率计算表。把推销效率月报表的数据综合起来就可以计算出 15 个很有意义的推销效率，如表 8—4 所示。

表 8—4　　推销效率计算表

部门：　　　　姓名：	所辖区域：		年　　月
1. 本月销售额	（2）		万元
2. 销售目标达成率	（2）/（1）	/	%
3. 销售折扣率	（4）/（2）	/	%

4. 销售折让率	(5) / (2)	/	%
5. 新开发顾客数	(15)		户
6. 毛利额	(3)		万元
7. 平均每天访问户数	(9) / (7)	/	户
8. 平均每户洽谈时间	(10) / (9)	/	分
9. 工作时间洽谈率	(10) / (8)	/	%
10. 工作时间交通率	(11) / (8)	/	%
11. 工作时间等待率	(12) / (8)	/	%
12. 访问成交率	(13) / (9)	/	%
13. 访问率	(9) / (14)	/	%
14. 销售回款率	(6) / (2)	/	%
15. 平均每户访问费用	(16) / (9)	/	元

4）推销效率直观图。首先把推销效率计算表中15项指标全部计算出来后，将每个推销员的销售效率指标连成一条曲线画在同一张平面图上，就可得到清晰的推销效率直观图。然后把这张图贴在休息室或公告栏内，以促使推销员改进工作方式，提高工作效率，即使在经济不景气的时候，他们的业绩仍可能上升。这样推销员与销售经理在心理上就没有隔阂了，他们会主动改进工作，创造佳绩。

（六）确定推销员的报酬

推销员的报酬问题是销售管理中的一个难题：推销员希望获得较高的收入，管理人员希望降低销售成本，顾客希望产品质优价廉。

1. 建立报酬制度的原则

（1）现实性原则。报酬应建立在比较现实的基础上，既不让推销员感觉吝啬，又不会造成企业其他部门人员心理上的不平衡。

（2）灵活性原则。既能适应推销工作的需求，又能比较灵活地加以运用。

（3）激励性原则。能给予推销员一种强烈的激励作用，同时对公司各项工作的开展起积极作用。

（4）稳定性原则。企业的报酬政策要相对稳定，不能朝令夕改，同时应使推销员有较稳定的收入。

2. 建立报酬制度的要点

（1）必须兼顾与协调企业、推销员、顾客三方面的利益。

（2）应提供公平和富有竞争性的收入。

（3）应易于为各方所了解与接受。

（4）应便于有效管理。

3. 建立报酬制度的程序

（1）详细说明制度必须达到的目标。

（2）确定报酬的水准。

（3）选择适当的报酬方式。

（4）实施此项制度。

4. 报酬制度的类别

（1）纯薪金制度。即一般的计时制，主要依据推销员的表现及业绩并考虑竞争、年资等因素事先确定推销员的收入。其优点是计算简单，推销员收入稳定，有安全感；缺点是缺乏激励作用，适用于需集体努力的销售工作。

（2）纯佣金制度。报酬与销售成果直接挂钩，按销售额、销售数量或毛利的一定比例提成。其优点是具有激励作用，较易控制销售成本；缺点是推销员收入不稳定，缺少安全感，对推销员的管理困难加大。

（3）薪金加佣金制度。此项制度与纯薪金制度类似，既有较稳定的收入，又可获得随销量增加而增加的佣金。缺点是由于佣金太少而缺乏激励作用。

（4）薪金加奖金制度。奖金是为奖励推销员对企业所作出的贡献而支付的，譬如宣传工作、推销新产品、增加新顾客、降低销售费用等。其优点是鼓励推销员做好与销售有关的一切工作；缺点是推销员可能不重视销售量的增加。

（5）薪金加佣金再加奖金制度：此项制度兼顾了上述制度的优点，缺点是管理复杂。

二、销售区域划分的流程

销售区域也称区域市场或销售辖区，指在一段给定时间内，分配给一个推销员、一个销售分支机构或者一个中间商（批发商和零售商）的一群现实及潜在顾客的总和。销售区域的划分一般经过五个环节：选择控制单元──→确定顾客的位置和潜力──→合成销售区域──→调整初步设计方案──→分配销售区域，如图 8—2 所示。

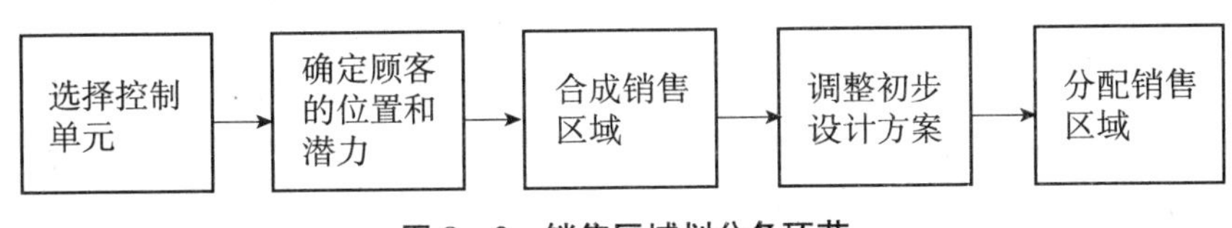

图 8—2　销售区域划分各环节

（一）选择控制单元

销售主管需要将所在团队负责的目标市场划分为若干个控制单元。控制单元的大小要适当均衡，以便于分配任务时更加公平、合理。控制单元是最小的销售区域，制定它的主要目的是便于按某一标准将它们组合成销售区域。通常情况下，我们按照现有顾客数和潜在顾客数两个标准进行控制单元的划分。现有顾客数是用以统计目前的工作量，潜在顾客数是用以预测将来的工作量。

（二）确定顾客的位置和潜力

选择好控制单元后，销售团队需要进一步确定控制单元中现有顾客和潜在顾客的分布和发展潜力。现有顾客位置的确定相对容易，只需根据以往的销售记录整理即可，潜在顾客的识别往往需要借助二手资料，如电话簿、相关统计数据等。顾客未来的消费潜力主要是通过评估得来的。

（三）合成销售区域

在确定了每个控制单元的顾客位置和潜力后，为合理分配销售任务，需要将控制单元组合成销售区域。合成时要特别注意每个销售区域之间顾客数量的平衡，同时根据顾客的类别及访问的频率以及每次访问的时间，计算出整个销售区域的工作量。

（四）调整初步设计方案

经过初步设计的方案可能不尽完善，要不断地调整与修正，使之更加科学、合理、公平。常用的方法：一是改变不同区域的顾客访问频率，以使工作量相对平衡；二是用试错法连续调整各个销售区域的控制单元以求得两个变量的平衡。

（五）分配销售区域

最后一个环节就是将推销员指派到各个销售区域。

（1）确定销售队伍目标。推销员所承担的工作除了销售任务外，还有诸如寻找目标市场、收集信息等相关辅助性工作，所以上级要为下级销售队伍下达明确的销售目标，以便于考核。

（2）确定销售队伍规模。比较常见的销售队伍规模的确定方法有销售百分比法、销售能力法、工作量法。

1）销售百分比法。销售百分比法是指企业根据历史资料计算出销售队伍的各种耗费占销售额的百分比以及推销员的平均成本，然后对未来销售额进行预测，从而确定人员销售规模的方法。

2）销售能力法。销售能力是指企业通过测量每个推销员在范围大小不同、销售潜力不同的区域的销售能力，计算在各种可能的推销员规模下企业的销售额和投资报酬率，以确定推销员规模的方法。销售能力法的分析有 3 个步骤：

第一步：测定推销员在不同的销售潜力区域内的销售能力。

第二步：计算在各种可能的推销员规模下的企业销售额。计算公式为：

企业销售额＝每人销售额×推销员数量

第三步：依据投资报酬率确定最佳推销员规模。计算公式为：

投资报酬率＝（销售收入－销售成本）/投资额

其中，投资报酬率最高的即为最佳推销员规模。

3）工作量法。工作量法是指企业根据不同顾客的需求确定总的工作量，从而确定推销员规模的方法。

工作量法包括5个步骤：

第一步：按年度销售量将顾客分为若干级别。

第二步：确定各级别顾客每年所需的访问次数。

第三步：每个级别顾客的数量乘以各自所需的访问次数得出每年总的访问次数。

第四步：确定一个销售代表平均每年可进行的访问次数。

第五步：将年度总的访问次数除以每个销售代表的平均年访问次数，即可得到所需推销员数量。

三、销售组织结构的模式

从企业的各种销售管理模式来看，一般而言，可以分为如图8—3所示的5种类型的销售组织结构。

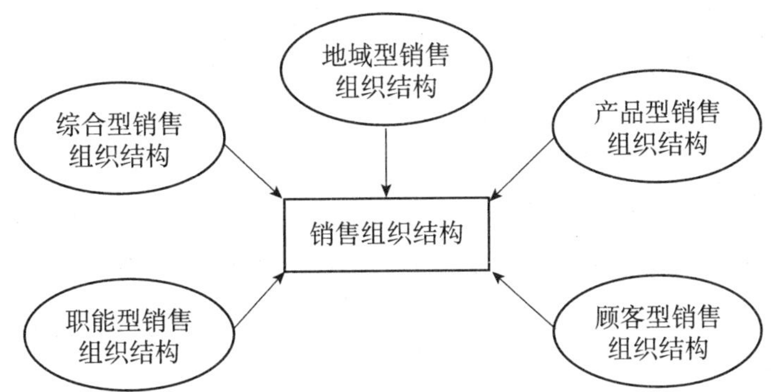

图8—3　销售组织结构的模式

（一）地域型销售组织结构

地域型销售组织结构是一种最简单的销售组织结构设计的方法，是指企业将目标市场按照地理位置划分为若干个销售区域，每个推销员负责一个区域的全部销售业务。它具有如下特点：

（1）有利于调动推销员的积极性。

（2）有利于推销员与顾客建立长期关系。

（3）有利于节省交通费用。

（二）产品型销售组织结构

产品型销售组织结构是指企业将产品分成若干类，每一个推销员或每几个推销员为一组，负责销售其中的一种或几种产品。

这种划分方式适用于产品类型较多，且技术性较强、产品间无关联的情况下的产品销售，如海尔集团。

（三）顾客型销售组织结构

顾客型销售组织结构是指企业将其目标市场按顾客的属性进行分类，不同的推销员负责向不同类型的顾客进行销售。顾客的分类可依其产业类别、顾客规模、分销途径等来进行。这种销售组织模式的设计优势是推销员易于深入了解所接触的顾客的需求状况及所需解决的问题，以利于在销售活动中有的放矢，提高成功率。其劣势是当同一类型的顾客比较分散时，会增加推销员的工作量，从而增加销售费用，影响销售绩效。因而顾客型销售组织结构通常用于同类顾客比较集中时的产品销售。

（四）职能型销售组织结构

一方面，推销员由于其职业特点，一般不可能熟悉所有的销售职能活动，但可能是某类销售活动的职能专家，如谈判专家、渠道专家、顾客服务专家、顾客管理专家、产品展示专家以及广告专家等。另一方面，大规模的公司往往需要的推销员人数也比较多，而不同职能之间经常不便于协调，因此必须采用职能型销售组织结构。

（五）综合型销售组织结构

综合型销售组织结构是指当企业的产品类别多、顾客类别多而且分散时，综合考虑地区、产品和顾客因素，按地区—产品、地区—顾客、产品—顾客或者地区—产品—顾客来分派推销员的形式。在这种情况下，一个推销员可能要同时对数个产品经理或几个部门负责。

项目训练

◀想一想

1. 为什么要对推销活动进行分析与评价？
2. 如何提高推销员的时间利用率？
3. 如何使推销员的招聘工作更完美？
4. 企业可以通过哪些方法来提高推销员的工作积极性？
5. 如何提高推销员的士气？
6. 对明星推销员的激励要注意哪些问题？
7. 业务员老化的迹象有哪些？如何帮助他们？
8. 如何合理评价推销员的业绩？
9. 如何合理确定推销员的报酬？

◀做一做

3～5人一组，设计一份推销团队考核表，既包括对团队成员的考核，也包括对团队配合、协作方面的考核。

◀测一测

一、单项选择题

1. 销售区域划分的流程是（　　）。

①确定顾客的位置和潜力；②选择控制单元；③分配销售区域；④调整初步设计方案；⑤合成销售区域

A. ②①④⑤③　　B. ②①⑤④③　　C. ①②③④⑤　　D. ①②④③⑤

2. 销售百分比是根据历史资料计算出来的，所以，用历史数据来指导未来实践可能会（　　）。

A. 有一些偏差　　B. 完全正确　　C. 完全不适合　　D. 无法使用

3. 确定推销员规模的方法中，要求只有当其他因素相同，且各种可能的推销员规模的销售潜力资料很容易获得时才适宜的方法是（　　）。

A. 销售百分比法　B. 销售时间法　　C. 工作量法　　D. 销售能力法

4. 下列关于销售组织结构的说法错误的是（　　）。

A. 在产品技术性强，生产、工艺复杂的情况下，不同产品线的推销员应有专门知识，相互关联的产品绝对应由同一推销员同时销售，以便于顾客购买

B. 顾客型销售组织结构通常用于同类顾客比较集中时的产品销售

C. 大规模的公司往往需要数量众多的推销员，而不同职能之间经常不便于协调，因此，必须采用职能型销售组织结构

D. 在综合型销售组织结构中，一个推销员可能要同时对数个产品经理或几个部门负责

二、多项选择题

1. 销售区域划分的流程包括（　　）。

A. 合成销售区域　　B. 选择控制单元

C. 确定顾客的位置和潜力　　D. 调整初步设计方案

2. 确定销售队伍规模的方法主要有（　　）。

A. 销售百分比法　B. 销售能力法　C. 工作量法　D. 销售额法

3. 确定销售队伍规模的方法中，忽略了推销员的数量和销售量之间内在联系的是（　　）。

A. 销售百分比法　B. 分解法　C. 工作量法　D. 竞争对等法

4. 影响销售组织设计的因素包括（　　）。

A. 管理跨度　　B. 内部分工

C. 顾客性质和规模　　D. 高级管理人员素质

三、实践操作题（请结合案例和所学的知识回答问题）

1. 某饮料公司从2000年开始进入某区域，由于在其他区域该公司已经有一定知名度，并且拥有丰富的区域市场运作经验，该公司决定充分发挥其推销员能力强的优势，从其他区域调来几名得力干将分别开拓区域的不同地区。

公司首先按照行政单位将该区域化成五个分片区（见图8—4），设置了片区主管。由于该公司饮料在其他市场的成功运作和较好知名度，开始时，各个片区市场发展均呈现红火之势，各片区主管在开拓市场上不遗余力。半年后，各片区销售组织开发的顾客越来越多，销售量开始呈现高低差异。A区主管向区域副经理反映情况，他认为区域副经理分配给自己的销售任务和回报同其他片区主管相比是不公平的。他举例说，虽然A区的潜在顾客量与C区基本相当，但由于A区的地域范围广，路况不佳，造成A区主管的销售成本远远高于其他区。

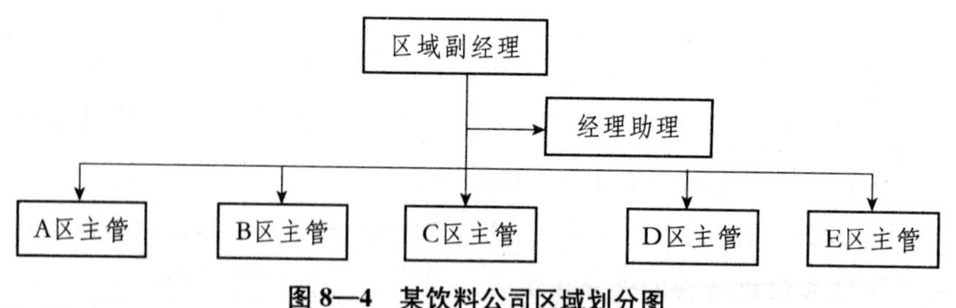

图8—4　某饮料公司区域划分图

区域副经理考虑到A区的实际情况，也认为这样下去可能会降低A区主管的积极性，他正在考虑是否在销售区域划分上应该做出调整，还是保持销售区域划分不变而在其他方面对A区进行补贴。

问题：

（1）请简要回答销售区域划分应包括的几个环节。本案例中采取的是什么类型的销售组织结构？其含义和优点（特点）是什么？

（2）销售区域的划分应考虑哪些因素？如果你是该饮料公司的区域副经理，你将如何解决案例中存在的问题？

2. 小许是一位刚从大学机械专业毕业的新手，目前在一家机械设备公司担任机械设备推销员。通过公司岗前培训，他知道，在对顾客进行第一次拜访时，一般是不会得到合同的；同时，他还认识到，他对顾客存在的问题了解不够。所以，在洽谈中，他总是从各方面收集顾客的有关情况，他也总能如愿以偿地获得一些他想了解的情况。有时候，他把最初的二三次业务洽谈专门用来了解顾客。只有当他满意地认为对顾客和他的问题有了充分的了解时，他才告诉顾客，下次洽谈时将向顾客介绍一种新设备及其特点。小许的经理认为这种方法过于浪费时间。

问题：

（1）这种方法有何优缺点？

（2）你的看法如何？

3. 小许主要负责推销大型机械加工设备，在中西部地区呆了一年多之后，她的表现很差，一台也没有推销出去。

老崔（小许的经理）对小许的活动和表现进行了评估，希望能帮助她。当初老崔聘用小许时，许多人都反对，大家不相信一个女孩能够把大型机械加工设备推销出去。上周，公司的人事经理向老崔询问关于小许的一些情况，有些嘲弄地说："她卖出一台没有？"

老崔知道，小许已找到合适的客户并正在进行洽谈，这些客户已基本作出购买决定。他在与小许的几次客户洽谈中，对小许的工作感到非常满意。小许表现得很专业，充分了解她所推销的设备并知道如何使用。但是，他也看到小许就是拿不到合同。合同签署时，顾客总有一些托词使希望落空。小许试图对这些借口进行回击但收效甚微。推销谈判毫无进展，总是不能成交。

问题：

请问老崔应该做些什么，才能帮助小许学会如何成交？

参考文献

［1］崔平主编．推销学（第2版）［M］．北京：机械工业出版社，2008.

［2］中国就业培训技术指导中心组织编写．营销师国家职业资格培训教程［M］．北京：中央广播电视大学出版社，2006.

［3］崔平主编．市场营销［M］．南京：江苏教育出版社，2013.

［4］海因兹·姆·戈德曼著，谢毅斌，王为洲，张国庆译．推销技巧——怎样赢得顾客［M］．北京：中国农业机械出版社，1984.

［5］王国梁主编．推销与谈判技巧［M］．北京：机械工业出版社，2003.

［6］郭奉元主编．现代推销技术［M］．北京：高等教育出版社，2001.

［7］吴金法主编．现代推销理论与实务［M］．大连：东北财经大学出版社，2002.

［8］刘文广主编．现代推销技术［M］．北京：中国财政经济出版社，2000.

［9］张晓青，高红梅主编．推销实务［M］．大连：大连理工大学出版社，2011.

［10］余远坤，蒋勇主编．现代推销技术［M］．北京：清华大学出版社，2012.

［11］刘文广，张晓明编著．商务谈判［M］．北京：高等教育出版社，2001.

［12］柳思维主编．现代推销学［M］．北京：中国商业出版社，1997.

［13］陈企华主编．最成功的推销经验［M］．北京：中国纺织出版社，2003.

［14］陈思，潘平子编著．现代实用推销学［M］．武汉：湖北科学技术出版社，1988.

［15］刘必荣著．谈判圣经［M］．呼和浩特：内蒙古文化出版社，1997.

［16］冯建国主编．推销员管理技巧［M］．北京：中国国际广播出版社，2003.

［17］史伟著．销售魔鬼训练［M］．北京：中国经济出版社，2004.

［18］李先国著．促销管理［M］．北京：中国人民大学出版社，1998.

［19］李桂荣编著．现代推销学（第2版）［M］．广州：中山大学出版社，1998.

［20］李光明主编．现代推销实务［M］．北京：清华大学出版社，2009.

信息反馈表

尊敬的老师，您好！

为了更好地为您的教学、科研服务，我们希望通过这张反馈表来获取您更多的建议和意见，以进一步完善我们的工作。

请您填好下表后以电子邮件、信件或传真的形式反馈给我们，十分感谢！

一、您使用的我社教材情况

您使用的我社教材名称			
您所讲授的课程		学生人数	
您希望获得哪些相关教学资源			
您对本书有哪些建议			

二、您目前使用的教材及计划编写的教材

	书名	作者	出版社
您目前使用的教材			
	书名	预计交稿时间	本校开课学生数量
您计划编写的教材			

三、请留下您的联系方式，以便我们为您赠送样书（限1本）

您的通讯地址			
您的姓名		联系电话	
电子邮件（必填）			

我们的联系方式：

地　址：苏州工业园区仁爱路158号中国人民大学苏州校区修远楼

电　话：0512-68839319　　传　真：0512-68839316

E-mail：huadong@crup.com.cn　　邮　编：215123

微　博：http://weibo.com/cruphd　　QQ（华东分社教研服务群）：34573529

信息反馈表下载地址：http://www.crup.com.cn/hdfs

21世纪高职高专规划教材
市场营销系列

内／容／简／介

本教材以推销员工作岗位为导向，以产品推销的工作过程为主线，以能力培养为目标，以提高推销员职业素质为原则，在吸收国内外推销技术研究成果的基础上，将推销过程分为八个项目，分别为：项目一推销工作认识，项目二推销准备，项目三客户开发，项目四客户约见与拜访，项目五推销洽谈，项目六推销成交，项目七售后服务与管理，项目八推销管理。每一项目结束后，通过“想一想”、“做一做”、“测一测”检验学生的学习效果，其中“测一测”的题目主要来自历年国家营销师考试试题。

本教材由长期从事本课程教学的教师和企业专家共同编写，强调能力培养的可行性、理论知识的科学性，具有较强的应用价值。可作为高等职业技术学院、高等专科学校、成人高校以及本科院校举办的二级职业技术学院和民办高校营销类专业的通用教材和机电类专业的选用教材，也可供企业从事推销和营销管理工作的人员和社会读者阅读。

搭建课程平台　共享教学资源
www.crup.com.cn

ISBN 978-7-300-19942-9
定价：32.00元

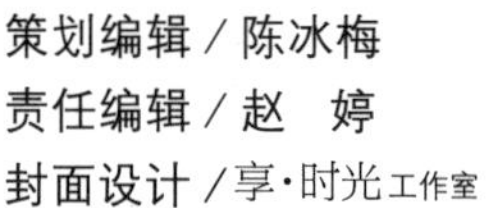
策划编辑／陈冰梅
责任编辑／赵　婷
封面设计／享·时光工作室

"十二五"职业教育国家规划教材
经全国职业教育教材审定委员会审定
普通高等教育"十一五"国家级规划教材

21世纪高职高专规划教材·商贸类系列

公共关系原理与实务

（第二版）

主 编 蒋 楠

中国人民大学出版社